# Astrologie : Livre 8

## Les aspects de Mercure, Jupiter, Saturne et Uranus

Edité par Eric Jackson Perrin
69300 Caluire et Cuire

Imprimé en Allemagne par BoD – Books en Demand
ISBN 979-10-94871-10-2
Dépôt Légal : Novembre 2015

# Livres du même auteur

## Série civilisations

Traité pratique d'Astrologie Maya
Le Yi King de voyage
Le Tarot Éternel et Le Tarot Éternel 2
Le Tarot Éternel complet et L'Histoire Secrète du Tarot
Les Runes Germaniques sacrées et magiques
**Le Diamant de Naissance et Le cahier pratique du Diamant de Naissance**
Cinq outils extraordinaires de connaissance de soi
**Les outils et techniques de développement personnel pour thérapeutes et particuliers**
**Planches de radiesthésie pour thérapeutes et particuliers**
**Guide pratique de soins énergétiques pour thérapeutes et particuliers**
*Le Manuel Professionnel du Diamant de Naissance 1 et 2*
Ami-Enfant des Étoiles, Ami revient et Civilisations Internes
Physique classique et physique quantique pour thérapeutes et particuliers
Le Guide pratique des appareils de bien-être

***

## Série apprendre l'astrologie, c'est possible…

1-Les bases pratiques de l'astrologie
2-Les planètes, les signes, les secteurs
3-Maitriser l'analyse et l'interprétation du thème astrologique
4-Les planètes en signes et 5-Les planètes en secteurs
6-Les aspects à la Lune et à Vénus
7-Les aspects au Soleil et à Mars
8-Les aspects Mercure, Jupiter, Saturne et Uranus
9-Les bases de l'astrologie karmique
10 - Le cahier astrologique : Comment interpréter un thème astral
11- L'Astrogéolocalisation

## Série Sonothérapie

Diapasons, Kinésiologie et Acupuncture traditionnelle chinoise
Les diapasons thérapeutiques
Passion bols avec Alain Métraux
Le Guide Pratique des Mantras
Le Cahier Pratique des Bols Chantants

**Édité par Éric Jackson Perrin**

**Logiciel professionnel Diamant de Naissance**
**Version de base (80€) et complète avec édition d'études (360€)**

# Table des matières

# PREFACE ET REMERCIEMENTS

L'astrologie est en pleine évolution depuis quelques décennies et chacun a son opinion sur cette discipline.

L'objectif n'est pas ici de présenter un résumé des aspects astrologiques, différents auteurs le faisant fort bien, mais de traiter chaque aspect en profondeur, en envisageant les différentes facettes sous lesquelles l'aspect peut s'exprimer, et de donner quelques clefs pour canaliser chaque aspect dans le sens d'un développement personnel. Les textes qui suivent ont donc vocation à être utilisés pour effectuer des prises de conscience puis des transformations.

Ce livre s'adresse aux astrologues qui veulent approfondir leur pratique des aspects astrologiques, aux étudiants en astrologie et à toute personne souhaitant approfondir sa connaissance de la nature humaine.

Pour utiliser les textes qui suivent sur les aspects, il est préférable d'avoir des notions de base en astrologie. Cependant, il est simple de comprendre que l'être humain est constitué d'un ensemble de personnages, tout comme le corps physique est constitué de différentes parties.

L'âme humaine est fabriquée à partir de 144 « archétypes » ou personnages et les « aspects » sont une partie de ces archétypes. La totalité de chaque archétype est présentée ici. Il est cependant important de noter que chaque individu va exprimer un aspect à sa façon, en fonction de son histoire personnelle et de l'ensemble de son thème astral, c'est-à-dire de sa structure psychologique. Chacun pourra reconnaitre sa façon personnelle d'exprimer un aspect mais aussi le potentiel de chaque aspect, potentiel qui n'a peut-être pas été exprimé.

Chacun est ensuite libre d'exprimer chaque personnage en lui donnant une forme adaptée à son évolution.

Ce livre et les suivants, dont je suis simplement l'interprète, sont issus de deux millénaires de civilisation occidentale baignée par l'astrologie. Ils n'auraient pu être écrits si des astrologues anciens et contemporains, Américains, Arabes et Européens, n'avaient pas effectués des recherches et différentes publications, et si ceux qui nous guident dans les hautes sphères de l'invisible n'étaient pas là pour faciliter leur réalisation.

Un grand merci aux astrologues conditionnalistes sans lesquels ce livre n'aurait pu être aussi détaillé et aux ami(e)s, qui par leurs témoignages et commentaires, ont permis de faire coller la théorie à la réalité vécue.

Un fervent hommage et un chaleureux merci à :

Sylvie Beauget
Jean-Pierre Nicolas
Bernard Blanchet
Christophe de Cène

Ce livre et les suivants sont dédiés :

- A toutes les personnes qui souhaitent utiliser un outil source de conscience.

- Aux professionnels des sciences humaines et de la relation d'aide pour qu'ils expérimentent l'outil astrologique.

 Et à mes ancêtres

- Aux descendants de Sir James Whitaker Jackson et Elizabeth Stackhouse Dowbiggin.
- Aux descendants de Charles Louis Meiner et Rosalie Japy
- Aux descendants de Jean-Frédéric et Suzanne Peugeot
- Aux descendants de Don Antonio Bennasar Joy et Margarita Ballester Gari.
- Et aux descendants de Melchior Perrin et Jeanne Collilieuf.

Enfin, un chaleureux merci aux ami(e)s de Besançon.


Besançon le 01/01/1996.
Caluire et Cuire le 01/04/2021

# INTRODUCTION ET GESTION DES ASPECTS - QUELQUES DONNEES TECHNIQUES.

L'interprétation plus détaillée des aspects est décrite dans le livre « Maitriser l'analyse et interprétation du thème astrologique ». Vous trouverez néanmoins ici l'essentiel des données techniques.

## DEFINITION D'UN ASPECT :

D'un point de vue astronomique, un aspect est une distance angulaire significative entre deux planètes, où entre le Soleil et une planète. Un aspect se mesure en degrés d'angles.

Dans l'interprétation astrologique, un aspect est une relation cyclique entre deux ou plusieurs fonctions psychologiques, c'est-à-dire entre un ensemble de besoins, de tendances et d'aptitudes à satisfaire ces besoins.

Il existe un aspect entre deux fonctions psychologiques lorsque les deux planètes forment un certain angle entre elles.

Prenons l'exemple du Soleil et de la Lune : Une relation entre ces deux fonctions psychologiques débute lorsque les deux planètes sont l'une à coté de l'autre, à la nouvelle Lune. Cette relation évolue au fur et à mesure que la planète la plus rapide s'éloigne de la plus lente.

Au cours de cette évolution, la relation entre ces deux fonctions traverse différentes étapes, différentes phases, où la relation entre les deux fonctions a une signification particulière par rapport à l'ensemble du cycle.

Les aspects sont donc les étapes importantes de la relation cyclique entre deux fonctions psychologiques. Les étapes les plus importantes se produisent lorsque les deux planètes forment des angles de zéro degré (on appelle cet aspect la conjonction), de soixante degrés (on appelle cet aspect le sextil), de quatre vingt dix degrés (on appelle cet aspect le carré), de cent vingt degrés (on appelle cet aspect le trigone) et de cent quatre vingt dix degrés (on appelle cet aspect l'opposition).

On dit qu'il y a par exemple une conjonction Soleil-Lune, un sextil Soleil-Lune etc. En nommant un aspect, on nomme en premier la planète la plus rapide puis la plus lente. On parle ainsi d'un aspect Soleil-Vénus, Jupiter-Saturne, Saturne-Uranus, et non d'un aspect Vénus-Soleil, Jupiter- Saturne etc. Chaque aspect ou relation a des caractéristiques particulières.

Certaines relations (les sextils et trigones) sont vécues de façon naturelle, souvent inconscientes, spontanée et en douceur. Les deux fonctions psychologiques se comportent comme des associés, des partenaires, des complices ou des amis, en accord l'une avec l'autre, l'une intervenant systématiquement quand l'autre se manifeste en l'aidant, mais sans qu'il y ai forcément la tension nécessaire pour évoluer.

D'autres relations (les carrés et oppositions) sont vécues comme des crises ou des défis, dans la difficulté et la dualité. Les deux fonctions se comportent comme des rivales et sont en compétition, en rapport de force l'une avec l'autre. Cela engendre cependant une tension intérieure qui, lorsqu'elle est bien gérée, permet à l'individu d'évoluer.

Lorsque deux planètes sont en conjonction, elles tendent à fonctionner ensemble, l'une intervenant quand l'autre se manifeste, le résultat pouvant être bénéfique ou source de difficultés suivant la nature première des planètes en conjonction. Il existe des aspects dit majeurs car ce sont eux qui ressortent le plus dans la personnalité. Les aspects majeurs sont la conjonction, le sextil, le carré, le trigone et l'opposition. Il existe également des aspects dits mineurs dont on tient éventuellement compte que lorsque les aspects majeurs ont été pleinement exploités ou lorsqu'il y a très peu d'aspect majeurs.

Les aspects dit harmoniques sont basés sur une division du zodiaque par trois ou par des multiples de trois (30 degrés = 360 divisé par 12, 60 degré = 360 divisé par 6 etc. ) tandis que les aspects dissonants sont basés sur une division du zodiaque par deux ou par des multiples de deux ( 180degrés = 360 divisé par 2, 90) = 360 divisé par 4). Chaque type de relation ou aspect est expliqué dans l'ouvrage consacré à l'interprétation.

## Les orbes

Une orbe est une tolérance entre l'aspect exacte et le moment où l'aspect commence à être opérationnel même s'il n'est pas exact.

**Exemple :** un sextil existe lorsque les deux planètes sont distantes de soixante degrés mais les effets du sextil commencent à se manifester avant et après que les deux fonctions forment un angle exact de soixante degrés.

Cette marge de tolérance s'appelle l'orbe de l'aspect. Plus l'orbe est réduite et plus l'aspect, c'est à dire la relation entre les fonctions, est fort. L'intensité de l'aspect dépendra également de l'importance respective des planètes en relation au sein de la structure psychologique.

Ainsi un aspect entre deux fonctions psychologiques qui sont « dominantes » chez une personne pourra fonctionner et se voir dans la vie de l'individu alors que l'orbe est supérieur à la moyenne. Inversement, un aspect précis de par exemple 180 degrés formé par deux planètes qui jouent un rôle mineur au sein de la personnalité sera relativement peu visible dans la vie de l'individu. Les orbes admis peuvent être différentes suivant les auteurs et les astrologues. L'important est de vérifier si et comment l'aspect s'exprime dans la personnalité du sujet.

## Les orbes des aspects dits « majeurs ».

Conjonction : Orbe de 10° et de 12° pour les luminaires (Soleil et Lune). (soit une distance de 350° à 10°) .

Sextil : Orbe de 6° et de 7° pour les luminaires. (de 55° à 65°) .

Carré : Orbe de  7° et de 8° pour les luminaires. (de 83° à 97°) .

Trigone : Orbe de 7° et de 8° pour les luminaires. (de 113° à 127°) .

Opposition : Orbe de 10° et de 12° pour les luminaires. (de 170 0 190°) .

La tradition divisait les aspects en bénéfiques et maléfiques. S'il est vrai que les aspects jadis appelés bénéfiques engendrent une certaine facilité,  ils permettent en revanche difficilement à l'individu d'évoluer.
De même, si les aspects jadis appelés maléfiques correspondent à des problèmes qu'il faut résoudre,   à des faiblesses lorsqu'ils ne sont pas maîtrisés, et à une tension intérieure opposée au bien-être, ils deviennent des armes plus efficaces que les aspects dit bénéfiques lorsqu'ils sont maîtrisés et ils favorisent l'évolution. De nos jours, on parle d'aspects harmoniques et d'aspects dissonants ou dynamiques, de relations tendues ou de relations détendues.

## Importance d'un aspect dans le thème

Certains thèmes astraux comportent de très nombreux aspects et d'autres très peu.

Certains aspects sont plus importants que d'autres dans un thème et il est essentiel de connaître l'importance respective de chaque aspect pour effectuer une analyse correcte.

Comment échelonner l'importance respective des différents aspects ? Cela se fait en hiérarchisant l'importance des planètes à travers un calcul que l'on nomme calcul de la dominante, puis en additionnant les points attribués à chaque planète. Les aspects sont ensuite classés par ordre d'importance. (Voir le livre sur l'interprétation).

Les aspects qui sont le plus mis en valeur dans un thème sont appelés « aspects dominants ». Les aspects ayant moins d'importance sont appelés aspects « sous-dominants », « secondaires » ou « aveugles ».
Un aspect dominant s'exprime plus fréquemment et avec plus de conscience. Un aspect entre deux planètes peu exprimées, que l'on appelle « planètes aveugles » parce que c'est comme si la personne ne les voyait pas, tend à être enfoui dans l'inconscient. Un travail de prise de conscience est alors nécessaire pour ramener l'aspect « à la lumière ».

## Présentation des textes qui suivent

Chaque aspect est décrit à l'état « pur », hors du contexte du thème.

La première partie du texte décrit l'aspect sous sa forme harmonique, c'est-à-dire lorsqu'il est vécu d'une façon naturelle et plus ou moins consciente, sans que des efforts importants soient nécessaires pour bien intégrer l'aspect, sous une forme harmonieuse. Cette partie montre comment une relation entre deux planètes peut être bien vécue et utilisée constructivement.

Chacun peut ainsi choisir, parmi les différentes formes d'expression possible de l'aspect, celle qui convient à sa personnalité.

La deuxième partie décrit chaque aspect sous sa forme conflictuelle, en envisageant une large gamme d'expressions possibles pour chaque aspect. Un aspect dissonant indique le plus souvent un conflit à résoudre et des efforts à faire pour canaliser consciemment et constructivement la partie de la personnalité correspondant à l'aspect. C'est grâce à ces efforts que la personnalité évolue car les aspects dit dissonant/dynamiques fournissent la tension sans laquelle peu de réalisations sont possibles.

L'objectif de cette partie est de permettre à chacun de formuler les difficultés, les obstacles ou les faiblesses rencontrées. Comme chaque personne ressent un aspect d'une façon spécifique, l'important est de localiser la partie de l'aspect correspondant au vécu, puis d'envisager d'utiliser le potentiel conféré par l'aspect d'une façon constructive, en opérant une transformation.

La troisième partie évoque les différentes façons de canaliser une relation conflictuelle entre deux planètes, ou comment passer d'une relation planétaire conflictuelle à une relation planétaire dynamique exprimée consciemment.

## DEFINITION DE MERCURE

Mercure correspond en vous au personnage qui fait la liaison et qui gère les communications entre votre conscience et tous vos autres personnages intérieurs. Il est représenté graphiquement par le demi-cercle de l'âme posé sur le cercle de l'esprit, lui-même posée sur la croix de la matière. Il assure donc la liaison entre l'Esprit, l'âme et la matière et il vous permet de vous adapter. Il correspond à l'apprentissage, au langage, à la communication, au mouvement, au jeu, à l'intelligence, au mental, à la raison et aux facultés d'adaptation à son environnement. Il est en vous l'adolescent(e) curieux (se), espiègle, mobile et pétillant(e) d'intelligence.

## DEFINITION DE JUPITER

Jupiter correspond au troisième des quatre grands personnages masculins ou archétypes masculins en vous. Il est l'homme dans son autorité, dans son pouvoir de faire la loi et de la faire respecter, dans son besoin d'élargir ses horizons intérieurs et extérieurs, de partir à l'aventure pour explorer le monde tel un cheval sauvage et conquérir son espace. Il est à la fois votre paysage intérieur et votre besoin de vous extérioriser dans le monde pour y occuper une place. Il est cette partie de votre âme qui, pour croître horizontalement et assurer son expansion, a besoin de vie et d'action, orienté vers un objectif et alimenté par un savoir, une culture, une philosophie de vie ou des principes spirituels.

Troisième planète de feu mais aussi très liée à l'élément air, Jupiter vous permet l'enthousiasme, la confiance en vous, l'élan de vie, la générosité, l'autorité, le sens du pouvoir, le sentiment de complétude et d'épanouissement, le sens des affaires, du voyage, de l'organisation de la vie ainsi que la maîtrise des langues, des cultures, de l'économie, de l'enseignement et de la première phase de la connaissance spirituelle. Maître de la destinée extérieur, on dit que Jupiter est comme un deuxième Soleil, ou l'adjoint du Soleil.

Le signe où se trouve Jupiter, qui agit comme une loupe, est extériorisé et prend presque autant d'importance que les signes solaires, lunaires et ascendants. Vous exprimez votre Jupiter surtout entre 35 et 55 ans. Il est représenté graphiquement par le demi-cercle de l'âme lié sur une même ligne horizontale à la croix de la matière, symbolisant l'expansion de l'âme dans le monde.

Jupiter décrit la façon dont vous gérez l'aspect extérieur de votre destinée. Il décrit un monde où vous tendez à avoir de la chance de part des comportements dynamiques, confiants, intelligents, opportunistes et optimistes, associées à une intelligence relationnelle et un sens des relations « utiles » mais aussi, lorsque vous n'êtes pas encore reconnecté au meilleur de vous-même, un monde d'exagération, de généralisations abusives, de fictions prises pour la réalité, d'excès, d'abus de pouvoir en tous genres ainsi qu'une tendance à vous perdre dans les sables mouvants du monde extérieur.

## DEFINITION DE SATURNE

Saturne correspond au troisième des quatre grands personnages féminins ou archétypes féminins en vous, même si elle est parfois représentée sous les aspects d'un vieil homme.

Elle est la femme qui s'intériorise jusqu'à aller au plus profond d'elle-même, qui s'interroge, qui doute, qui résiste, qui a besoin de sécurité et de construire, qui est gardienne de l'ordre, de la vérité éternelle, du temps et de la sagesse et qui consulte son tribunal intérieur et son juge pour rendre un verdict. D'un point de vue psychologique, Saturne représente votre fonction d'évolution intérieure. Elle correspond aux structures qui permettent à la vie d'exister, que ce soit les os pour le corps humain, les terres et les bâtiments pour le monde de la matière, où l'ordre et la vérité universelle en ce qui concerne les mondes spirituels. Elle est votre éducateur moral et votre juge moral grâce auxquels vous avez la conscience du bien et du mal, de l'ordre des choses.

Elle est la fonction qui vous permet de sortir de vos fictions pour accéder à votre vérité profonde grâce à laquelle vous prenez conscience d'où vous venez, avant de vous incarner dans la matière, qui vous êtes et ce que vous êtes venu expérimenter sur terre, et où vous allez une fois que votre corps physique redeviendra poussière.

Elle vous permet l'observation, le détachement, la prise de recul, l'introspection, la méditation, le silence intérieur, la persévérance, la prudence, la simplicité, l'objectivité, le respect, l'honnêteté, l'exploration de l'inconnu, la recherche, l'approfondissement, la maîtrise de soi, la sagesse, la sérénité et la paix intérieure. Elle vous apporte le sens de l'organisation dans le temps, le sens de l'ordre, des chiffres et des structures, le sens des responsabilités et de la qualité, la capacité à tirer des leçons, à fournir des efforts et à travailler pour vous tenir debout, pour construire et pour avancer vers votre vérité profonde.

Elle peut aussi indiquer un sentiment d'abandon et la tristesse qui va avec des blocages, des freins, des restrictions, des résistances, des jugements et des frustrations. Elle est représentée graphiquement par le demi-cercle de l'âme surmonté par la croix de la matière, symbolisant l'évolution verticale de l'âme qui s'enracine dans la matière tout en cherchant à atteindre les sommets de la montagne sacrée pour atteindre le ciel.

# DEFINITION D'URANUS

Uranus correspond au quatrième des quatre grands personnages masculins ou archétypes masculins en vous. Il est l'homme dans sa puissance, capable de vaincre les éléments, dans son pouvoir libérateur, dans ses capacités d'inventer et d'innover et dans ses valeurs humaines. Uranus reste 7 ans dans un signe et agit comme un projecteur ou une loupe sociologique, propulsant dans chaque individu les énergies du signe où il se trouve.

Il influence ainsi une génération et à un niveau personnel, il incarne un pouvoir, une puissance légué par les forces spirituelles de l'univers pour évoluer, pour vous libérer et pour faire avancer votre génération. Il montre comment vous pouvez vous différencier des autres en tant que membre de votre génération et comment vous pouvez aider autrui à prendre conscience de leur spécificité par rapport à l'ensemble de l'humanité.

Uranus correspond à un besoin d'être en groupe, de coopération, de participer à un mouvement humanitaire, à une grande société ou à une association, d'avoir un sentiment de faire partie de la société voire de l'humanité, de créer des réseaux et de faire partie d'un réseau, à un besoin de communication avec le groupe en présence et à distance, de télécommunication et d'échanges internationaux, à un besoin de virtualité et de concepts, de faire des projets et de se projeter dans l'avenir vers un monde meilleur, de merveilleux et de science-fiction.

Il apporte un besoin d'humanité, de fraternité, de vivre selon des valeurs humaines, d'air et d'espace, de savoir, de connaissances, d'organisation efficace et moderne, de coïncidences et de synchronicités, de technologie, de maîtrise à l'aide d'outils et de systèmes d'informations, d'autonomie et d'indépendance, de déplacements ultra-rapides, de vous sentir libéré et d'aider autrui et de soulager des maux physiques et psychologiques. Il engendre un besoin de réformer, de rénover, de moderniser, de modernité, de participer au progrès collectif, d'inventer et d'être à l'avant garde.

Il est représenté par le cercle de l'esprit surmonté de la croix de la matière, cette dernière étant bordée de deux demi-cercles de l'âme, symbolisant la descente de l'esprit et de l'âme dans la matière pour apporter à l'humanité la connaissance et la libération. Son graphisme évoque une antenne émettrice et réceptrice à multifréquences, capable de capter l'énergie et l'information et de les retransmettre comme des pulsations électromagnétiques.

# LES ASPECTS A MERCURE

## ASPECT HARMONIQUE MERCURE-VENUS

Il y a dans votre thème astral une relation permanente, continue et symbiotique entre Mercure et Vénus qui s'expriment en vous comme deux partenaires. Comme vous êtes sensible aux effets positifs que chaque planète a sur l'autre et que vous croyez que lorsque vous vivez l'une des planètes, l'autre viendra systématiquement la soutenir, vous récoltez le meilleur de chacune de ces deux fonctions psychologiques et des expériences qui y sont associées.

Chez vous, l'intelligence, la raison et les sentiments s'influencent mutuellement et fonctionnent ensemble. Ce qui vous intéresse et ce qui vous parle vous séduit et vous touche tandis que ce qui vous plaît et vous attire suscite votre curiosité, votre intérêt et ouvre la voie à d'autres possibilités, à d'autres ouvertures, à d'autres contacts, à de nouvelles informations et à des découvertes.

Et votre plaisir, c'est de faire des découvertes, de faire de nouvelles rencontres, d'apprendre, d'être stimulé(e) intellectuellement, de rire et de vous amuser.

Votre intelligence teintée de sentiments s'exprime avec grâce, délicatesse, galanterie, éloquence, bonté, finesse et tolérance. Communiquer étant pour vous synonyme de plaire, de séduire et de créer des liens affectifs allant au-delà du simple échange d'informations, votre charme s'exprime à travers les mots et souvent aussi à travers l'humour.

Vous avez le sens des belles paroles, la capacité à y mettre les formes et la tendance à voir la vie en rose. Votre capacité à vous accorder naturellement avec l'entourage et avec tout interlocuteur, à respecter les normes sociales et un certain savoir-vivre dans tout échange, à vous montrer à la foi intéressant et séduisant vous permet de nouer rapidement des contacts avec votre entourage et de vous adapter à des milieux très variés.

Parce que toute rencontre peut très vite devenir une relation sociale et parce que tout échange d'informations implique aussi un échange de nature affectif, vous êtes un interlocuteur agréable et vous pouvez être très apprécié par votre entourage.

Comme vous vous sentez concerné voire touché affectivement par ce qui se passe dans votre environnement et parce que la communication, l'échange affectif et le relationnel sont indispensables à votre équilibre, vous vivez en général mal la solitude et l'indifférence.

Votre sens inné de la communication et de l'échange, des relations utiles, de la valeur financière des biens et des services, des mécanismes financiers et de la gestion peut vous permettre de réussir dans l'art de vendre, dans le commerce et les affaires, dans les métiers de service ou d'accueil et dans les domaines de l'information, de la communication et des relations publiques.

Votre capacité à voir les deux faces d'une situation, à donner aux événements la plus belle forme possible quitte à embellir la réalité, à arbitrer, à démêler les situations conflictuelles en évitant de blesser autrui, à peser le pour et le contre, à réconcilier les extrêmes, à être toujours disponible, accessible, souple et ouvert d'esprit ainsi que votre sens inné de la justice et de l'équilibre peut faire de vous un fin diplomate ou un fin comédien. Vous n'êtes en revanche pas à l'aise dans les querelles violentes et dans les débats passionnels.

Votre sens des proportions et des nuances, votre capacité à comprendre, à intellectualiser ou à critiquer la forme, l'esthétique, l'art, les femmes, les relations existant entre les individus, les schémas et mécanismes qui font naître et exister la civilisation et ce que vous percevez avec vos sens peut vous conférer des goûts et aptitudes pour le dessin, la photo, la peinture, la confection, pour toute activité manuelle nécessitant finesse et précision, pour critiquer, commenter, propager ou vendre un art, pour mettre en relation des personnes venant d'horizons très variés et pour gérer des situations ou plusieurs personnes sont en relation. Vénus mercure peut aussi correspondre à un goût pour les belles voitures.

Vous avez besoin d'aimer et d'être ému affectivement pour comprendre et de comprendre pour aimer et pour vous émouvoir. Si vos raisonnements tendent à être équilibrés et modérés, vous n'êtes pas toujours objectif dans la mesure où vos raisonnements sont influencés par vos émotions et vos sentiments, par vos goûts et vos préférences personnelles et dans la mesure où vous n'entendez et ne comprenez quelquefois que ce qui vous fait plaisir, en rajoutant aux faits objectifs des formes qui parfois déforment.

Votre tendance à voir ce qu'il y a de plus joli en chaque interlocuteur et à ignorer le reste peut être synonyme de naïveté ou d'une grande intelligence relationnelle.

Lorsque votre conscience a dépassé le monde des apparences, vous pouvez faire preuve d'une remarquable justesse de vue et vous faire comprendre par tous parce que vous savez parler à chacun dans son langage, avec les mots adaptés qui le touchent. Votre évolution intellectuelle tend à s'effectuer grâce aux autres, aux associations, à vos relations privilégiées et grâces aux stimulations et opportunités extérieures. Vous avez besoin d'un climat affectif, des autres ou de pressions extérieures pour apprendre. L'idéal est alors pour les étudiants de travailler à deux et pour les parents d'encadrer, de stimuler et de créer le climat affectif nécessaire à l'apprentissage.

Parfois, un certain laissez aller, une difficulté à faire des efforts, des préoccupations amoureuses ou un intérêt excessif pour les loisirs et les plaisirs peuvent gêner les études. La mère, une tante, une sœur ou une autre femme peut jouer un rôle important dans l'évolution des connaissances, dans les études et dans l'apprentissage de l'adaptation au monde. Vénus mercure peut correspondre chez vous à un goût pour les belles voitures. Vos sentiments tendent à être intellectualisés et filtrés par votre raison. Ils peuvent s'orienter vers les frères et sœurs réels ou symboliques, vers les collègues, les voisins et vers l'entourage proche en général. Ils tendent à se dédoubler voire à se démultiplier, d'où la possibilité d'être attiré et séduit par plusieurs personnes à la foi, de multiplier vos contacts ou vos relations sociales, et d'élargir vos élans affectifs à l'ensemble de l'entourage.

Cette dualité affective peut se traduire, dans la vie, par deux mariages réels ou symboliques. Vous préférences, goûts et désirs tendent aussi à se démultiplier et vous êtes plutôt séduit par des détails particuliers que par l'ensemble. Vous avez parfois des comportements amoureux de type adolescent où priment l'amour fraternel, la curiosité, le flirt, le besoin de faire des découvertes et de vivre des expériences variées sans trop vous attacher en profondeur, la tendance à analyser vos émotions, vos sentiments et votre vécu amoureux. Vous pouvez séduire par votre fraîcheur sans cesse renouvelée, par votre facilité à communiquer et à étonner l'autre, par votre faculté d'adaptation aux besoins et attentes de l'autre et par votre sens de l'humour.

La présence de dialogue et de communication dans votre vie de couple peut contribuer à votre épanouissement affectif. Inversement, vous avez besoin d'affinités intellectuelles, de communication, de fantaisie, de rire, de jouer et de complicité fraternelle pour aimer et pour être séduit. Vous avez aussi besoin d'air, d'une certaine liberté de mouvement, de nouveauté et d'imprévus dans votre vécu relationnel.

Vous avez plus de facilités pour les échanges verbaux que pour exprimer vos émotions et votre sensibilité, pour témoigner de la tendresse ou pour accorder une grande importance aux rapports sexuels. Vous pouvez cependant être attiré par les jeux amoureux et les jeux de plaisirs. Lorsque vous avez vécu vos expériences, que vous avez fait vos découvertes et que vous vous engagez, vous savez être spontané, compréhensif et intéressant, instaurer un dialogue, assurer dans la vie pratique et vous adapter à la vie à deux.

Vous pouvez être attiré par des personnes amusantes, légères, étonnantes, intéressantes, drôles, sachant bien communiquer et s'adapter, ayant de bonnes connaissances générales et capables de vous apprendre des choses, mais aussi par des personnes serviables, pures, raisonnables, organisées, lucides, critiques et adaptée à la vie matérielle.
Votre image de la féminité est celle d'une femme pétillante, spontanée, printanière, jeune d'esprit, communicante, intelligente, amusante, mobile, adaptée et fraternelle.

Vous pouvez avoir des goûts et des aptitudes pour la communication, l'écriture, le journalisme, l'automobile, la conduire de véhicules et les petits déplacements, l'enseignement, le conte, les langues et l'interprétariat, le commerce, la gestion du courrier ou des échanges commerciaux, pour faire le clown, pour les activités touchants aux jeunes et aux étudiant(e)s, aux jeux, aux jouets, au rire, au mouvement, à l'acrobatie, aux médias, au marketing, aux livres et supports de communication et pour toutes les activités de services.

## ASPECT DISSONANT/DYNAMIQUE MERCURE-VENUS

Il y a dans votre thème astral une relation permanente, mais discontinue, dissociée, duelle, tendue et conflictuelle, entre Mercure (votre mental, votre besoin d'adaptation) et Vénus (vos désirs, vos plaisirs, vos sentiments, vos choix, votre relationnel), car ces deux planètes vibrent en vous à deux fréquences totalement différentes.

Chaque planète veut s'exprimer, à sa façon, à travers vous et tend à considérer l'autre comme une rivale ou comme une perturbatrice.

Vous avez alors tendance, soit à exprimer l'une puis l'autre des planètes d'une façon excessive, soit à vivre l'une des planètes et à rejeter l'autre parce que vous la considérez comme perturbatrice, parce que vous voyez son côté sombre plus que son côté lumineux. Tant que vous nourrissez ce conflit à l'intérieur de vous, vous récoltez le moins bon de chacune des deux fonctions psychologiques et des expériences qui y sont associées.

La solution, que vous verrez plus bas dans le texte, est de vivre chaque fonction en pleine conscience et de savoir alterner rapidement et consciemment, entre chacune des deux fonctions psychologiques représentées par la planète Vous transformez ainsi une relation conflictuelle en une grande force et vous vivez cette relation de façon consciente et dynamique. Cette facette de votre personnalité peut initialement engendrer, lorsqu'elle n'est pas maîtrisée, des difficultés au niveau de votre adaptation au monde, de votre communication et de vos relations sociales ou affectives de par un conflit ou une dissociation entre ce qui vous intéresse et ce que vous désirez, entre votre mental et vos sentiments, entre les mots et les couleurs, entre votre besoin d'adaptation et votre besoin de civilisation.

 Ce qui vous attire, vous plaît, vous séduit et vous touche sentimentalement ne réveille alors pas forcément votre curiosité, votre intérêt et ne débouche pas sur un enrichissement, sur d'autres ouvertures et sur une meilleure adaptation au monde.

Inversement lorsque quelque chose suscite votre intérêt ou votre curiosité, vous amuse, vous étonne, cela vous séduit rarement et peut même vous paraître désagréable. Vous pouvez avoir du mal à séduire lorsque vous communiquez et à vraiment communiquer lorsque vous séduisez ou lorsque vous vivez une relation privilégiée. Vous pouvez aussi à voir du mal à exprimer vos sentiments et les sensations éprouvées par votre corps et à être juste dans vos paroles.

Vous avez alors tendance à incarner plusieurs scénarios, en alternant parfois de l'un à l'autre.

# Scénario 1 : Le mental domine et Vénus est rejetée ou mal intégrée à votre personnalité.

Vous vivez votre Mercure lorsque vous communiquez, lorsque vous faîtes des rencontres intéressantes, lorsque vous cherchez à vous informer, à brasser des idées pour apprendre et comprendre, lorsque vous exprimez votre curiosité et multipliez vos centres d'intérêts, lorsque vous êtes en mouvement et lorsque vous vous adaptez à l'environnement.

Vous pouvez alors être fortement sensibilisé aux effets perturbateurs que peuvent avoir toute expression des sentiments, tout engagement affectif, la richesse matérielle, le désir, les plaisirs des sens et la joie de l'âme. Cela peut vous inciter à rejeter tout ou une partie de ce que représente Vénus. Peut être n'accordez-vous alors crédit qu'à ce qui est logique et rationnel au détriment de l'affectif ?

Vous pouvez éprouver des difficultés à vous émouvoir, à être touché et séduit, à exprimer vos goûts, vos désirs, vos sentiments, vos préférences et votre ressenti, ou à établir des relations privilégiées ou sociales qui vont au-delà du simple échange d'informations.

Vous pouvez éprouver des difficultés à créer des relations harmonieuses au sein de votre environnement, à être équilibré mentalement, à avoir des raisonnements justes, à participer à votre civilisation, à profiter des plaisirs de la vie et à vous engager dans une relation sentimentale stable.

Peut-être que vous ne tenez pas assez compte des besoins, des sentiments et des désirs de vos interlocuteurs parce que vous vous sentez déstabilisé mentalement lorsque des émotions ou des sentiments prennent une part importante dans vos échanges ou parce que vous croyez que tout attachement ou tout engagement exclusif ne peut se faire qu'au détriment de votre disponibilité ou de votre liberté de mouvement?

Peut-être reniez-vous les valeurs artistiques, les valeurs de partage, les joies et plaisirs du quotidien ou tout ce qui concerne l'argent et le matériel?
Peut-être utilisez-vous votre raison pour muselez vos sentiments ? Votre intelligence peut avoir des difficultés à se sentir reliée aux autres et à la civilisation, à s'exprimer avec grâce, délicatesse, galanterie, éloquence, bonté, finesse et tolérance.

Communiquer n'étant pas forcément pour vous synonyme de plaire, de séduire et de créer des liens affectifs engageants, vous pouvez avoir des difficultés à exprimer votre charme à travers les mots, à avoir le sens des belles paroles, mettre les formes nécessaires dans vos discours et à voir la vie en rose. Mais ces refoulements peuvent vous donner l'impression, lorsque vous communiquez et vous adaptez à votre environnement, qu'il vous manque un bien être affectif, une joie, une relation privilégiée stable et concrète, du temps pour vous consacrer à vos loisirs ou à ce qui vous fait plaisir ou une richesse (matérielle ou autre) à laquelle vous aspirez.

## Scénario 2 : Vénus domine et le mental est rejeté ou mal intégré.

Quand Vénus domine en vous, vous vivez selon vos désirs, votre besoin d'être en lien avec autrui et selon vos sentiments. Vous vous consacrez alors à vos relations, à votre vie de couple, à vivre selon votre plaisir, vos goûts et vos préférences personnelles. Il vous faut agrémenter et embellir la réalité, attirer, séduire, créer du bonheur et de l'harmonie, partager avec l'autre et jouer votre rôle dans la civilisation.

Vous pouvez alors être fortement sensibilisé aux effets perturbateurs et désagréables que peuvent causer l'influence de votre entourage, de trop nombreux centres d'intérêts, ce qui se raconte autour de vous, certains collègues ou camarades, les facultés d'organisation analytique, l'intellect et des études en général, la curiosité, la superficialité et les mauvaises plaisanteries.

Cela peut vous donner des difficultés à faire preuve d'humour ou à accepter les plaisanteries, à écouter et à communiquer normalement avec vos différentes relations ou avec votre partenaire, à les comprendre, à analyser vos sentiments, votre vie affective ou le tissu associatif qui vous entoure. Peut être êtes vous mal informé quant aux conditions nécessaires pour créer une vie de couple ou des relations harmonieuses ou peut-être avez-vous à ce sujet une logique qui n'est pas juste ?  Peut-être êtes-vous tellement pris par une relation, par vos états affectifs, par des préoccupations matérielles, par un besoin de stabilité ou par les œillères que vous dressez inconsciemment que vous fermez toutes les ouvertures possibles au point de ne plus être vraiment disponible. Vous pouvez alors avoir du mal à vous adapter à la vie à deux, aux relations de groupe ou à la civilisation, ou mener une vie routinière laissant peu de place à la nouveauté et à l'inconnu.

Vous pouvez cependant être insatisfait parce que vous avez l'impression que votre vie sociale ou relationnelle vous demande de tels investissements que vous n'arrivez pas à vous occuper de ce qui vous intéresse, à être disponible pour vivre des expériences ou des rencontres nouvelles, à diversifier vos occupations, à discuter avec votre entourage ou à prendre le temps de réfléchir sur des sujets qui éveillent votre curiosité.

## Scénario 3 : Le mental domine en excès

L'influence excessive de Mercure peut vous donner tendance, dans votre vie de couple ou dans vos relations sociales, à vous comporter comme un adolescent attardé. Prédomine alors en vous la tendance à tout le temps analyser vos émotions et sentiments, à rechercher des rapports fraternels asexués, à vous laisser dominer par la curiosité, par l'excitation de la nouveauté et par la tentation d'aller voir ailleurs, pour changer d'air ou pour faire des découvertes.

Cela peut se traduire par une tendance à l'instabilité, à changer de partenaire comme de chemise, aux flirts, au papillonnage, à aimer par curiosité ou par intérêt sans vraiment s'attacher, à jouer avec ses sentiments ou avec ceux des autres et à voir le mariage comme un contrat qu'on signe pour s'amuser sans vraiment avoir l'impression d'avoir signé.

Vous vous servez parfois d'une tendance à parler pour ne rien dire ou inversement d'un sens critique excessif pour ne pas montrer vos sentiments, pour vous protéger d'une sentimentalité débordante et fragile.

Cette facette de votre personnalité peut aussi vous donner la tendance à avoir l'impression d'être insuffisamment mûr pour vous limiter à un choix unique ou pour vous installer dans une relation définitive. Cela peut induire une tendance à vous réfugier dans des relations provisoires en attendant de mûrir et une difficulté à s'habituer aux contraintes d'une vie de couple régulière.

Si la relation Mercure-Vénus facilite la création de nombreuses relations superficielles, il donne en revanche moins de facilités pour s'engager dans une relation spécifique et personnelle ou pour créer des liens profonds et durables. La relation Mercure Vénus peut engendrer un manque de sérieux et de moralité dans les associations et relations ainsi que des échecs dans les études par paresse, laissez aller ou suite à un gaspillage d'énergie dans les plaisirs. Il peut prédisposer à rencontrer des adversaires rusés, voleurs, menteurs et semeur de zizanie ou donner un goût pour les plaisirs qui détraquent le système nerveux.

## Scénario 4 : Vénus, (sentiments, désirs, besoins relationnels) domine en excès.

Si vous êtes plutôt identifié à Vénus, vous pouvez avoir tendance à l'être excessivement. Une influence excessive des sentiments et des désirs peut se traduire par une humilité excessive, par une tendance à accorder trop d'importance à l'argent et aux biens matériels, par une tendance au laxisme, à l'insouciance, au laissez aller et par une attitude partisane du moindre effort lorsqu'il s'agit d'apprendre, d'être disponible ou de vous adapter l'environnement. Une tendance à être ancré dans la routine ou dans des schémas psychologiques rigides peut vous empêcher de vivre des expériences nouvelles, d'être souple et mobile et de vous adapter. Vous pouvez être tellement submergé par vos sentiments et faire tellement de tout une affaire de plaisir ou de désagrément que vous avez du mal à prendre le recul nécessaire pour réfléchir et pour aborder les gens avec objectivité.

Vous pouvez avoir tendance à être trop bon et trop gentil et à ne pas assez exprimer vos idées ou vos différences, par peur d 'être inadapté ou de déplaire. Un désir exagéré de plaire et de séduire, une recherche excessive de plaisirs sensoriels ou de relations, une tendance à ne vivre que pour le plaisir et à mener une vie futile peut être un moyen pour vous de ne pas vous adapter. Vous pouvez aussi avoir tendance à rechercher des relations faciles qui ne vous donne pas la possibilité de vous épanouir en amour.

## Expression positive consciente et naturelle : Lorsque vous apprenez à maîtriser cette partie de votre personnalité et à utiliser toute sa richesse et lorsque vous avez fait le chemin pour exprimer cette relation en pleine conscience et d'une manière positive.

Pour transformer la relation Mercure-Vénus dissociée en relation consciente et dynamique, il peut être utile d'effectuer un travail sur vos capacités de communication et d'adaptation, sur le rôle que doivent avoir l'information et le jeu dans vos relations et sur le rôle que doivent avoir les choix, vos vrais désirs, le plaisir, la vie de couple, les relations sociales et la civilisation au sein de votre personnalité et de votre vie.

Cette facette de votre personnalité peut être gérée et canalisée en oscillant entre les deux fonctions psychologiques qui sont vécues dans des états d'esprit très différents de façon telle que chaque fonction rectifie l'autre au moindre excès.

Vous pouvez vivre des moments où vous êtes dans une dynamique d'ouverture, où vous êtes avec vos copains et copines, où vous explorez et vous adaptez à votre environnement, où vous vous instruisez, donnez satisfaction à votre curiosité et vous informez. Puis vous pouvez consacrer une autre période (de la journée, de l'année ou de votre vie) dans un autre lieu et/ou dans un autre état d'esprit où vous vivez votre vie relationnelle, votre vie sociale et votre vie de couple, où vous vous consacrez à vos vrais désirs et à ce qui vous fait plaisir.

Vous êtes très sensible aux différences qu'il peut y avoir entre la raison et les sentiments, entre la stabilité et la disponibilité à l'inconnu, entre l'analyse critique objective et le ressenti ou les commentaires subjectifs teintés des goûts et des préférences personnelles. Vous savez alors communiquer et vous exprimer de deux façons différentes.

La première se fait à travers les mots, l'humour, le jeu et l'échange d'informations en rapport avec l'environnement proche tandis que la seconde s'effectue par le charme, par l'émotion, par la beauté ou l'esthétique et par les sentiments. Vous utilisez deux langages très différents que vous maniez à merveille, en choisissant le langage le plus approprié à chaque situation. Et vous savez qu'il y a un temps pour le langage du cœur et un temps pour le langage de la raison, un temps pour l'organisation et la stabilité et un temps pour être disponible aux nouvelles expériences qui peuvent se présenter.

Vous veillez d'une part à ce que vos sentiments, vos préférences personnelles et votre ressenti n'interfèrent pas sur vos raisonnements et veillez à ce que votre mental n'étouffe pas l'expression de votre affectivité. Il pourra aussi y avoir dans votre vie deux types de relations, les relations superficielles avec des gens que vous trouvez intéressants, utiles et amusants parce qu'ils vous apprennent des choses ou facilitent votre adaptation au monde et des relations de cœur avec dans le cadre d'une vie de couple stable et avec des personnes que vous aimez parce qu'elles vous séduisent, vous émeuvent, vous permettent de passer d'agréables moments et d'exprimer votre affectivité.

Bien maîtrisée et vécue en conscience, la relation Mercure-Vénus peut vous conférer un ensemble d'aptitudes qui sont alors vécues d'une façon très consciente et dynamique. Cela peut par exemple se traduire par pour ce qui concerne Vénus par un éveil des sens, un sens esthétique, des aptitudes relationnelles, un pouvoir de séduction, un sens de l'harmonie et une intelligence relationnelle qui sont au-dessus de la moyenne et pour ce qui concerne Mercure par une intelligence, une souplesse, une disponibilité, un sens de l'adaptation, un sens de l'analyse, de la gestion et de l'organisation financière ou administrative, des capacités manuelles, des dons oratoires ou des aptitudes pour l'écriture qui sont hors du commun.

Quand la relation Mercure-Vénus est vécue en conscience, l'intelligence, la raison et les sentiments s'influencent mutuellement et fonctionnent ensemble. Ce qui vous intéresse et ce qui vous parle vous séduit et vous touche tandis que ce qui vous plaît et vous attire suscite votre curiosité, votre intérêt et ouvre la voie à d'autres possibilités, à d'autres ouvertures, à d'autres contacts, à de nouvelles informations et à des découvertes.

Et votre plaisir, c'est de faire des découvertes, de faire de nouvelles rencontres, d'apprendre, d'être stimulé(e) intellectuellement, de rire et de vous amuser. Votre intelligence teintée de sentiments s'exprime avec grâce, délicatesse, galanterie, éloquence, bonté, finesse et tolérance. Communiquer étant pour vous synonyme de plaire, de séduire et de créer des liens affectifs allant au-delà du simple échange d'informations, votre charme s'exprime à travers les mots et souvent aussi à travers l'humour.

Vous avez le sens des belles paroles, la capacité à y mettre les formes et la tendance à voir la vie en rose. Votre capacité à vous accorder naturellement avec l'entourage et avec tout interlocuteur, à respecter les normes sociales et un certain savoir-vivre dans tout échange, à vous montrer à la foi intéressant et séduisant vous permet de nouer rapidement des contacts avec votre entourage et de vous adapter à des milieux très variés.

Parce que toute rencontre peut très vite devenir une relation sociale et parce que tout échange d'informations implique aussi un échange de nature affectif, vous êtes un interlocuteur agréable et vous pouvez être très apprécié par votre entourage. Comme vous vous sentez concerné voire touché affectivement par ce qui se passe dans votre environnement et parce que la communication, l'échange affectif et le relationnel sont indispensables à votre équilibre, vous vivez en général mal la solitude et l'indifférence. Votre sens inné de la communication et de l'échange, des relations utiles, de la valeur financière des biens et des services, des mécanismes financiers et de la gestion peut vous permettre de réussir dans l'art de vendre, dans le commerce et les affaires, dans les métiers de service ou d'accueil et dans les domaines de l'information, de la communication et des relations publiques.

Votre capacité à voir les deux faces d'une situation, à donner aux événements la plus belle forme possible quitte à embellir la réalité, à arbitrer, à démêler les situations conflictuelles en évitant de blesser autrui, à peser le pour et le contre, à réconcilier les extrêmes, à être toujours disponible, accessible, souple et ouvert d'esprit ainsi que votre sens inné de la justice et de l'équilibre peut faire de vous un fin diplomate ou un fin comédien. Vous n'êtes en revanche pas à l'aise dans les querelles violentes et dans les débats passionnels.

Votre sens des proportions et des nuances, votre capacité à comprendre, à intellectualiser ou à critiquer la forme, l'esthétique, l'art, les femmes, les relations existant entre les individus, les schémas et mécanismes qui font naître et exister la civilisation et ce que vous percevez avec vos sens peut vous conférer des goûts et aptitudes pour le dessin, la photo, la peinture, la confection, pour toute activité manuelle nécessitant finesse et précision, pour critiquer, commenter, propager ou vendre un art, pour mettre en relation des personnes venant d'horizons très variés et pour gérer des situations ou plusieurs personnes sont en relation. Vénus mercure peut aussi correspondre à un goût pour les belles voitures.

Vous avez besoin d'aimer et d'être ému affectivement pour comprendre et de comprendre pour aimer et pour vous émouvoir. Si vos raisonnements tendent à être équilibrés et modérés, vous n'êtes pas toujours objectif dans la mesure où vos raisonnements sont influencés par vos émotions et vos sentiments, par vos goûts et vos préférences personnelles et dans la mesure où vous n'entendez et ne comprenez quelquefois que ce qui vous fait plaisir, en rajoutant aux faits objectifs des formes qui parfois déforment. Votre tendance à voir ce qu'il y a de plus joli en chaque interlocuteur et à ignorer le reste peut être synonyme de naïveté ou d'une grande intelligence relationnelle. Lorsque votre conscience a dépassé le monde des apparences, vous pouvez faire preuve d'une remarquable justesse de vue et vous faire comprendre par tous parce que vous savez parler à chacun dans son langage, avec les mots adaptés qui le touchent.

Votre évolution intellectuelle tend à s'effectuer grâce aux autres, aux associations, à vos relations privilégiées et grâces aux stimulations et opportunités extérieures. Vous avez besoin d'un climat affectif, des autres ou de pressions extérieures pour apprendre. L'idéal est alors pour les étudiants de travailler à deux et pour les parents d'encadrer, de stimuler et de créer le climat affectif nécessaire à l'apprentissage. Parfois, un certain laissez aller, une difficulté à faire des efforts, des préoccupations amoureuses ou un intérêt excessif pour les loisirs et les plaisirs peuvent gêner les études.

La mère, une tante, une sœur ou une autre femme peut jouer un rôle important dans l'évolution des connaissances, dans les études et dans l'apprentissage de l'adaptation au monde. Vénus mercure peut correspondre chez vous à un goût pour les belles voitures.

Vous séduisez par votre fraîcheur sans cesse renouvelée, par votre facilité à communiquer et à étonner l'autre, par votre faculté d'adaptation aux besoins et attentes de l'autre et par votre sens de l'humour.

La présence de dialogue et de communication dans vos relations et dans votre vie de couple peut contribuer à votre épanouissement affectif. Inversement, vous avez besoin d'affinités intellectuelles, de communication, de fantaisie, de rire, de jouer et de complicité fraternelle pour aimer et pour être séduit.

Vous avez aussi besoin d'air, d'une certaine liberté de mouvement, de nouveauté et d'imprévus dans votre vécu relationnel. Vous avez autant de facilités pour les échanges verbaux que pour exprimer votre sensibilité, pour témoigner de la tendresse ou pour accorder une grande importance aux rapports sexuels. Vous pouvez être attiré par les jeux amoureux et les jeux de plaisirs. Lorsque vous avez vécu vos expériences, que vous avez fait vos découvertes et que vous vous engagez, vous savez être spontané, compréhensif et intéressant, instaurer un dialogue, assurer dans la vie pratique et vous adapter à la vie à deux.

Vos sentiments sont très influencés par votre raison et par votre intelligence. Ils peuvent s'orienter vers les frères et sœurs réels ou symboliques, vers les collègues, les voisins et vers l'entourage proche en général. Ils tendent à se dédoubler voire à se démultiplier, d'où la possibilité d'être attiré et séduit par plusieurs personnes à la foi, de multiplier vos contacts ou vos relations sociales, et d'élargir vos élans affectifs à l'ensemble de l'entourage. Cela peut se traduire, dans la vie, par deux mariages réels ou symboliques. Vos préférences, goûts et désirs tendent aussi à se démultiplier et vous êtes plutôt séduit par des détails particuliers que par l'ensemble. Vous avez parfois des comportements amoureux de type adolescent où priment l'amour fraternel, la curiosité, le flirt, le besoin de faire des découvertes et de vivre des expériences variées sans trop vous attacher en profondeur, jusqu'à ce que vous trouviez la bonne personne, votre âme-sœur.

Vous pouvez avoir des goûts et des aptitudes pour la communication, l'écriture, le journalisme, l'automobile, la conduire de véhicules et les petits déplacements, l'enseignement, le conte, les langues et l'interprétariat, le commerce, la gestion du courrier ou des échanges commerciaux, pour faire le clown, pour les activités touchants aux jeunes et aux étudiant(e)s, aux jeux, aux jouets, au rire, au mouvement, à l'acrobatie, aux médias, au marketing, aux livres et supports de communication et pour toutes les activités de services.

# ASPECT HARMONIQUE MERCURE-MARS

Il y a dans votre thème astral une relation permanente, continue et symbiotique entre Mercure et Mars qui s'expriment en vous comme deux partenaires. Comme vous êtes sensible aux effets positifs que chaque planète a sur l'autre et que vous croyez que lorsque vous vivez l'une des planètes, l'autre viendra systématiquement la soutenir, vous récoltez le meilleur de chacune de ces deux fonctions psychologiques et des expériences qui y sont associées.

Votre besoin de savoir, de découvrir, de comprendre, d'explorer l'environnement, de communiquer et d'échanger ainsi que votre curiosité et votre sens de l'adaptation sont très actifs chez vous. Ils sont étroitement liés à vos engagements, à vos combats et sont vos moyens de vous affirmer dans l'existence. De ces tendances découlent tout un ensemble de comportements. Vous avez tendance à communiquer et à vous exprimer avec franchise et spontanéité, d'une façon directe, virile, brusque, parfois violente et avec une voix percutante pouvant proférer un important débit de paroles. Conscient de la force des mots dont vous pouvez vous servir comme une arme, vous savez convaincre en employant les expressions qui frappent et les paroles qui donnent des résultats.

Votre intelligence tend à être instinctive, intuitive, ardente et passionnée, impatiente, éveillée et pénétrante, alerte et improvisatrice, pratique et fonctionnelle, parfois indisciplinée et surtout orientée vers une recherche de résultats dans la vie active.

Ce sont avant tout ce qui peut être prouvé, c'est à dire les faits et les événements, qui vous parlent ou qui suscitent votre intérêt, plus que les théories abstraites ou les spéculations profondes.

Vous comprenez vite et pouvez être doué pour mettre rapidement en application ce que vous avez appris. Vous pouvez aussi être doué pour trouver des applications concrètes et fonctionnelles à toute idée ou découverte, pour bricoler en faisant appel au système D et pour obtenir des résultats avec les moyens du bord.

Vous avez d'ailleurs en général besoin, pour comprendre ou lorsque quelque chose vous intéresse, de vivre l'information dans la pratique, d'expérimenter ce qui suscite votre curiosité, de vous impliquez avec enthousiasme, passion et réalisme puis d'en trouver une utilité pratique dans la vie courante.

Votre type d'intelligence peut s'adapter à des activités comme la mécanique, l'entreprise, la menuiserie, le sport, la chimie, la chirurgie, pour tout ce qui nécessite l'utilisation d'outils et de machines, et pour tout ce qui demande une rapidité d'exécution, de la précision et de l'efficacité.

Si vous aimez renouveler vos sujets d'étude et vos centres d'intérêts, parce que vous n'avez pas forcément la patience de vous concentrer longtemps sur le même sujet, vous avez parfois tendance à ne pas toujours assez approfondir dans la mesure où vérifier la validité et l'utilité immédiate de vos connaissances souvent vous suffit. Vous avez parfois un goût et des facilités pour contredire, pour contester, pour critiquer, pour caricaturer, pour débattre, pour argumenter et pour polémiquer.

Vous pouvez faire preuve d'une certaine violence dans vos écrits. Grâce à votre tendance à vous impliquer à 100% dans vos relations, à avoir toujours des choses à dire, à parfois croiser le fer avec vos interlocuteurs pour prouver que vous êtes le plus fort, à provoquer le dialogue et l'échange et à votre besoin de faire des choses ou de vivre des expériences avec ceux qui partagent votre compagnie, on s'ennui jamais avec vous et vos relations peuvent être riches, vivantes, passionnantes, parfois passionnelles et mouvementées. Vous êtes très capable de vous battre, de vous affirmer, de vous impliquer en mobilisant vos moyens pour obtenir des résultats, d'assurer, d'expérimenter et d'aller de l'avant dès que quelque chose vous intéresse, lorsqu'il s'agit d'être informé, de comprendre, d'exprimer ou de défendre vos idées, de découvrir l'inconnu, d'explorer l'environnement, de communiquer, de négocier, de faire du commerce, de vous adapter et lorsque vous êtes entre copains ou avec des proches.

Vous avez besoin de savoir, de comprendre et d'être informé en toute situation. Et vous pouvez être doué dans votre vie active pour bien comprendre ce qui se passe autour de vous, c'est à dire les réalités concrètes qui vous entourent, pour analyser le déroulement des événements, pour voir les germes de situation en cours et pour intellectualiser les rapports de forces, les manifestations d'agressivité et les conflits.

Vous pouvez également être doué pour négocier ou ruser avec vos adversaires potentiels, pour contourner les obstacles en jonglant avec les gens et les événements, pour faire des connaissances et des rencontres intéressantes ou utiles, pour avoir de bonnes idées et pour trouver des solutions astucieuses et ingénieuses aux problèmes d'ordre pratique qui peuvent se présenter à vous.

Votre force est de pouvoir passer rapidement de l'idée à l'acte, de savoir expérimenter sur le terrain ce qui suscite votre curiosité, de savoir improviser sur le champs en fonction des exigences concrètes du moment et surtout de vous adapter rapidement à toute situation en retombant toujours sur vos pieds.

Vous savez faire preuve d'une extrême souplesse face aux difficultés et obstacles, et plutôt que de foncer tête baissée et de vous acharner aveuglément, vous réfléchissez, rusez s'il le faut, essayez des solutions et possibilités inédites ou ignorées, inventez des outils et des techniques qui peuvent vous aider, envisagez différents angles d'attaques, allez voir ailleurs si vous pouvez obtenir des renseignements sur l'affaire en question et abordez la situation sous tous ses aspects possibles et imaginables.

Bref vous réagissez intelligemment, avec un sens de la tactique et de la stratégie associé à l'improvisation.

Votre curiosité, votre grande ouverture d'esprit et votre disponibilité font que vous êtes prêt à vivre tout et n'importe quoi parce que tout ce que vous vivez vous intéresse et vous concerne, mais de façon souvent superficielle. Vous savez et aimez multiplier les expériences sans forcément vous disperser. Le fait d'être engagé dans une entreprise particulière ne vous empêche pas d'être ouvert à d'autres choses et de vous laissez solliciter par d'autres curiosités.

Inversement, les écarts de directions ne vous font pas perdre votre fil conducteur. Agité et agitateur, vous tenez difficilement en place. Vous avez besoin de mouvement perpétuel, d'air, de liberté, de variété, de diversité, de nouveauté et de changement permanent, de découvrir ce qui vous est inconnu, de faire des rencontres amusantes et de renouveler vos centres d'intérêts. Vous supportez donc difficilement la routine et les emplois du temps rigides.

Une parfaite complicité entre votre force nerveuse et votre énergie vitale, votre capacité à faire travailler ensemble votre intellect et votre corps, votre tête et vos mains ainsi que la maîtrise que vous pouvez avoir sur vos mouvements peut vous conférer des réflexes ultra-rapides et très efficaces, une rapidité de déplacement, une souplesse surprenante et une grande agilité physique, une habileté manuelle capable de manier des instruments, la capacité de faire plein de choses avec vos mains et une vivacité toujours prête à réagir.   Vous pouvez être doué pour incarner différents personnages, pour singer tous les rôles, pour jouer la comédie et pour avoir un coté amusant, comique, farceur et très joueur dans tous les sens du terme. Vous pouvez avoir un sens de l'humour prononcé.

Mercure-Mars peut indiquer durant la jeunesse des rapports virils, intenses, parfois passionnels et conflictuels avec l'entourage scolaire, avec le voisinage ou avec les frères et sœurs, et plus tard, dans la vie active, avec les collègues ou avec des membres de l'entourage. Cet aspect peut également indiquer que durant votre jeunesse, vous avez été placé dans une situation où il vous a fallu faire vos preuves, assurer, vous affirmer intensément, mobiliser vos énergies dans un engagement prenant et parfois vous battre physiquement contre un environnement hostile.

Votre adolescence, votre entourage proche, vos frères et sœurs, vos collègues et copains, vos déplacements et vos différents cycles d'études ont sans doute contribué à développer vos capacités à faire face aux réalités du monde extérieur, votre force de frappe, votre combativité, votre dynamisme, votre sens de l'efficacité et de la performance ainsi que vos capacités d'action et de réaction.

Mars Mercure facilite l'insertion dans la société et l'adaptation au monde extérieur. Vous pouvez avoir des goûts, des aptitudes et des talents naturels pour la communication, l'écriture, le journalisme, l'automobile, la conduire de véhicules et les petits déplacements, l'enseignement, le conte, les langues et l'interprétariat, le commerce, la gestion du courrier ou des échanges commerciaux, les activités touchants aux jeunes et aux étudiant(e)s, aux jeux, aux jouets, au rire, au mouvement, à l'acrobatie, aux médias, au marketing, aux livres et supports de communication et pour toutes les activités de services.

Chez les deux sexes, il y peut y avoir un goût pour les sensations fortes, notamment au volant, une certaine impulsivité au volant, une tentation pour les excès de vitesse et un attrait pour les véhicules rapides et sportifs.

## ASPECT DISSONANT/DYNAMIQUE MERCURE-MARS

Il y a dans votre thème astral une relation permanente, mais discontinue, dissociée, duelle, tendue et conflictuelle, entre Mercure (le mental) et Mars (votre moteur, la décision, l'action, le combat), car ces deux planètes vibrent en vous à deux fréquences totalement différentes. Chaque planète veut s'exprimer, à sa façon, à travers vous et tend à considérer l'autre comme une rivale ou comme une perturbatrice.

Vous avez alors tendance, soit à exprimer l'une puis l'autre des planètes d'une façon excessive, soit à vivre l'une des planètes et à rejeter l'autre parce que vous la considérez comme perturbatrice, parce que vous voyez son côté sombre plus que son côté lumineux.

Tant que vous nourrissez ce conflit à l'intérieur de vous, vous récoltez le moins bon de chacune des deux fonctions psychologiques et des expériences qui y sont associées. La solution, que vous verrez plus bas dans le texte, est de vivre chaque fonction en pleine conscience et de savoir alterner rapidement et consciemment, entre chacune des deux fonctions psychologiques représentées par la planète. Vous transformez ainsi une relation conflictuelle en une grande force et vous vivez cette relation de façon consciente et dynamique.

Cette facette de votre personnalité peut initialement engendrer, lorsqu'elle n'est pas maîtrisée, une tendance à vivre des conflits dans votre environnement, des difficultés à écouter, à entendre, à communiquer et à vous adapter, des difficultés dans la vie active pour vous affirmer et vous engager ainsi que des difficultés dans la gestion de votre énergie de part un conflit ou une dissociation entre par exemple un besoin de communiquer et un besoin d'agir, entre votre corps et votre intelligence, entre un besoin d'adaptation et un besoin d'efficacité, entre vos pensées et vos actes, entre l'intelligence et le dynamisme, entre un besoin de vous amuser et un besoin de faire face aux réalités du terrain.

Vous avez alors tendance à incarner plusieurs scénarios, en alternant parfois de l'un à l'autre.

## Scénario 1 : Le mental domine et Mars est rejeté ou mal intégré à votre personnalité.

Vous vivez votre Mercure lorsque vous communiquez, lorsque vous faîtes des rencontres intéressantes, lorsque vous cherchez à vous informer, à brasser des idées pour apprendre et comprendre, lorsque vous exprimez votre curiosité et multipliez vos centres d'intérêts, lorsque vous êtes en mouvement et lorsque vous vous adaptez à l'environnement.

Vous pouvez alors être fortement sensibilisé aux effets perturbateurs que peuvent causer la colère, les rapports de force, la présence d'un homme, le face à face avec les réalités du monde, la prise de risque, la mobilisation de vos énergies dans un engagement quelconque et l'affirmation de votre personnalité lorsque vous communiquez et lorsque vous vous adaptez.

Un rejet ou une mauvaise intégration de tout ou une partie de Mars, considéré comme gênant, peut vous donner des difficultés à vous battre, à mobiliser vos énergies, à franchir les obstacles, à être efficace, à vous motiver et vous impliquer, à faire preuve de courage et de dynamisme, à prendre des risques et à vous affirmer lorsqu'il s'agit de communiquer, d'établir des contacts, d'être bien informé, de vous adapter à l'environnement, lorsque vous faîtes des études ou lorsque vous êtes entre copains. Cela peut gêner votre adaptation au monde. Vous pouvez avoir des difficultés à tenir compte des contraintes, des impératifs et de la situation concrète de vos interlocuteurs.

Peut-être vous contentez-vous d'accumuler des connaissances inutiles, de rester au niveau de l'idée et de la spéculation, de brasser de l'air, d'être simplement informé, de vous contenter de savoir que quelque chose est faisable sans vous donner les moyens de mettre vos idées en pratique, sans cherchez à les vérifier par l'expérience concrète et sans leur donner vie, soit parce que l'effort à fournir vous parait excessif, parce que vous ne voyez pas à quoi cela pourrait servir ou soit encore parce que vous avez l'impression que cela ne donnerai aucun résultat. Peut-être avez-vous du mal à être intéressé par ce que vous faîtes ?

Vos projets, idées et solutions ne sont pas toujours fonctionnelles et exploitables parce qu'elles ne tiennent pas compte des impératifs de la réalité extérieure, des exigences pratiques vérifiables sur le terrain, des opportunités et contraintes de la situation présente ou de vos possibilités d'action. Vous pouvez donc avoir tendance à bricoler sans être réellement efficace, à manquer de pragmatisme et parfois à vous compliquer la vie. Vous pouvez avoir tendance à ne pas réellement vivre dans le présent et à ne pas terminer ce que vous avez commencé parce qu'il y a toujours quelque chose d'autre qui vous intéresse et vous sollicite.

Peut-être par exemple avez-vous arrêté vos études, des projets ou des écrits en cours de route parce que vous aviez besoin de gagner votre vie ou parce que vous n'aviez pas la patience d'aller jusqu'au bout. Vous pouvez cependant être insatisfait dans votre vie parce que vous avez l'impression qu'il y a un manque d'action, de combats, d'événements, parce que vous avez l'impression de ne pas exister au sein de votre environnement ou dans vos relations, que ce que vous dites n'est pas entendu ou ne donne aucun résultat, que vos connaissances ne servent à rien ou que vos efforts pour vous adapter aux exigences de votre situation ne donnent aucun effets concrets.

## Scénario 2 : Mars domine et le mental est rejeté ou mal intégré.

Si au contraire vous êtes plutôt identifié à Mars, vous avez avant tout besoin de vivre dans le présent, d'agir et de réagir, de vous affirmer et de vous engager, d'assurer dans la réalité, de mobiliser vos énergies pour obtenir des résultats, d'extérioriser vos instincts et de faire face aux défis qui peuvent se présenter.

Vous pouvez alors être sensibilisé aux effets perturbateurs que peuvent causer la spontanéité, la disponibilité, l'influence de l'entourage, ce qui se raconte autour de vous, votre savoir ou votre manque de savoir, votre sens de l'adaptation, vos très nombreux centre d'intérêts, votre liberté de mouvement et la communication sur votre vie active, vos engagements et vos résultats. Cela peut vous donner tendance à renier, à rejeter et à refouler tout ou une partie de Mercure. Vous pouvez alors n'avoir tendance à accorder votre foi qu'aux résultats, qu'aux faits concrets, qu'à l'expérience vécue et qu'à ce qui est utile, pratique et fonctionnel.

Mais votre tendance à rejeter toute réflexion, toute spéculation purement mentale, toute recherche d'information, toute curiosité simplement intéressante, toute discussion gratuite ou toute rencontre amusante, peut être parce que vous les considérez comme étant superficielle, inutiles et inefficace. Vous pouvez alors avoir des difficultés à comprendre ce qui se passe autour de vous, à analyser le déroulement des événements et les exigences de la situation, à intellectualiser les rapports de force et les conflits, à négocier ou ruser avec vos adversaires, à faire preuve de souplesse et de disponibilité dans votre vie active, et à contourner les obstacles en jonglant avec les gens et les événements. Vos difficultés dans la vie active peuvent provenir du fait que l'idée d'action n'est pas assez présente chez vous, d'une tendance à ne pas assez réfléchir avant d'agir, de ne pas assez communiquer avec les personnes présentes dans la situation, de ne pas vous informer comme il le faudrait ou d'un manque de curiosité et d'ouverture d'esprit. La puissance de votre vision frontale fait que vous n'utilisez pas assez votre vision périphérique.

Une tendance à être complètement identifié à l'intensité de votre présent et à être accaparé par vos élans et instincts peut vous empêcher d'aborder la situation sous tous ses aspects possibles, d'explorer des solutions inédites, d'envisager différents angles d'attaques, de vous ouvrir à d'autres perspectives, d'avoir des idées nouvelles, d'aller voir ailleurs comment ça se passe, de tenir compte de l'ensemble de l'environnement et de vous adapter. Peut-être ne faîtes vous pas assez d'efforts pour communiquer ou que vous ne vous donnez pas les moyens de vous adapter ? Vous pouvez être insatisfait dans votre vie active parce que vous avez l'impression que la réalité vous demande de tels investissements que vous n'arrivez pas à vous occuper de ce qui vous intéresse, à être disponible pour vivre d'autres choses, à diversifier vos occupations, à discuter avec votre entourage, à prendre le temps de réfléchir sur des sujets qui éveillent votre curiosité ou à avoir des moments où vous êtes disponible. Cela peut provoquer de violentes réactions de compensation.

# Scénario 3 : Votre mental est dominant en excès.

Lorsque vous êtes identifié à Mercure, vous pouvez avoir tendance à l'être excessivement. L'influence excessive de Mercure peut vous conférer une tendance à rester à la surface des choses, à mener une vie futile, superficielle ou instable, à manquer de profondeur, de poids, de sérieux, de discipline, de maturité, d'ampleur et de structures, à ne pas savoir utiliser autre chose que le mental et la raison pour faire face à toute situation, à jongler avec la vérité en fonction de vos intérêts personnels, à vous disperser dans plusieurs activités en même temps, à ne pas aller jusqu'au bout de vos entreprises parce que d'autres sollicitations mobilisent votre énergie et à tourner en rond dans la vie parce que vous vous limitez à la satisfaction de votre curiosité perpétuellement changeante.

Cette influence se traduire par une tendance à trop réfléchir, à tout le temps vouloir analyser, intellectualiser ou cataloguer au détriment du vécu et de la spontanéité, à envisager trop de solutions à la fois, à dilapider la force acquise en paroles inutiles, à toucher à tout sans rien finir ou à être tellement curieux que vous pouvez vivre n'importe quoi, à ne vous sentir concerné que par ce qui vous intéresse, à déformer la vérité selon votre intérêt, à vous attribuer des réalisations fictives ou à dénigrer les réalisations d'autrui pour compenser un manque de réalisations personnelles.

Vous vous compliquez parfois l'existence par votre curiosité parce qu'une tendance à être toujours à la recherche d'autres possibilités vous empêche de faire ce que vous avez à faire dans le présent. Vous ne faîtes pas toujours ce que vous dites et ne dites pas toujours ce que vous faîtes.
Peut être préférez vous vous amuser et vous distraire, critiquer, sortir avec les copains et faire des rencontres intéressantes, étudier pour vous instruire, brasser des idées et des projets plutôt que d'agir et de faire face aux exigences de la vie ?

Ou peut-être vous servez-vous de votre curiosité, de vos études, de vos écrits, de vos copains pour ne pas agir et vous engager dans la vie ? Mercure-Mars peut indiquer durant la jeunesse de violentes rivalités avec des frères et sœurs ou des camarades et des rapports passionnels avec l'entourage. Peut-être avez-vous été placé durant cette période dans des situations où il vous a fallu faire vos preuves, vous affirmez intensément, mobiliser vos énergies dans un engagement prenant, faire face à des obstacles difficiles et parfois vous battre physiquement contre un environnement hostile.

Votre adolescence, votre entourage proche, vos frères et sœurs, vos collègues et copains, vos déplacements et vos différents cycles d'études ont néanmoins pu développer vos capacités à lutter, à faire face aux réalités du monde extérieur, à utiliser votre force de frappe, votre dynamisme, votre sens de l'efficacité et de la performance, même si cela s'est parfois fait dans un climat de conflit ou de violence.

## Scénario 4 : Votre moteur surchauffe

Une impression de manque de force, de résultats ou d'activité, ou encore une tendance à museler vos instincts par votre raison, peut dans certains cas vous inciter à de violentes réactions de compensation. Et lorsque vous êtes alors identifié à Mars, vous pouvez avoir tendance à l'être excessivement.

Vous pouvez avoir tendance à vivre dans un sentiment d'urgence permanent en voulant tout savoir tout de suite, à brûler les étapes, à avoir des difficultés pour agir sans forcer et sans vous précipiter, à avoir besoin que tout soit fini avant même d'avoir commencé, à ne vivre qu'en fonction de vos instincts et de vos besoins personnels, à vous affirmer brutalement et de façon égoïste au sein de votre environnement ou à ne vous sentir exister que dans un environnement conflictuel. Votre besoin d'intensité peut aussi vous donner tendance à brûler la chandelle par les deux bouts et à vous épuiser nerveusement.

Une impulsivité mentale peut vous donner des difficultés à vous concentrer tandis qu'un besoin de renouveler vos sujets d'études peut vous donner des difficultés à étudier longtemps un même sujet. Peut-être vivez-vous à tel point dans le concret, dans l'utilitaire et dans le face à face avec les réalités que votre intense activité est si prenante qu'elle vous empêche de vous distraire, de vous intéresser à d'autres choses que ce que vous faîtes, de faire des rencontres intéressantes ou d'avoir des échanges avec votre environnement ? Votre intense activité est peut être un moyen pour vous de fuir, de façon inconsciemment voulue cette partie de vous-même qui a besoin de rire et de jouer, de se distraire, de communiquez, de s'instruire et de mouvement ?

Vos capacités à communiquer et à nouer des relations peuvent être gênées par une peur de l'agressivité, par un excès de franchise ou par un manque de diplomatie, par une peur de la jalousie et de la confrontation, par une méfiance excessive, par une tendance à ne pas concrétiser vos rencontres qui se terminent par de simples discussions intéressantes, par une tendance à laisser échapper des opportunités de nouer des contacts et de vivre des expériences enrichissantes ou par une trop grande sensibilité aux différences qu'il peut y avoir entre vous et votre interlocuteur. Vous êtes très sensible aux obstacles qui peuvent exister dans la communication. Il peut être difficile de communiquer avec vous parce que vous voulez tout le temps avoir raison, parce qu'il vous faut toujours prouver que vous êtes le plus fort, parce que vous ne savez pas écouter l'autre, parce que vous entretenez des rapports de force et un esprit de compétition exacerbé, parce que vous parlez trop vite ou parce que vous ne savez pas vous exprimer sans hurler.

Poussé à l'extrême, cela peut donner une tendance à faire preuve d'un goût excessif pour la polémique, à faire preuve d'un esprit de contradiction systématique, à rabaisser autrui par la critique ou en déversant sur autrui des paroles agressives et injurieuses, à semer la discorde et la zizanie sur votre passage, à transformer les échanges de points de vue en échanges de coups de poing, à rechercher des querelles sans motifs autre qu'une affirmation de soi mal placée, à entrer en conflit avec votre entourage et à vous faire des ennemis partout.  Les mots sont alors pour vous une arme dont vous usez et abusez pour parvenir à vos fins. Vous pouvez alors avoir une intelligence perçante et pénétrante mais qui n'est pas toujours bien utilisée.

Votre intelligence est alors parfois virulente, agressive, irrespectueuse, blessante, cruelle et peut se complaire dans le mensonge, la jalousie, la calomnie et les intrigues. Votre intellect, votre force nerveuse, vos mains et votre fonction respiratoire peuvent fonctionner indépendamment de votre corps, de votre tête et de vos élans instinctifs.

Cela peut être synonyme de troubles respiratoires ou de difficultés à respirer correctement, d'excès de nervosité, de difficultés à maîtriser vos nerfs, vos réflexes et vos mouvements qui peuvent alors être impulsifs, désordonnés et inefficaces, de difficultés d'expression écrite ou orale, de coupures, blessures ou brûlures par maladresse et d'une tendance à rechercher de façon excessive des sensations fortes.

Dans certains cas, un goût parfois excessif pour les sensations fortes produites par la conduite d'un véhicule, une tendance à l'impulsivité, à l'agressivité au volant et aux excès de vitesse peut engendrer des accidents ou des passages au tribunal. Vos jugements sont parfois trop hâtifs et vous n'arrivez pas toujours à fournir les arguments nécessaires pour appuyer vos idées. Vous pouvez avoir des difficultés dans les affaires par manque de réalisme ou parce que vous ne tenez pas assez compte de la concurrence.

**Expression positive consciente et naturelle :** Lorsque vous apprenez à maîtriser cette partie de votre personnalité et à utiliser toute sa richesse et lorsque vous avez fait le chemin pour exprimer cette relation en pleine conscience et d'une manière positive.

Pour transformer la relation Mercure-Mars dissociée en relation consciente et dynamique, il peut être utile d'effectuer un travail sur vos capacités de communication et d'adaptation, sur l'adolescence, sur le rôle que doivent avoir l'information, le mouvement et le jeu dans votre vie mais aussi sur le rôle que doivent avoir la motivation, le courage, la prise de décision, l'engagement, la combativité et l'action au sein de votre personnalité et de votre vie.

Un travail sur la conscience corporelle (Tai-Chi, yoga) et un peu de sport (sport d'adresse, tennis, ping-pong, escrime) peuvent vous faire le plus grand bien. Les deux planètes peuvent être vécues dans des états d'esprit, dans des lieux ou à des moments très différents, de façon à ce que chacune rectifie l'autre au moindre excès. Vous pouvez alors vivre des moments où vous êtes dans une dynamique d'ouverture et d'exploration, où vous vous divertissez et vous distrayez dans la détente, où vous êtes disponible pour faire des rencontres amusantes et pour vous consacrer à ce qui vous intéresse, où vous êtes en mouvement, où vous communiquez avec votre environnement proche et où vous vous informez pour vous adapter.

Puis vous pouvez vivre des moments où vous prenez votre vie en main, où vous faites face aux circonstances avec courage et confiance en vous, où vous agissez et réagissez et où vous vous affirmez pour conquérir votre place au Soleil. Vous savez agir en court-circuitant votre raison si nécessaire et réagir avec une extrême rapidité.

Vous savez aussi utiliser votre intelligence, votre raison et un sens de la stratégie pour agir plus efficacement et pour calmer vos instincts quand ceux ci deviennent trop intempestifs. Vous savez développer des idées et des théories qui ne sont pas à priori utiles et fonctionnelles mais vous savez aussi être parfaitement informé, et vous adapter intelligemment lorsque vous avez quelque chose à faire. Vous pouvez alors être redoutablement efficace parce que vous êtes très souple, habile, mobile et intelligent.

Bien maîtrisée, la relation Mercure-Mars peut vous conférer un ensemble d'aptitudes qui sont alors vécues d'une façon très consciente et dynamique. Cela peut par exemple se traduire, pour ce qui concerne Mars, par un dynamisme, une combativité, un sens de l'efficacité, des capacités physiques qui sont au-dessus de la moyenne et pour ce qui concerne

Mercure par une intelligence, une souplesse, un sens de l'adaptation, un sens de l'analyse, des capacités manuelles, des dons oratoires ou des aptitudes pour l'écriture qui sont hors du commun.

Quand la relation Mercure-Mars est vécue en conscience, votre besoin de savoir, de découvrir, de comprendre, d'explorer l'environnement, de communiquer et d'échanger ainsi que votre curiosité et votre sens de l'adaptation sont très actifs chez vous. Ils sont étroitement liés à vos engagements, à vos combats et sont vos moyens de vous affirmer dans l'existence. De ces tendances découlent tout un ensemble de comportements.

Vous avez tendance à communiquer et à vous exprimer avec franchise et spontanéité, d'une façon directe, virile, brusque, parfois violente et avec une voix percutante pouvant proférer un important débit de paroles. Conscient de la force des mots dont vous pouvez vous servir comme une arme, vous savez convaincre en employant les expressions qui frappent et les paroles qui donnent des résultats.

Votre intelligence tend à être instinctive, intuitive, ardente et passionnée, impatiente, éveillée et pénétrante, alerte et improvisatrice, pratique et fonctionnelle, parfois indisciplinée et surtout orientée vers une recherche de résultats dans la vie active. Ce sont avant tout ce qui peut être prouvé, c'est à dire les faits et les événements, qui vous parlent ou qui suscitent votre intérêt, plus que les théories abstraites ou les spéculations profondes.

Vous comprenez vite et pouvez être doué pour mettre rapidement en application ce que vous avez appris. Vous pouvez aussi être doué pour trouver des applications concrètes et fonctionnelles à toute idée ou découverte, pour bricoler en faisant appel au système D et pour obtenir des résultats avec les moyens du bord.

Vous avez d'ailleurs en général besoin, pour comprendre ou lorsque quelque chose vous intéresse, de vivre l'information dans la pratique, d'expérimenter ce qui suscite votre curiosité, de vous impliquez avec enthousiasme, passion et réalisme puis d'en trouvez une utilité pratique dans la vie courante.

Votre type d'intelligence peut s'adapter à des activités comme la mécanique, l'entreprise, la menuiserie, le sport, la chimie, la chirurgie, pour tout ce qui nécessite l'utilisation d'outils et de machines, et pour tout ce qui demande une rapidité d'exécution, de la précision et de l'efficacité.

Si vous aimez renouveler vos sujets d'étude et vos centres d'intérêts, parce que vous n'avez pas forcément la patience de vous concentrer longtemps sur le même sujet, vous avez parfois tendance à ne pas toujours assez approfondir dans la mesure où vérifier la validité et l'utilité immédiate de vos connaissances souvent vous suffit. Vous avez parfois un goût et des facilités pour contredire, pour contester, pour critiquer, pour caricaturer, pour débattre, pour argumenter et pour polémiquer. Vous pouvez faire preuve d'une certaine violence dans vos écrits.

Grâce à votre tendance à vous impliquer à fond dans vos relations, à avoir toujours des choses à dire, à parfois croiser le fer avec vos interlocuteurs pour prouver que vous êtes le plus fort, à provoquer le dialogue et l'échange et à votre besoin de faire des choses ou de vivre des expériences avec ceux qui partagent votre compagnie, on ne s'ennui jamais avec vous et vos relations peuvent être riches, vivantes, passionnantes, parfois passionnelles et mouvementées.

Dans votre vie, vous êtes très capable de vous battre, de vous affirmer, de vous impliquer en mobilisant vos moyens pour obtenir des résultats, d'assurer, d'expérimenter et d'aller de l'avant dès que quelque chose vous intéresse, lorsqu'il s'agit d'être informé, de comprendre, d'exprimer ou de défendre vos idées, de découvrir l'inconnu, d'explorer l'environnement, de communiquer, de négocier, de faire du commerce, de vous adapter et lorsque vous êtes entre copains ou avec des proches.

Vous avez besoin de savoir, de comprendre et d'être informé en toute situation. Et vous pouvez être doué dans votre vie active pour bien comprendre ce qui se passe autour de vous, c'est à dire les réalités concrètes qui vous entourent, pour analyser le déroulement des événements, pour voir les germes de situation en cours et pour intellectualiser les rapports de forces, les manifestations d'agressivité et les conflits. Vous pouvez également être doué pour négocier ou ruser avec vos adversaires potentiels, pour contourner les obstacles en jonglant avec les gens et les événements, pour faire des connaissances et des rencontres intéressantes ou utiles, pour avoir de bonnes idées et pour trouver des solutions astucieuses et ingénieuses aux problèmes d'ordre pratique qui peuvent se présenter à vous.

Votre force est de pouvoir passer rapidement de l'idée à l'acte, de savoir expérimenter sur le terrain ce qui suscite votre curiosité, de savoir improviser sur le champs en fonction des exigences concrètes du moment et surtout de vous adapter rapidement à toute situation en retombant toujours sur vos pieds.

Vous savez faire preuve d'une extrême souplesse face aux difficultés et aux obstacles, et plutôt que de foncer tête baissée et de vous acharner aveuglément, vous réfléchissez, rusez s'il le faut, essayez des solutions et possibilités inédites ou ignorées, inventez des outils et des techniques qui peuvent vous aider, envisagez différents angles d'attaques, allez voir ailleurs si vous pouvez obtenir des renseignements sur l'affaire en question et vous abordez la situation sous tous ses aspects possibles et imaginables. Bref vous réagissez intelligemment, avec un sens de la tactique et de la stratégie associée à l'improvisation.

Votre curiosité, votre grande ouverture d'esprit et votre disponibilité font que vous êtes prêt à vivre tout et n'importe quoi parce que tout ce que vous vivez vous intéresse et vous concerne, mais de façon souvent superficielle. Vous savez et aimez multiplier les expériences sans forcément vous disperser.

Le fait d'être engagé dans une entreprise particulière ne vous empêche pas d'être ouvert à d'autres choses et de vous laissez solliciter par d'autres curiosités. Inversement, les écarts de directions ne vous font pas perdre votre fil conducteur. Vous avez besoin de mouvement perpétuel, d'air, de liberté, de variété, de diversité, de nouveauté et de changement permanent, de découvrir ce qui vous est inconnu, de faire des rencontres amusantes et de renouveler vos centres d'intérêts. Vous supportez donc difficilement la routine et les emplois du temps rigides.

Une parfaite complicité entre votre force nerveuse et votre énergie vitale, votre capacité à faire travailler ensemble votre intellect et votre corps, votre tête et vos mains ainsi que la maîtrise que vous pouvez avoir sur vos mouvements peut vous conférer des réflexes ultra-rapides et très efficace, une rapidité de déplacement, une souplesse surprenante et une grande agilité physique, une habileté manuelle capable de manier des instruments, la capacité de faire plein de choses avec vos mains et une vivacité toujours prête à réagir.

Vous pouvez être doué pour incarner différents personnages, pour singer tous les rôles, pour jouer la comédie et pour avoir un coté amusant, comique, farceur et très joueur dans tous les sens du terme. Vous pouvez avoir un sens de l'humour prononcé.

# ASPECT HARMONIQUE MERCURE-JUPITER

Il y a dans votre thème astral une relation permanente, continue et symbiotique entre Mercure et Jupiter qui s'expriment en vous comme deux partenaires. Comme vous êtes sensible aux effets positifs que chacune des fonctions à sur l'autre, vous tendez à croire que lorsque vous vivez l'une des fonctions, alors l'autre viendra systématiquement la soutenir. Vous tendez ainsi à récolter le meilleur de chacune de ces deux fonctions psychologiques et des expériences qui y sont associées. Mercure Jupiter vous permet l'adaptation au monde extérieur, à la fois au niveau de l'environnement proche et au niveau de la société en général. Vous savez en effet allier l'intelligence pratique nécessaire à la vie de tous les jours et l'intelligence supérieure capable d'organiser les informations et de leur donner un sens, la souplesse et l'ouverture d'esprit, la précision et l'envergure, le sens du détail et le sens de globalisation, l'utile et le ludique, le sens du service et la générosité etc. Vous êtes capable d'être bien informé, de négocier et de convaincre, de connaître ou de vous intéresser à la fois à ce qui est proche et à ce qui est lointain et vous pouvez être à l'aise aussi bien dans les relations interpersonnelles que dans les relations impersonnelles.

Vous êtes très capable de faire preuve d'intelligence, de serviabilité, de disponibilité, d'ouverture d'esprit, de mobilité et de souplesse, de ruser, de communiquer, d'utiliser le jeu et le rire, d'être bien informé, de brasser des informations et d'établir des contacts lorsque vous exercez votre activité professionnelle, lorsque vous voyagez, lorsqu'il s'agit de vous insérer dans un groupe ayant des objectifs communs, lorsque vous participez à un travail d'équipe ou à un mouvement général d'ordre collectif, lorsqu'il s'agit de propager une culture, un idéal, des valeurs religieuses ou spirituelles, lorsqu'il s'agit de faire des affaires, de légiférer, d'organiser, de coordonner, d'éduquer, de conseiller ou de vous rendre utile. Vous avez un besoin énorme de savoir, de connaissances et d'adaptation à votre environnement.

Votre intelligence, votre besoin de savoir et votre sens de l'adaptation tendent à être influencés par votre culture, par les normes et valeurs véhiculées par votre société, par un idéal religieux, philosophique ou spirituel, par votre autorité, par un besoin d'être utile et par une conscience des conséquences de ce que vous dites sur l'entourage. Cela vous permet d'orienter de façon constructive votre intelligence, votre sens des contacts et votre sens de la communication vers des objectifs d'insertion professionnelle, vers un élargissement de vos horizons et vers votre propre épanouissement. La communication est pour vous un outil de cohésion sociale.

Ce qui vous intéresse doit avoir une utilité et doit être partagé, et tout ce qui est utile ou tout ce qui peut se partager vous intéresse d'emblée. Une intelligence idéaliste mais aussi réaliste pourrait-on dire. La voie dans laquelle vous vous engagez avec dynamisme, autorité et pragmatisme ne vous empêche pas d'être souple et mobile, de rester disponible et ouvert à d'autres possibles, de vous divertir dans des activités ludiques, d'être curieux et réceptif à l'inconnu. De même, votre curiosité et votre disponibilité ne vous empêchent pas d'assumer vos responsabilités dans la voie que vous vous êtes tracée.

Parce que vous avez confiance en vos facultés intellectuelles, en votre sens de l'échange et de la communication, vous pouvez faire preuve d'une certaine éloquence, avoir d'énormes facilités relationnelles et être un professionnel de la communication. Vous êtes très doué pour situer une information dans son contexte et pour trouver le lien existant entre différentes données. Lorsqu'un sujet vous intéresse, vous cherchez à élargir vos connaissances, à vous documenter et à voir ce qui se dit ailleurs. Votre largesse d'esprit, votre sens de globalisation, votre bon jugement et la clarté de vos conceptions peuvent vous permettre d'acquérir une vaste culture et souvent de poursuivre des études supérieures.

Vous avez souvent une certaine chance dans vos études parce que vous savez dire ce qu'on attend de vous et parce que votre mental peut rassembler et organiser de grandes quantités d'informations.

Si vous avez souvent juste ce qu'il faut pour passer vos examens, vous pourriez avoir d'excellentes notes si vous vous donniez un peu plus de mal et si vous faisiez moins la fête. Vous êtes toujours disponible pour établir des contacts, avez une grande capacité d'écoute, êtes capable d'élargir votre cadre de référence de façon à utiliser des mots que l'autre comprendra et vous savez faire preuve d'une certaine dose de psychologie dans vos affaires.

Vous avez aussi des facilités pour vous exprimer avec autorité, pour argumenter, pour critiquer, pour négocier habilement et pour convaincre en tenant compte de l'ensemble des intérêts en jeu et en adaptant votre langage en fonction de votre interlocuteur.

Lorsque vous communiquez, vous le faites dans la joie et la bonne humeur, avec énergie, avec enthousiasme et dynamisme, avec fougue et passion, avec chaleur et générosité mais aussi avec habileté et diplomatie. Vous pouvez être doué, par la puissance de votre verbe, pour entraîner les autres dans vos aventures.

Votre capacité à comprendre et à jongler avec les mécanismes du jeu social, avec les lois, les règles, les normes et le langage, peut vous permettre de vous adapter à des milieux très variés. Vous pouvez être expert dans l'art de faire des acrobaties avec les règles et les principes dans le but de trouver les réponses ou les solutions qui vous arrangent, dans l'art de trouver les arguments susceptibles de faire tourner la conversation à votre avantage et d'orienter votre discours dans le sens du vent, mais aussi pour adopter de nombreux masques et singer différents personnages. Votre discours et votre langage sont le plus souvent circonstanciels.

Vous avez l'intelligence des situations, c'est à dire que vous savez comprendre le sens, l'utilité et les exigences de toute situation, vous savez évaluer les concessions nécessaires par rapport aux bénéfices pouvant être escomptés, vous savez être bien informé et vous savez optimiser ou rentabiliser.

Vous êtes également doué pour détecter les opportunités, pour en créer et pour les exploiter afin d'en tirer profit. Votre grande curiosité sans cesse en expansion est très sensible aux liens qui peuvent exister entre les personnes et les choses, entre ce qu'une personne a dans sa tête et ce qu'elle vit, entre un événement et son contexte culturel, économique, géographique et historique. Vous savez que tout est lié et que rien dans notre univers n'est isolé du reste.

Vous aimez sans cesse élargir vos horizons intellectuels, culturels et relationnels, et pouvez vous intéresser à tout ce qui ouvre l'esprit, c'est à dire aux religions, aux philosophies, aux différentes cultures, à la métaphysique, à l'économie et à ce qui se passe dans le monde. Vous avez plus que tout autre besoin d'être informé, mais aussi d'espace verbal et d'envergure intellectuelle.

Mercure-Jupiter confère souvent un sens pédagogique développé. Vous aimez diversifier vos connaissances et vos relations et vous intéressez autant à ce qui fait partie de votre environnement proche qu'à ce qui est éloigné. Vous aimez autant communiquer avec le monde, avec la société dans son ensemble qu'avec des relations personnelles d'individu à individu.

Coté mental, parce que vous êtes sensible à ce qui va bien dans votre vie et aux bons coté des personnes et des événements, vous êtes d'un naturel optimiste et êtes facilement satisfait, ce qui attire la chance et vous donne parfois une tendance à voir la vie en rose. Votre sens critique ne vous empêche pas de rester optimiste comme votre optimisme vous permet néanmoins de critiquer lorsque vous le jugez nécessaire.

Vous pouvez avoir un coté adolescent dans votre vie sociale ou être en contact avec des adolescents. Ou vous savez assumer des responsabilités tout en gardant votre souplesse, vos disponibilités ou votre humour. Votre capacité à rire et à faire rire dans votre milieu professionnel vous permet d'être à l'aise et de mettre les autres à l'aise. Le rire peut être pour vous un moyen privilégié d'expression.

Mercure-Jupiter apporte la chance aux jeux (tiercé ou loto), le goût du jeu, une protection sur la route et un goût pour les grosses cylindrées au moteur puissant. Tout ce que représente Mercure, c'est à dire par exemple, le jeu, la communication, l'écriture, les déplacements et les langues peut être un moyen pour vous de vous épanouir et d'affirmer votre autorité.

Vos conceptions philosophiques peuvent être assez superficielles ou livresques, et vous pouvez avoir tendance à explorer différentes cultures, différentes philosophies ou différentes religions, mais sans trop approfondir.

Vous avez besoin de savoir, de comprendre et d'être informé en toute situation. Et vous pouvez être doué dans votre vie professionnelle pour bien comprendre ce qui se passe autour de vous, c'est à dire les réalités concrètes qui vous entourent, pour analyser le déroulement des événements, pour voir les germes de situation en cours, pour négocier ou ruser, pour contourner les obstacles en jonglant avec les gens et les événements, pour faire des connaissances et des rencontres intéressantes ou utiles, pour avoir de bonnes idées et pour trouver des solutions astucieuses et ingénieuses aux problèmes d'ordre pratique qui peuvent se présenter à vous.

Votre adolescence, votre entourage proche, vos frères et sœurs, vos collègues et copains, vos déplacements et vos différents cycles d'études ont sans doute contribué à développer vos capacités à vous adapter au monde.

Vous pouvez avoir des goûts, des aptitudes et des talents naturels pour la communication, l'écriture, le journalisme, l'automobile, la conduire de véhicules et les petits déplacements, l'enseignement, le conte, les langues et l'interprétariat, le commerce, la gestion du courrier ou des échanges commerciaux, les activités touchants aux jeunes et aux étudiant(e)s, aux jeux, aux jouets, au rire, au mouvement, à l'acrobatie, aux médias, au marketing, aux livres et supports de communication et pour toutes les activités de services.

# ASPECT DISSONANT/DYNAMIQUE MERCURE-JUPITER

Il y a dans votre thème astral une relation permanente, mais discontinue, dissociée, duelle, tendue et conflictuelle, entre Mercure (votre mental, votre sens de l'adaptation) et Jupiter (votre relation à l'espace et à la société), car ces deux planètes vibrent en vous à deux fréquences totalement différentes.

Chaque planète veut s'exprimer, à sa façon, à travers vous et tend à considérer l'autre comme une rivale ou comme une perturbatrice. Vous avez alors tendance, soit à exprimer l'une puis l'autre des planètes d'une façon excessive, soit à vivre l'une des planètes et à rejeter l'autre parce que vous la considérez comme perturbatrice, parce que vous voyez son côté sombre plus que son côté lumineux.

Tant que vous nourrissez ce conflit à l'intérieur de vous, vous récoltez le moins bon de chacune des deux fonctions psychologiques et des expériences qui y sont associées. La solution, que vous verrez plus bas dans le texte, est de vivre chaque fonction en pleine conscience et de savoir alterner rapidement et consciemment, entre chacune des deux fonctions psychologiques représentées par la planète Vous transformez ainsi une relation conflictuelle en une grande force et vous vivez cette relation de façon consciente et dynamique.

La relation Mercure-Jupiter correspond parfois, dans le monde extérieur, à deux tranches de vie qui sont vécues dans des contextes, dans des états d'esprits ou dans des lieux totalement différents. L'une de ses expériences concerne l'apprentissage, l'école, l'environnement de l'adolescence et l'environnement proche. L'autre concerne les études supérieures, les voyages et l'insertion sociale à travers une activité professionnelle. La dissociation entre ces deux types d'expériences peut s'exprimer de différentes façons. Les études et la scolarité peuvent être vécues dans un lieu éloigné ou dans un contexte très différent du lieu et du contexte ou s'effectuent les études supérieures et l'activité professionnelle.

Cela peut aboutir à un changement de région voire à l'émigration. Dans d'autres cas, les études peuvent être interrompues par un voyage ou par le besoin ou la nécessité d'avoir une activité professionnelle rémunératrice, ou inversement l'activité professionnelle peut être interrompue par le besoin ou la nécessité de refaire de la formation et de retourner à l'école.

Cette facette de votre personnalité peut initialement engendrer, lorsqu'elle n'est pas maîtrisée, des difficultés à écouter, à entendre, à communiquer et à vous adapter, mais aussi des difficultés à vous insérer professionnellement, à exprimer votre autorité et à élargir vos horizons à cause d'un conflit ou d'une dissociation entre par exemple votre besoin d'apprendre et votre besoin de vous insérer socialement, entre un besoin de vous consacrer exclusivement à l'environnement proche et un besoin d'élargir vos horizons, entre votre compréhension et vos jugements, entre ce qui vous intéresse et ce qui vous semble utile, entre votre besoin de fraterniser et votre besoin d'exprimer votre autorité.

Vous avez alors tendance à incarner plusieurs scénarios, en alternant parfois de l'un à l'autre.

## Scénario 1 : Le mental domine et Jupiter est rejeté ou mal intégré à votre personnalité.

Vous vivez votre Mercure lorsque vous communiquez, lorsque vous faîtes des rencontres intéressantes, lorsque vous cherchez à vous informer, à brasser des idées pour apprendre et comprendre, lorsque vous exprimez votre curiosité et multipliez vos centres d'intérêts, lorsque vous êtes en mouvement et lorsque vous vous adaptez à l'environnement.

Vous pouvez alors être fortement sensibilisé aux effets perturbateurs que peuvent causer la société avec ses codes, ses normes, ses lois, ses obligations et les sacrifices qu'elle impose, les voyages, l'espace, le lointain, l'influence de l'étranger et des étrangers, toute recherche philosophique ou spirituelle, le système administratif, éducatif, juridique ou médical, les différences de nationalité ou de culture, ou encore toute manifestation d'autorité.

Cela peut vous inciter à rejeter tout ou une partie de ce que représente Jupiter. Votre sens de l'adaptation, votre besoin de d'apprendre, d'étudier, de réfléchir et d'être informé, votre sens de la communication et votre langage, votre besoin d'établir des contacts et de vous déplacer dans votre environnement ne sont alors pas toujours gérés et pris en main par des normes sociales, par une volonté d'insertion professionnelle, par un idéal culturel, spirituel, philosophique ou religieux, par votre bon jugement, par votre autorité ou par votre sens de l'organisation.

Vos initiatives visant à vous adapter à l'environnement proche et les informations que vous accumulez ne sont pas forcément orientées vers des objectifs professionnels ou vers des activités utiles et d'intérêt collectif.

Peut-être vous contentez-vous d'accumuler des informations qui ne sont pas directement inutiles pour votre travail ou qui ne concernent que votre environnement proche immédiat ? Peut-être que votre langage et votre discours ne sont pas toujours compréhensibles par le plus grand nombre parce qu'il y a un décalage entre ce que vous dites et ce que vous voulez dire, ou entre ce qu'exprime votre interlocuteur et ce que vous interprétez?

Certaines personnes, lorsqu'elles communiquent, ne tiennent pas assez compte du contexte de l'interlocuteur ou ne cherchent pas à aller au-delà des mots pour saisir le sens " symbolique " de ce qui est dit. Cela est parfois synonyme de malentendus dans la communication ou d'erreurs de jugement dus à une interprétation incomplète des données.

Peut-être que vous ne vous donnez pas les moyens de communiquer, de vous informer et de vous adapter ? Ou peut-être avez-vous du mal à supporter, à respecter, à appliquer ou à tenir compte du contexte général, des codes, des normes, des consignes ou de la loi parce que cela vous agace, vous étouffe ou vous donne l'impression de porter atteinte à votre liberté d'expression ou de mouvement ? Peut être que la société tout entière vous agace, d'où votre difficulté à accepter les responsabilités et à faire les concessions qu'implique la vie en société.

 Cela peut parfois vous inciter à avoir des comportements hors la loi lorsque vous cherchez à vous adapter à l'environnement proche ou vous apportez des conflits avec les représentants de l'ordre et de la légalité. Vous pouvez avoir des difficultés à être en règle au niveau des papiers ou à obtenir des papiers nécessaires pour être en règle ou plus simplement avoir un sens de l'orientation peu développé et une tendance à perdre facilement votre chemin.

Vous pouvez avoir tendance à manquer de confiance dans vos facultés intellectuelles, dans vos capacités d'adaptation, dans vos aptitudes à communiquer, dans vos possibilités de faire du commerce ou de conduire un véhicule. Vous passez ainsi parfois à coté d'opportunités de faire des affaires ou de faire des rencontres utiles. Vous avez peut être aussi des difficultés à percevoir les bons cotés d'une situation, à être satisfait et épanoui lorsque vous communiquez ou vous informez, à faire partager votre savoir ou vos idées, à comprendre les opportunités, le sens, les obligations et les contraintes que renferment toute situation et toute rencontre, à rentabiliser, optimiser et faire preuve de bon sens, à évaluer si vos capacités intellectuelles correspondent à vos ambitions ou à suffisamment vous informer pour réaliser vos ambitions professionnelles.

Certaines personnes se lancent dans des études au-dessus de leurs moyens tandis que d'autres se privent d'études parce qu'ils sous estiment leurs capacités intellectuelles ou parce qu'elles ne savent pas saisir les opportunités leur étant offertes pour s'informer et pour s'adapter.

## Scénario 2 : Jupiter domine et le mental est rejeté ou mal intégré.

Si Jupiter est très valorisé chez vous, vous avez besoin de vous insérer dans votre société, d'être utile et reconnu à travers une activité professionnelle, de confort et d'épanouissement, d'aventure, de vie et d'action, de faire la fête, de coopérer au sein d'un groupe ayant des objectifs communs, d'élargir vos horizons à travers des voyages ou à travers une activité culturelle, philosophique, religieuse ou spirituelle, d'affirmer votre autorité, d'exercer un pouvoir et de faire la loi.

Vous pouvez alors être sensibilisé aux effets perturbateurs que peuvent causer l'influence de votre entourage, certains collègues ou camarades, ce qui se raconte autour de vous, les mauvaises plaisanteries, votre savoir ou votre manque de savoir, votre sens de l'adaptation et vos facultés intellectuelles, votre liberté de mouvement et votre curiosité lorsque vous cherchez à vous insérez professionnellement à travers des études supérieures, lorsque vous voyagez ou cherchez à élargir vos horizons à travers la culture, lorsque vous adhérez à un idéal social ou philosophique, lorsque vous gérez votre vie extérieure, lorsque vous exprimez votre autorité et lorsque vous cherchez à vous épanouir, à accéder à une certaine envergure, à une certaine position sociale ou à un certain confort.

Cela peut vous inciter à rejeter tout ou une partie de ce que représente Mercure. Vous pouvez alors avoir tendance à n'accordez crédit qu'à ce qui est utile, officiel, légal et formel. Vous pouvez avoir tendance à rejeter toute réflexion, toute spéculation purement mentale, toute recherche d'information, toute ouverture sur l'inconnu, toute curiosité simplement intéressante, toute discussion gratuite ou toute rencontre amusante, peut être parce que vous les considérez comme superficielles, inopportunes ou inutiles. Cela peut vous donner des difficultés à communiquer intelligemment dans votre environnement professionnel ou avec certains étrangers, à comprendre ce qui se passe autour de vous, à analyser le déroulement des événements, à négocier habilement, à trouvez des solutions astucieuses, à ruser, à être bien informé, à communiquer avec ceux qui sont dans votre environnement, à gérez votre vie intelligemment et finalement à vous adapter.

Vous pouvez aussi être tellement pris par vos obligations professionnelles que vous n'avez pas le temps de vous consacrez à ce qui vous intéresse, de vous distraire, d'être proche de ceux qui sont dans votre environnement, d'être disponible pour faire des rencontres amusantes, de discuter avec votre entourage, de lire des ouvrages intéressants ou de réfléchir sur des sujets qui éveillent votre curiosité. Et peut-être que cela vous arrange quelque part parce que votre besoin de savoir et de mouvement sont tellement énormes qu'ils risqueraient de vous perturber ?

## Scénario 3 : Votre mental est dominant en excès.

L'influence excessive de Mercure peut se traduire par une tendance à trop réfléchir, à tout le temps vouloir comprendre, analyser, critiquer, intellectualiser, à vouloir tout le temps tout savoir, à refuser les contraintes et les obligations trop contraignantes, à ne pas aller jusqu'au bout de vos entreprises parce que d'autres sollicitations mobilisent votre énergie, à tourner en rond dans la vie parce que vous vous limitez à la satisfaction de sa curiosité perpétuellement changeante et parce que vous vous dispersez dans trop de directions professionnelles différentes pour que l'une d'elle prenne le dessus.

Vous pouvez avoir tendance à être instable, indiscipliné et superficiel, à dilapider votre énergie dans des paroles inutiles, à ne vous sentir concerné que par ce qui vous intéresse ou par ce qui peut vous être utile, à déformer la vérité, à vous moquer du monde, à vivre une vie futile et à abuser de votre sens de l'humour.  Vous pouvez aussi être très doué pour contourner la loi et pour jongler avec les règles officielles, ce qui peut vous occasionner des ennuis avec les autorités.

Peut-être préférez vous vous amuser et vous distraire, sortir avec les copains et faire des rencontres intéressantes, étudier pour vous instruire, brasser des idées et des projets plutôt que de vous insérer socialement, de vous cultiver, d'élargir vos horizons et de faire face aux exigences de la vie? Ou peut-être vous servez-vous de votre curiosité, de vos études, de vos écrits, de vos copains pour ne pas remplir vos obligations professionnelles? Un coté adolescent peut diminuer la puissance de votre autorité tandis qu'une tendance à vouloir trop coller aux règles peut diminuer votre spontanéité.

## Scénario 4 : Votre besoin d'espace et de vie extérieure est en excès

Lorsque vous êtes identifié à Jupiter, vous pouvez l'être excessivement. Vous pouvez être insatisfait parce que vous avez l'impression que votre savoir, votre intelligence, vos discours ou votre sens de l'adaptation ne sont pas assez reconnus, pas assez rémunérés, pas assez utile, qu'ils ne vous apportent pas les bénéfices que vous attendez ou encore qu'on ne vous écoute pas et qu'on ne vous comprend pas. Cela peut, par réaction de compensation, se traduire par un désir exagéré de vous faire valoir, d'être reconnu, écouté, compris et récompensé, d'acquérir du pouvoir et de faire la loi en donnant des leçons aux autres.

Cela peut rendre votre langage pompeux et affreusement conformiste, comme s'il vous fallait à tout prix compris, être honorable, respectable et normal, au point que vous ne vous exprimez pas de façon libre, naturelle et spontanée et que vous n'êtes pas réellement disponible dans la communication. Vous pouvez être tellement autoritaire que vous n'écoutez pas. Peut-être avez-vous peur d'être sanctionné si vous vous exprimez librement ?

L'influence excessive de Jupiter peut conférer une tendance à l'exagération systématique, une tendance à trop vivre en fonction des circonstances, des normes acceptables et des opportunités du moment au point de vous dépersonnaliser.

Vous pouvez avoir tendance à donner de l'importance à des informations ou des relations sans intérêt, à dire ce qui vous arrange en tenant le discours qui correspond à vos intérêts et à abuser de la confiance d'autrui. Vous pouvez être envahissant à force de vouloir vous rendre utile à tout prix. Vous pouvez être étouffant, sans gène, "gonflé " et avoir tendance à vous mêler trop souvent de ce qui ne vous regarde pas tellement vous vous sentez concerné par tout ce qui se passe dans votre environnement. Une tendance à faire des paris stupides ou dilapider des sommes importantes aux jeux peut vous ruiner.

## Expression positive consciente et naturelle : Lorsque vous apprenez à maîtriser cette partie de votre personnalité et à utiliser toute sa richesse et lorsque vous avez fait le chemin pour exprimer cette relation en pleine conscience et d'une manière positive.

Pour transformer la relation Mercure-Jupiter dissociée en relation consciente et dynamique, il peut être utile d'effectuer un travail sur vos capacités de communication et d'adaptation, sur le rôle que doivent avoir l'information, le mouvement et le jeu dans votre vie, sur la capacité à donner du sens et aussi sur le rôle que doivent avoir au sein de votre personnalité et dans votre vie la société avec ses règles et ses lois, le monde extérieur, la notion d'espace, les voyages, l'autorité et le pouvoir, l'optimisme et la confiance en soi.

L'étude et l'expérience des cultures et des langues étrangères peuvent contribuer à élargir vos horizons intérieurs et extérieurs. La prise de conscience que l'humanité a toujours immigré depuis au moins 60.000 ans et que vos lointains ancêtres n'habitaient pas là où vous habitez actuellement peut vous permettre de changer de perspective. Il peut également être utile, si vous n'avez pas les connaissances suffisantes pour vous insérer professionnellement, de refaire des études, de la formation continue ou un stage.

Les deux planètes peuvent être vécues dans des états d'esprit, dans des lieux ou à des moments très différents, de façon à ce que chacune rectifie l'autre au moindre excès. Vous pouvez alors vivre des moments où vous êtes dans une dynamique d'ouverture et d'exploration, où vous vous divertissez et vous distrayez dans la détente, où vous êtes disponible pour faire des rencontres amusantes et pour vous consacrer à ce qui vous intéresse, où vous êtes en mouvement, où vous communiquez avec votre environnement proche et où vous vous informez pour vous adapter.

Puis vous pouvez vivre d'autres moments ou vous laissez de coté vos intérêts personnels, vos divertissements et votre environnement proche pour élargir vos horizons intellectuels et culturels, pour assumer vos responsabilités et vos obligations professionnelles, pour respecter un ordre, un langage conventionnel, des règles du jeu et où vous faîtes des sacrifices pour vous intégrez.

Il y a des moments pour vous amuser, pour être décontracté et pour avoir le sourire et d'autres moments pour vivre utile, pour être formel, pour être dans les normes et pour être responsable. Et vous savez adapter vos attitudes en fonction de ce qu'exigent les circonstances avec une souplesse remarquable.

Bien maîtrisée, la relation Mercure-Jupiter peut vous conférer un ensemble d'aptitudes qui sont alors vécues d'une façon très consciente et dynamique. Cela peut se traduire par pour ce qui concerne Jupiter par des aptitudes à faire des affaires, à produire des richesses, à utiliser un sens pédagogique, à assumer un pouvoir et des responsabilités, à incarner l'ordre et la loi, à vous cultiver et à voyager qui sont au-dessus de la moyenne et pour ce qui concerne Mercure par une intelligence, une souplesse, une débrouillardise, un sens de l'adaptation, des capacités manuelles, un humour, un sens de l'analyse, des dons oratoires ou des aptitudes pour l'écriture qui sont hors du commun.

Vous savez alors gérer avec pragmatisme et autorité votre besoin de savoir, votre mobilité, votre curiosité et les craintes engendrées par votre mental. Et ce qui n'est initialement qu'une simple curiosité peut chez vous déboucher sur une activité professionnelle ou vous ouvrir de nouveaux horizons.

Quand la relation Mercure-Jupiter est vécue en conscience, vous êtes alors incroyablement doué pour vous adapter au monde extérieur, à la fois au niveau de l'environnement proche et au niveau de la société en général. Vous savez en effet allier l'intelligence pratique nécessaire à la vie de tous les jours et l'intelligence supérieure capable d'organiser les informations et de leur donner un sens, la souplesse et l'ouverture d'esprit, la précision et l'envergure, le sens du détail et le sens de globalisation, l'utile et le ludique, le sens du service et la générosité. Vous êtes capable d'être bien informé, de négocier et de convaincre, de vous intéresser à la fois à ce qui est proche et à ce qui est lointain et vous pouvez être à l'aise aussi bien dans les relations interpersonnelles que dans les relations impersonnelles.

Vous êtes très capable de faire preuve d'intelligence, de serviabilité, de disponibilité, d'ouverture d'esprit, de mobilité et de souplesse, de ruser, de communiquer, d'utiliser le jeu et le rire, d'être bien informé, de brasser des informations et d'établir des contacts lorsque vous exercez votre activité professionnelle, lorsque vous voyagez, lorsqu'il s'agit de vous insérer dans un groupe ayant des objectifs communs, lorsque vous participez à un travail d'équipe ou à un mouvement général d'ordre collectif, lorsqu'il s'agit de propager une culture, un idéal, des valeurs religieuses ou spirituelles, lorsqu'il s'agit de faire des affaires, de légiférer, d'organiser, de coordonner, d'éduquer, de conseiller ou de vous rendre utile.

Vous avez un besoin énorme de savoir, de connaissances et d'adaptation à votre environnement.  Votre intelligence, votre besoin de savoir et votre sens de l'adaptation tendent à être influencés par votre culture, par les normes véhiculées par votre société, par un idéal religieux, philosophique ou spirituel, par votre autorité, par un besoin d'être utile et par une conscience des conséquences de ce que vous dites sur l'entourage.

Cela vous permet d'orienter de façon constructive votre intelligence, votre sens des contacts et votre sens de la communication vers des objectifs d'insertion professionnelle, vers un élargissement de vos horizons et vers votre propre épanouissement. La communication est pour vous un outil de cohésion sociale.  Ce qui vous intéresse doit avoir une utilité et doit être partagé, et tout ce qui est utile ou tout ce qui peut se partager vous intéresse d'emblée. Une intelligence idéaliste mais aussi réaliste pourrait-on dire.

La voie dans laquelle vous vous engagez avec dynamisme, autorité et pragmatisme ne vous empêche pas d'être souple et mobile, de rester disponible et ouvert à d'autres possibles, de vous divertir dans des activités ludiques, d'être curieux et réceptif à l'inconnu. De même, votre curiosité et votre disponibilité ne vous empêchent pas d'assumer vos responsabilités dans la voie que vous vous êtes tracée.

Parce que vous avez confiance en vos facultés intellectuelles, en votre sens de l'échange et de la communication, vous pouvez faire preuve d'une certaine éloquence, avoir d'énormes facilités relationnelles et être un professionnel de la communication.

Vous êtes très doué pour situer une information dans son contexte et pour trouver le lien existant entre différentes données. Lorsqu'un sujet vous intéresse, vous cherchez à élargir vos connaissances, à vous documenter et à voir ce qui se dit ailleurs. Votre largesse d'esprit, votre sens de globalisation, votre bon jugement et la clarté de vos conceptions peuvent vous permettre d'acquérir une vaste culture et souvent de poursuivre de longues études supérieures.

 Vous avez souvent une certaine chance dans vos études parce que vous savez dire ce qu'on attend de vous et parce que votre mental peut rassembler et organiser de grandes quantités d'informations. Si vous avez souvent juste ce qu'il faut pour passer vos examens, vous pourriez avoir d'excellentes notes si vous vous donniez un peu plus de mal et si vous faisiez moins la fête.

Vous êtes toujours disponible pour établir des contacts, avez une grande capacité d'écoute, êtes capable d'élargir votre cadre de référence de façon à utiliser des mots que l'autre comprendra et savez faire preuve d'une certaine dose de psychologie dans vos affaires. Vous avez aussi des facilités pour vous exprimer avec autorité, pour argumenter, pour critiquer, pour négocier habilement et pour convaincre en tenant compte de l'ensemble des intérêts en jeu et en adaptant votre langage en fonction de votre interlocuteur.

Lorsque vous communiquez, vous le faites dans la joie et la bonne humeur, avec énergie, avec enthousiasme et dynamisme, avec fougue et passion, avec chaleur et générosité mais aussi avec habileté et diplomatie. Vous pouvez être doué, par la puissance de votre verbe, pour entraîner les autres dans vos aventures.   Votre capacité à comprendre et à jongler avec les mécanismes du jeu social, avec les lois, les règles, les normes et le langage, peut vous permettre de vous adapter à des milieux très variés.

Vous pouvez être expert dans l'art de faire des acrobaties avec les règles et les principes dans le but de trouver les réponses ou les solutions qui vous arrangent, dans l'art de trouver les arguments susceptibles de faire tourner la conversation à votre avantage et d'orienter votre discours dans le sens du vent, mais aussi pour adopter de nombreux masques et singer différents personnages. Votre discours et votre langage sont le plus souvent circonstanciels.

Vous avez l'intelligence des situations, c'est à dire que vous savez comprendre le sens, l'utilité et les exigences de toute situation, vous savez évaluer les concessions nécessaires par rapport aux bénéfices pouvant être escomptés, vous savez être bien informé et vous savez optimiser ou rentabiliser. Vous êtes également doué pour détecter les opportunités, pour en créer et pour les exploiter afin d'en tirer profit.

Votre grande curiosité sans cesse en expansion est très sensible aux liens qui peuvent exister entre les personnes et les choses, entre ce qu'une personne a dans sa tête et ce qu'elle vit, entre un événement et son contexte culturel, économique, géographique et historique. Vous savez que tout est lié et que rien dans notre univers n'est isolé du reste. Vous aimez sans cesse élargir vos horizons intellectuels, culturels et relationnels, et pouvez vous intéresser à tout ce qui ouvre l'esprit, c'est à dire aux religions, aux philosophies, aux différentes cultures, à la métaphysique, à l'économie et à ce qui se passe dans le monde. Vous avez plus que tout autre besoin d'être informé, mais aussi d'espace verbal et d'envergure intellectuelle.

Mercure Jupiter confère souvent un sens pédagogique développé. Vous aimez diversifier vos connaissances et vos relations et vous intéressez autant à ce qui fait partie de votre environnement proche qu'à ce qui est éloigné. Coté mental, parce que vous êtes sensible à ce qui va bien dans votre vie et aux bons coté des personnes et des événements, vous êtes d'un naturel optimiste et êtes facilement satisfait, ce qui attire la chance et vous donne parfois une tendance à voir la vie en rose. Votre sens critique ne vous empêche pas de rester optimiste comme votre optimisme vous permet néanmoins de critiquer lorsque vous le jugez nécessaire.

Vous pouvez avoir un coté adolescent dans votre vie sociale ou être en contact avec des adolescents. Ou vous savez assumer des responsabilités tout en gardant votre souplesse, vos disponibilités ou votre humour. Votre capacité à rire et à faire rire dans votre milieu professionnel vous permet d'être à l'aise et de mettre les autres à l'aise. Le rire peut être pour vous un moyen privilégié d'expression. Mercure Jupiter apporte la chance aux jeux (tiercé ou loto), le goût du jeu, une protection sur la route et un goût pour les grosses cylindrées au moteur puissant.

Votre adolescence, votre entourage proche, vos frères et sœurs, vos collègues et copains, vos déplacements et vos différents cycles d'études ont sans doute contribué à développer vos capacités à vous adapter au monde Vous pouvez avoir des goûts, des aptitudes et des talents naturels pour la communication, l'écriture, le journalisme, l'automobile, la conduire de véhicules et les petits déplacements, l'enseignement, le conte, les langues et l'interprétariat, le commerce, la gestion du courrier ou des échanges commerciaux, les activités touchants aux jeunes et aux étudiant(e)s, aux jeux, aux jouets, au rire, au mouvement, à l'acrobatie, aux médias, au marketing, aux livres et supports de communication et pour toutes les activités de services.

## ASPECT HARMONIQUE MERCURE-SATURNE

Il y a dans votre thème astral une relation permanente, continue et symbiotique entre Mercure et Jupiter qui s'expriment en vous comme deux partenaires. Comme vous êtes sensible aux effets positifs que chacune des fonctions à sur l'autre, vous tendez à croire que lorsque vous vivez l'une des fonctions, alors l'autre viendra systématiquement la soutenir. Vous tendez ainsi à récolter le meilleur de chacune de ces deux fonctions psychologiques et des expériences qui y sont associées.

Votre mental, votre besoin d'être informé, votre sens de l'adaptation et de la communication tendent à être encadrés, disciplinés, maîtrisés et utilisés pour construire et vous construire, pour prendre conscience de l'ordre et des structures de la vie et de votre vie, pour acquérir un plus grand sentiment de sécurité, pour vous ancrer dans la matière et pour évoluer. Vous avez tendance à communiquer et à vous exprimer avec calme, sérieux et gravité. Parce que vous êtes conscient du poids des mots et des conséquences de ce que vous pouvez dire ou ne pas dire, vous réfléchissez avant de vous exprimer et vous montrez exigent quant au choix et à la qualité des informations que vous donnez ou que vous recherchez. Vous n'aimez guère parler pour ne rien dire.

Votre grande honnêteté intellectuelle vous incite à dire ce que vous pensez, à penser ce que vous dites et à tenir vos engagements lorsque vous donnez votre parole. Vous pouvez aussi avoir un sens critique développé et une facilité pour remettre en cause les idées reçues. Vous acceptez rarement d'emblée une information ou une idée nouvelle et avez besoin de vérifier la validité, la valeur et la qualité des informations qui vous parviennent.

Vous apprenez et comprenez assez lentement, et vous avez une mentalité simple, mais lorsque l'information a été enregistrée, c'est définitif. Vous n'êtes donc pas une personne que l'on peut acheter ou à qui on peut faire " avaler " n'importe quoi, surtout quand il s'agit d'informations fournies par la société.

Si vous êtes capable d'écouter et de comprendre, c'est pour mieux prendre du recul. Vous préférez vous informer par vous-même et construire vos raisonnements personnels en fonction de vos propres expériences et en fonction de vos croyances profondes. Vous accordez beaucoup d'importance à la vérité, au respect de l'autre et de vous-même dans tout échange d'informations et dans tout dialogue.

Votre intelligence tend à être secondaire dans le sens ou vous idées s'élaborent lentement et mettent un certain temps avant de s'encrer dans votre conscience. Vous avez tendance à résister à toute idée nouvelle et à ne pouvoir penser qu'à une seule chose à la fois. Vous pouvez être très économe en paroles, réservé et souvent silencieux. Face à une rencontre nouvelle ou un premier contact, vous pouvez être réservé, distant voire méfiant.

Vous n'abordez pas facilement une personne inconnue et avez besoin de temps et de confiance pour entrer en contact avec l'autre. Vous devez parfois faire des efforts pour vous extérioriser et pour vous exprimer.

Vous avez tendance à être exigent dans le choix de vos relations, à sélectionner vos contacts et à rechercher des relations profondes. Quand vous réfléchissez et communiquez, vous êtes détaché et présent sans être présent. Cela vous permet d'engager la conversation et de nouer des contacts qui pour vous restent impersonnels parce que vous savez ne pas vous impliquer émotionnellement. Si cela facilite les échanges dans le monde du travail, cela rend cependant plus difficile les contacts personnels où l'échange émotionnel entre en jeu.

Par contre, lorsqu'un contact est établi et qu'un dialogue s'installe, vous avez besoin d'aller plus loin, d'expérimenter, d'approfondir, et, lorsqu'il s'agit de contacts personnels, de construire une relation et d'évoluer grâce à cette relation. Votre entourage proche peut ainsi contribuer à votre évolution, à votre maturation, à votre structuration ou à vos recherches. Vous aimez les contacts utiles et savez trouver un sens et une utilité à tout échange ou à toute relation.

Vous pouvez avoir tendance à faire preuve d'une certaine rigidité intellectuelle voire de fanatisme dans le sens où lorsque vous avez une idée en tête, vous admettez difficilement qu'elle soit contredite. Vous êtes alors peu influençable mais aussi peu disponible pour l'échange, pour la communication et rendez parfois le dialogue très compliqué.

Parce que l'information et vos idées sont pour vous une source de sécurité, vous pouvez avoir tendance à vous accrochez obstinément à vos idées, même si celles ci ne sont pas objectives.

Vos idées prennent parfois la forme de vérités incontournables et définitives et vous admettez parfois difficilement que vous avez tort, ce qui peut arriver, malgré l'objectivité dont vous savez faire preuve.

On dit aussi de votre intelligence qu'elle est réaliste, pragmatique, concrète, pratique, méthodique, stratégique, calculatrice, rigoureuse, expérimentale, précise, patiente et profonde. Votre rigueur intellectuelle et vos capacités de concentration ne vous empêchent cependant pas d'être disponible, de garder une certaine souplesse et d'avoir l'esprit ouvert, à l'écoute de toute information ou de toute rencontre nouvelle.

Votre sens pratique et votre réalisme vous aide à vous adapter à votre environnement. Vous avez surtout besoin d'organiser vos idées, de contrôler l'information, de structurer le tout de façon ordonnée et logique, d'aller au fond des choses et d'approfondir. Vous apprenez parfois que si vous approfondissez et vous n'approfondissez que si vous êtes intéressé.

Ce qui vous intéresse et suscite votre curiosité doit vous faire mûrir, vous ouvrir des portes et vous permettre de faire des découvertes. Et vous avez besoin de calme, de silence, de solitude et d'isolement pour pouvoir étudier et pour réfléchir. Chez vous, une idée en amène toujours d'autres et s'accompagne de nombreuses questions. Votre évolution mentale peut ressembler à un cheminement ou à une quête perpétuelle d'informations. Il y a d'après vous toujours des choses à découvrir et à apprendre. Si vous savez accumuler des connaissances en vrac, vous sélectionnez et triez l'information pour ne retenir que l'essentiel, que ce qui peut vous être utile.

Votre puissant pouvoir de concentration et votre aptitude à la méditation, votre capacité à faire des efforts, votre capacité à prendre du recul, votre sens des structures et de l'organisation, votre capacité à tenir compte du facteur temps, votre excellente mémoire et la profondeur de vos raisonnements peuvent vous rendre apte à comprendre les systèmes, les structures et les fondements de la vie, à manier les chiffres et les symboles, à élaborer, à utiliser des concepts et des théories complexes etc.

Vous pouvez ainsi être très doué pour faire de la recherche. Vos capacités intellectuelles peuvent vous conférer des facilités pour des disciplines comme l'architecture, les maths, la physique, les sciences exactes et pour tout ce qui nécessite rigueur et précision. Elles peuvent aussi vous permettre de gérer des informations ou des documents, que se soit chez vous ou dans votre vie professionnelle.

Il vous faut comprendre l'ordre du monde et répondre aux multiples questions tant existentielles et pratiques qui peuvent surgir dans votre mental. Parce que vous êtes difficilement satisfait de votre savoir et parce que vous avez facilement l'impression qu'il vous manque toujours des réponses ou des informations, vous pouvez être tenté d'accumuler des connaissances ou de vous orienter vers une activité en rapport avec l'information (librairie, bibliothèque et archives).

Parce que l'intellect peut être pour vous un moyen d'élévation, un moyen de vous construire, un moyen d'acquérir une plus grande sécurité et une plus grande paix intérieure, un moyen d'effectuer une recherche de vérité, un moyen d'expérimenter et un moyen de mûrir, vous pouvez avoir un besoin, un goût et la profondeur mentale nécessaire pour étudier les philosophies, les religions, la psychologie, l'astrologie, la métaphysique et l'ésotérisme. Vous pouvez ainsi être apte à pénétrer les mystères de l'existence terrestre et acquérir une certaine érudition voire une certaine sagesse.

La relation Mercure Saturne s'exprime entre autre durant l'adolescence. Elle peut indiquer, durant cette période des relations distantes et difficiles avec l'entourage proche ou quelques difficultés durant les études de part un rythme de travail imposé trop rapide par rapport au rythme d'apprentissage personnel. L'adolescence est parfois triste et solitaire. Durant cette période se développe une tendance à l'interrogation, un besoin de solitude et de prendre de recul par rapport à l'entourage, une sensibilité à ce qui ne va pas dans l'entourage ou dans la société en général ainsi qu'un sens critique développé et une maturité plus importante que la majorité des personnes présentes dans l'environnement scolaire.

L'adolescent ayant une relation Mercure-Saturne se sent souvent plus à l'aise avec les adultes qu'avec les personnes de son âge, tend parfois à faire bande à part, à ne fréquenter que quelques personnes soigneusement sélectionnées et à consacrer son temps à des lectures d'ouvrage lui permettant de répondre aux multiples questions qui assaillent son mental. Cette distance avec les camarades de classe est parfois reproduite plus tard avec les collègues.

Mercure Saturne sensibilise aux difficultés pouvant exister dans tout processus de communication, dans l'échange, dans le mouvement et dans toute activité relationnelle. Cette sensibilité peut être utile dans les activités consistant à aider des personnes qui ont des difficultés à communiquer ou à se mouvoir.

Le sérieux, la concentration et la gravité conférée par cette relation tendent à limiter et à réduire la superficialité, le sens de l'humour, le goût de la distraction, la dispersion et le besoin de se divertir. Toute plaisanterie est considérée avec gravité et les jeux deviennent facilement sérieux. Par contre elle peut conférer un goût et des aptitudes pour les jeux stratégiques nécessitant réflexion et patience (Echecs, Go etc.).

D'après la tradition, cette relation permet une élévation grâce aux études, aux connaissances ou à un savoir-faire pratique. Il peut permettre une réussite dans les études, une réussite lente, progressive et acquise grâce à la quantité de travail fournie et aux efforts personnels.

Dans certain cas, Mercure Saturne peut conférer une difficulté à grandir, un coté éternel adolescent, des retards ou des difficultés dans les études. Dans d'autres cas, il facilite au contraire l'acquisition d'une éducation solide et de bonnes bases intellectuelles.

## ASPECT DISSONANT/DYNAMIQUE MERCURE-SATURNE

Il y a dans votre thème astral une relation permanente, mais discontinue, dissociée, duelle, tendue et conflictuelle, entre Mercure (le mental) et Saturne (votre juge, votre relation aux structures), car ces deux planètes vibrent en vous à deux fréquences totalement différentes. Chaque planète veut s'exprimer, à sa façon, à travers vous et tend à considérer l'autre comme une rivale ou comme une perturbatrice. Vous avez alors tendance, soit à exprimer l'une puis l'autre des planètes d'une façon excessive, soit à vivre l'une des planètes et à rejeter l'autre parce que vous la considérez comme perturbatrice, parce que vous voyez son côté sombre plus que son côté lumineux.

Tant que vous nourrissez ce conflit à l'intérieur de vous, vous récoltez le moins bon de chacune des deux fonctions psychologiques et des expériences qui y sont associées. La solution, que vous verrez plus bas dans le texte, est de vivre chaque fonction en pleine conscience et de savoir alterner rapidement et consciemment, entre chacune des deux fonctions psychologiques représentées par la planète Vous transformez ainsi une relation conflictuelle en une grande force et vous vivez cette relation de façon consciente et dynamique.

La relation Mercure-Saturne s'exprime entre autre durant l'adolescence. Elle peut indiquer, durant cette période, des relations distantes et difficiles avec l'entourage proche ou quelques difficultés durant les études de part un rythme de travail imposé trop rapide par rapport au rythme d'apprentissage personnel.

L'adolescence est parfois triste et solitaire. Durant cette période se développe une tendance à l'interrogation, un besoin de solitude et de prendre de recul par rapport à l'entourage, une sensibilité à ce qui ne va pas dans l'entourage ou dans la société en général ainsi qu'un sens critique développé et une maturité plus importante que la majorité des personnes présentes dans l'environnement scolaire.

L'adolescent ayant une relation Mercure Saturne se sent souvent plus à l'aise avec les adultes qu'avec les personnes de son âge, tend parfois à faire bande à part, à ne fréquenter que quelques personnes soigneusement sélectionnées et à consacrer son temps à des lectures d'ouvrage lui permettant de répondre aux multiples questions existentielles qui assaillent son mental. Cette distance avec les camarades de classe est parfois reproduite plus tard avec les collègues.

Cette facette de votre personnalité peut initialement engendrer, lorsqu'elle n'est pas maîtrisée, des difficultés à écouter, à entendre, à communiquer et à vous adapter mais aussi des difficultés à vous organiser et à trouver la paix intérieure de par un conflit ou une dissociation entre votre besoin de communication et votre besoin de solitude, entre votre besoin d'apprendre et votre besoin d'organisation, entre vos pensées et votre sens de l'organisation pratique, entre la souplesse et la rigidité, entre un besoin de profondeur et un besoin de légèreté, entre votre sérieux et votre humour.
Vous avez alors tendance à incarner plusieurs scénarios, en alternant parfois de l'un à l'autre.

# Scénario 1 : Le mental domine et Saturne (le juge, les structures) est rejetée ou mal intégrée à votre personnalité.

Vous vivez votre Mercure lorsque vous communiquez, lorsque vous faîtes des rencontres intéressantes, lorsque vous cherchez à vous informer, à brasser des idées pour apprendre et comprendre, lorsque vous exprimez votre curiosité et multipliez vos centres d'intérêts, lorsque vous êtes en mouvement et lorsque vous vous adaptez à l'environnement.

Vous pouvez alors être fortement sensibilisé aux effets perturbateurs que peuvent causer toute discipline visant à maîtriser la situation, vos obligations et responsabilités professionnelles, votre carrière, votre âge, un idéal de perfection, une morale, une forme de recherche, tout obstacle ou difficulté, un manque de confiance en vous,  où des peurs comme la peur d'être abandonné ou d'être jugé. Vous pouvez en particulier être aussi très sensible aux difficultés à vaincre pour communiquer efficacement et pour vous adapter.

Peut-être avez-vous peur de devenir inadapté, de ne plus pouvoir communiquer, comprendre où vous mettre en mouvement si vous êtes organisé, si vous concentrez votre attention sur une activité exclusive, si vous voyez les choses en profondeur, si vous êtes trop souvent seul ?

Vous pouvez ainsi avoir tendance à refouler tout ou une partie de ce que représente Saturne. Cela peut se traduire par une difficulté à analyser les événements d'une façon objective et réfléchie, à comprendre le sens et les causes profondes de toute situation, à prendre du recul, à faire preuve de discernement, à vous poser les vrais questions et à chercher les réponses, à voir les problèmes en face et à réagir avec pragmatisme.

Vous pouvez aussi avoir du mal à tenir compte du temps, à voir les choses à long terme et à respecter l'heure, à être réaliste, à approfondir vos relations, à construire ou à faire des efforts, à vous fixer des étapes et à développer une stratégie, à vous discipliner et à vous organiser de façon logique, à être précis et rigoureux, à tenir compte des difficultés ou à accepter et faire face aux obstacles, à tenir compte des conséquences de vos paroles ou à faire preuve de maturité, de sérieux, de persévérance, d'honnêteté, de sagesse ou de moralité lorsque vous étudiez, lorsque vous communiquez, lorsque vous échangez des idées ou des biens et lorsque vous vous adaptez à votre environnement. Vous manquez parfois de prudence sur la route.

Peut-être êtes-vous trop disponible aux multiples curiosités et distractions qui peuvent se présenter à vous pour pouvoir vous structurer, pour établir des principes biens définis, pour prendre une direction précise et pour vous limiter à l'essentiel ? Peut être que vos idées, votre savoir ou vos solutions ne sont pas toujours exploitables et réalistes parce qu'elles ne tiennent pas assez compte des exigences du terrain, des obstacles à vaincre, de la quantité d'efforts à fournir ou des infrastructures dont vous disposez ?

## Scénario 2 : Saturne, votre juge, domine et le mental est rejeté ou mal intégrée.

Vous pouvez ici être sensibilisé aux effets perturbateurs que peuvent causer l'influence de votre entourage, la liberté d'expression, certains collègues ou camarades, le savoir ou le manque de savoir, votre sens de l'adaptation et vos facultés intellectuelles, la superficialité, la spontanéité et la curiosité lorsque vous assumez vos responsabilités et accomplissez vos devoirs, lorsque vous vous structurez et structurez votre vie, lorsqu'il s'agit d'évoluer et de mûrir, lorsqu'il s'agit de contrôler la situation et d'être en sécurité.

Vous pouvez alors avoir tendance à rejeter et à refuser toute rencontre intéressante, toute mobilité, toute fantaisie, toute liberté d'expression, toute spéculation gratuite, toute réflexion sur des sujets qui vous intéressent, toute opportunité d'être informé, d'écouter et de comprendre, tout sourire, toute expression du sens de l'humour, toute distraction et toute détente.

Cela peut rendre votre vie morose et tristement monotone et vous donner des difficultés à comprendre ce qui se passe autour de vous, à être bien informé, à trouver des réponses intelligentes à vos questions, à analyser le déroulement des événements, à trouver des solutions astucieuses ou des issues aux difficultés auxquelles vous pouvez avoir à faire face, à négocier habilement et à faire preuve de souplesse, à ruser, à communiquer avec ceux qui sont dans votre environnement, à établir des contacts et finalement à vous adapter.

Vous pouvez aussi être tellement pris par vos obligations professionnelles, par vos responsabilités ou par votre égoïsme que vous n'avez pas le temps et la disponibilité de vous consacrer à ce qui vous intéresse, de vous distraire, de souffler, de faire des rencontres inattendues, de discuter avec votre entourage de lire des ouvrages intéressants ou de réfléchir sur des sujets qui éveillent votre curiosité. Peut-être n'avez-vous alors jamais le temps d'être disponible parce que vous ne savez pas vous organiser, parce que quelque chose d'inachevé vous rappelle toujours à l'ordre ou à l'inverse parce que votre vie est trop bien réglée ?

Dans un autre ordre d'idées, vous pouvez avoir peur des limites et avoir des difficultés à filtrer, à trier et à classer ce qui est nécessaire à votre organisation ou à votre évolution. Vous pouvez être insatisfait dans votre vie parce que vous avez l'impression qu'il vous manque une part d'échange et de distractions, par que vous vous sentez seul et parce que vous avez l'impression de ne pas assez communiquer. Vous pouvez aussi avoir l'impression de ne pas assez être intéressant ou drôle, de ne pas avoir assez de temps pour vous distraire, de ne pas vous adapter intelligemment, de ne pas être assez informé et de ne pas être suffisamment disponible.

## Scénario 3 : Votre mental est dominant en excès.

Une réaction de compensation à cette impression d'insatisfaction (impression qui peut être réelle ou imaginaire) peut vous donner à certains moments une tendance à vouloir tout le temps tout intellectualiser et comprendre, à vouloir toujours savoir, analyser, critiquer, à refuser les contraintes et les responsabilités trop contraignantes afin d'avoir un maximum de liberté, à vous disperser de façon désorganisée dans trop de directions différentes pour que l'une d'elle prenne le dessus, au point de ne plus vous concentrer sur vos responsabilités.

Vous pouvez aussi avoir tendance à dilapider votre énergie dans du bavardage et dans des paroles inutiles ou à multiplier les rencontres futiles pour compenser votre sentiment de solitude, à vous comporter en éternel adolescent, à jongler avec les règles, les principes et la morale en fonction de vos intérêts personnels, à toucher à tout sans rien finir, à ne vous sentir concerné que par ce qui vous intéresse ou par ce qui peut vous être utile, à déformer la vérité, à vous moquer du monde et à ne rien prendre au sérieux, à abuser de votre sens de l'humour et à être tellement curieux ou indiscret que tout et n'importe quoi vous intéresse.

Peut être préférez vous vous amuser et vous distraire, sortir avec les copains et faire des rencontres intéressantes, étudier pour vous instruire, brasser des idées et des projets plutôt que d'assumer des responsabilités contraignantes et de faire face aux exigences de la vie ? Ou peut-être vous servez-vous de votre curiosité, de vos études, de vos écrits, de vos copains pour ne pas remplir vos devoirs et obligations professionnelles, pour ne pas assumer vos responsabilités, pour ne pas avoir à vous remettre en question, pour ne pas construire ? Si vous alternez entre deux extrêmes, vos attitudes peuvent contraster entre des moments d'ouverture et de disponibilité totale où tout devient alors possible, de légèreté juvénile où tout vous parait intéressant et amusant, de mouvement perpétuel souvent synonyme d'instabilité et d'autres moments où votre juge moral ou un sentiment de culpabilité vous rappelle à l'ordre et où vous revenez sur terre.

Vous pouvez alors être morose, être complètement fermé à tout ce qui se présente, vous replier dans une tour d'ivoire, avoir tendance à voir des problèmes et des obstacles partout et à devenir immobile, comme paralysé.

## Scénario 4 : Votre juge et votre besoin d'ordre et de structures sont en excès.

L'influence excessive de Saturne peut se traduire par un manque de confiance en vos moyens de communication et d'adaptation, par une tendance à douter de vos capacités intellectuelles et à avoir peur de l'échec au point que vous ne vous exprimez pas, par une certaine timidité et par une peur de ne pas être à la hauteur, par une tendance à focaliser sur ce qui ne va pas, sur les imperfections et sur ce qui reste à faire au point parfois d'être pessimiste, d'être jamais satisfait, de déprimer et de broyer du noir.

Vous pouvez avoir tendance à trop analyser et à trop réfléchir, à trop vous poser de questions et à remettre tout le temps les choses en questions, à vouloir tout le temps contrôler l'information ou les personnes qui sont dans votre environnement, à avoir des préjugés sur les autres, à vous accrocher de façon rigide à des idées qui vous empêchent d'évoluer et à vous compliquer inutilement l'existence par votre morale, vos préjugés ou au contraire par votre refus d'assumer vos responsabilités. Vous pouvez aussi avoir tendance à ne pas savoir lâcher prise, à vous déprécier ou à déprécier l'autre. Votre système de défense peut tellement efficace qu'il vous empêche de vous adapter, d'improviser et qu'il vous rend rigide, indisponible et complètement fermé aux échanges en profondeur. Mais à force de museler votre spontanéité et votre besoin de communiquer et à force de vouloir régler votre vie comme une horloge vous risquez d'avoir à faire face à un sentiment pesant d'ennui, de solitude et d'incompréhension. Votre énorme besoin de sécurité dans vos relations vous incite à trier vos contacts, à restreindre votre entourage et à éviter de prendre contact ou de faire connaissance sans avoir un maximum de renseignements.

Ce besoin de sécurité peut vous rendre méfiant, susceptible, soupçonneux et avare dans les informations que vous divulguez. Vous avez parfois tendance à faire preuve d'une froideur, d'une sécheresse de cœur et d'un sens critique qui découragent autrui de nouer des relations avec vous. D'après la tradition, cet aspect a pu vous empêcher de développer normalement vos facultés intellectuelles.

Une lenteur excessive dans l'apprentissage, dans la compréhension et dans l'organisation de l'information, ou une étroitesse d'esprit et une simplicité excessive ont pu créer des retards ou des entraves dans vos études ou des carences dans votre éducation. Votre éducation a peut-être été sectaire et trop rigide parce que trop livresque ou parce qu'imprégné de principes moraux limitatifs ? La tradition parle également de blocages dans la communication.

Vous avez parfois tendance à résister de façon excessive à l'information, aux idées et aux suggestions qui vous parviennent. Trop accentuée, cette tendance peut provoquer des défauts d'expression ou de prononciation, une difficulté à écouter l'autre ou à enregistrer ce qu'il dit et parfois, elle peut se traduire par une surdité psychique ou physiologique. Mercure-Saturne peut aussi se traduire par une insuffisance respiratoire. Vous croyez rarement d'emblée ce que l'on vous dit et abordez l'information avec un sens critique aiguisé. Vous avez besoin de tester, d'expérimenter et de vérifier la validité de l'information avant de l'adopter et de croire.

Vous pouvez être tellement conscient des conséquences de vos paroles et soucieux de ne pas avoir à vous reprochez ce que vous pourriez dire que vous parlez parfois très peu voir pas du tout. Il peut alors être difficile de dialoguer avec vous. Mercure Saturne peut vous prédisposer à trop rester au niveau de l'idée ou de la théorie au détriment des applications concrètes et de la mise en pratique.

## Expression positive consciente et naturelle : Lorsque vous apprenez à maîtriser cette partie de votre personnalité et à utiliser toute sa richesse et lorsque vous avez fait le chemin pour exprimer cette relation en pleine conscience et d'une manière positive.

Pour transformer la relation Mercure-Saturne dissociée en relation consciente et dynamique, il peut être utile d'effectuer un travail sur vos capacités de communication et d'adaptation, sur le rôle que doivent avoir l'information, le mouvement et le jeu et sur le rôle que doivent avoir au sein de votre personnalité et dans votre vie votre juge moral, les structures, l'effort, le silence, la gestion du temps, la valeur que vous avez et la paix intérieure. Notre juge intérieur existe pour nous mettre sur le chemin de notre vérité, pour nous faire prendre conscience des lois éternelles de la vie (d'ou nous venons, ce que nous sommes et où nous allons après la mort du corps physique). Les structures sont là pour nous permettre de nous tenir debout et pour permettre à la vie de s'exprimer. L'âme, pour fleurir et s'épanouir, a besoin de silence.

La relation Mercure-Saturne être vécue de façon à ce que chaque planète rectifie l'autre au moindre excès et sans que l'une empiète sur l'autre. Vous pouvez alors vivre des moments où vous êtes dans une dynamique d'ouverture et d'exploration, où vous vous divertissez et vous distrayez dans la détente, où vous êtes disponible pour faire des rencontres amusantes et pour vous consacrer à ce qui vous intéresse, où vous êtes en mouvement, où vous communiquez avec votre environnement proche et où vous vous informé pour vous adapter.

Puis vous pouvez consacrer une autre période (de la journée, de l'année ou de votre vie) dans un autre lieu et/ou dans un autre état d'esprit où vous assumez vos responsabilités, vos devoirs et vos obligations professionnelles, où vous faîtes face aux difficultés éventuelles, où vous vous concentrez sur une forme de recherche, où vous vous organisez selon un plan bien établi, où vous faîtes preuve de sérieux et de profondeur, où vous contrôler la situation, où vous travaillez à la construction de votre vie et à l'évolution de votre personnalité.

Vous savez détendre l'atmosphère et vous distraire lorsque les choses deviennent trop sérieuses ou trop difficiles et vous montrer sérieux lorsque les circonstances l'exigent. Votre ouverture d'esprit ne vous empêche pas d'avoir les pieds sur terre ou de rester centré, et votre remarquable capacité de concentration ne vous empêche pas d'être disponible pour accepter d'autres informations, d'autres ouvertures, d'autres pistes et d'autres façons de voir les choses. Des idées ou des rencontres apparemment anodines peuvent alors déboucher sur des relations profondes, sur remises en questions essentielles et sur des événements importants. Parce que vous connaissez les limites de la connaissance cérébrale, vous pouvez apprendre, avec une attitude critique, à trier l'information, à bien structurer vos idées et à ne pas vous laisser abuser par des informations contraires à la réalité et à la vérité.

Bien maîtrisée, la relation Soleil-Mercure peut vous conférer un ensemble d'aptitudes qui sont alors vécues d'une façon très consciente et dynamique. Un détachement très poussé de l'intellect peut vous conférer une maîtrise remarquable des mots, des chiffres et des symboles, une lucidité et un sens critique très performant, une compréhension profonde des structures et des lois qui régissent l'univers visible et invisible.

Une exceptionnelle maîtrise de vos mouvements peut vous conférer une grande dextérité manuelle tandis qu'une grande maîtrise de votre mental peut fortement contribuer à votre évolution spirituelle.

Vous pouvez être doué pour les études difficiles, pour les travaux intellectuels ou des recherches pénibles et complexes et pour acquérir un vaste savoir sans en être esclave et sans que celui ci nuise à votre évolution. Parce que l'aspect dissonant Mercure Saturne sensibilise aux problèmes et difficultés pour apprendre, comprendre, parler, écouter et se déplacer, il peut chez certaines personnes prédisposer à aider celles et ceux qui ont de telles difficultés. Quand la relation Mercure-Saturne est vécue en conscience, votre mental, votre besoin d'être informé, votre sens de l'adaptation et de la communication tendent à être encadrés, disciplinés, maîtrisés et utilisés pour construire et vous construire, pour prendre conscience de l'ordre et des structures de la vie et de votre vie, pour acquérir un plus grand sentiment de sécurité, pour vous ancrer dans la matière et pour évoluer.

Vous avez tendance à communiquer et à vous exprimer avec calme, sérieux et gravité. Parce que vous êtes conscient du poids des mots et des conséquences de ce que vous pouvez dire ou ne pas dire, vous réfléchissez avant de vous exprimer et vous montrez exigent quant au choix et à la qualité des informations que vous donnez ou que vous recherchez. Vous n'aimez guère parler pour ne rien dire. Votre grande honnêteté intellectuelle vous incite à dire ce que vous pensez, à penser ce que vous dites et à tenir vos engagements lorsque vous donnez votre parole.

Vous avez un sens critique développé et une facilité pour remettre en cause les idées reçues. Vous acceptez rarement d'emblée une information ou une idée nouvelle et avez besoin de vérifier sa validité, sa valeur et la qualité des informations qui vous parviennent. Vous apprenez et comprenez assez lentement, et vous avez une mentalité simple, mais lorsque l'information a été enregistrée, c'est définitif.

Vous n'êtes donc pas une personne que l'on peut acheter ou à qui on peut faire "avaler " n'importe quoi, surtout quand il s'agit d'informations fournies par la société. Si vous êtes capable d'écouter et de comprendre, c'est pour mieux prendre du recul. Vous préférez vous informer par vous-même et construire vos raisonnements personnels en fonction de vos propres expériences et en fonction de vos croyances profondes. Vous accordez beaucoup d'importance à la vérité, au respect de l'autre et de vous-même dans tout échange d'informations et dans tout dialogue.

Votre intelligence tend à être secondaire dans le sens ou vous idées s'élaborent lentement et mettent un certain temps avant de s'encrer dans votre conscience. Vous avez tendance à résister à toute idée nouvelle et à ne pouvoir penser qu'à une seule chose à la fois. Vous pouvez être très économe en paroles, réservé et souvent silencieux.

Face à une rencontre nouvelle ou un premier contact, vous pouvez être réservé, distant voire méfiant. Vous n'abordez pas facilement une personne inconnue et avez besoin de temps et de confiance pour entrer en contact avec l'autre. Vous devez parfois faire des efforts pour vous extérioriser et pour vous exprimer. Vous avez tendance à être exigent dans le choix de vos relations, à sélectionner vos contacts et à rechercher des relations profondes. Quand vous réfléchissez et communiquez, vous êtes détaché et présent sans être présent. Cela vous permet d'engager la conversation et de nouer des contacts qui pour vous restent impersonnels parce que vous savez ne pas vous impliquer émotionnellement. Si cela facilite les échanges dans le monde du travail, cela rend cependant plus difficile les contacts personnels où l'échange émotionnel entre en jeu.

Par contre, lorsqu'un contact est établi et qu'un dialogue s'installe, vous avez besoin d'aller plus loin, d'expérimenter, d'approfondir, et, lorsqu'il s'agit de contacts personnels, de construire une relation et d'évoluer grâce à cette relation. Votre entourage proche peut ainsi contribuer à votre évolution, à votre maturation, à votre structuration ou à vos recherches.

Vous aimez les contacts utiles et savez trouver un sens et une utilité à tout échange ou à toute relation. Vous pouvez avoir tendance à faire preuve d'une certaine rigidité intellectuelle voire de fanatisme dans le sens où lorsque vous avez une idée en tête, vous admettez difficilement qu'elle soit contredite. Vous êtes alors peu influençable mais aussi peu disponible pour l'échange, pour la communication et rendez parfois le dialogue très compliqué.

Parce que l'information et vos idées sont pour vous une source de sécurité, vous pouvez avoir tendance à vous accrocher obstinément à vos idées, même si celles ci ne sont pas objectives. Vos idées prennent parfois la forme de vérités incontournables et définitives et vous admettez parfois difficilement que vous avez tort, ce qui peut arriver, malgré l'objectivité dont vous savez faire preuve.

On dit aussi de votre intelligence qu'elle est réaliste, pragmatique, concrète, pratique, méthodique, stratégique, calculatrice, rigoureuse, expérimentale, précise, patiente et profonde. Votre rigueur intellectuelle et vos capacités de concentration ne vous empêchent cependant pas d'être disponible, de garder une certaine souplesse et d'avoir l'esprit ouvert, à l'écoute de toute information ou de toute rencontre nouvelle. Votre sens pratique et votre réalisme vous aide à vous adapter à votre environnement.

Vous avez surtout besoin d'organiser vos idées, de contrôler l'information, de structurer le tout de façon ordonnée et logique, d'aller au fond des choses et d'approfondir. Vous apprenez parfois que si vous approfondissez et vous n'approfondissez que si vous êtes intéressé. Ce qui vous intéresse et suscite votre curiosité doit vous faire mûrir, vous ouvrir des portes et vous permettre de faire des découvertes. Et vous avez besoin de calme, de silence, de solitude et d'isolement pour pouvoir étudier et pour réfléchir. Chez vous, une idée en amène toujours d'autres et s'accompagne de nombreuses questions. Votre évolution mentale peut ressembler à un cheminement ou à une quête perpétuelle d'informations. Il y a d'après vous toujours des choses à découvrir et à apprendre. Si vous savez accumuler des connaissances en vrac, vous sélectionnez et triez l'information pour ne retenir que l'essentiel, que ce qui peut vous être utile.

Votre puissant pouvoir de concentration et votre aptitude à la méditation, votre capacité à faire des efforts, votre capacité à prendre du recul, votre sens des structures et de l'organisation, votre capacité à tenir compte du facteur temps, votre excellente mémoire et la profondeur de vos raisonnements peuvent vous rendre apte à comprendre les systèmes, les structures et les fondements de la vie, à manier les chiffres et les symboles, à élaborer, à utiliser des concepts et des théories complexes.

Vous pouvez ainsi être très doué pour faire de la recherche. Vos capacités intellectuelles peuvent vous conférer des facilités pour des disciplines comme l'architecture, les maths, la physique, les sciences exactes et pour tout ce qui nécessite rigueur et précision. Elles peuvent aussi vous permettre de gérer des informations ou des documents, que se soit chez vous ou dans votre vie professionnelle. Il vous faut comprendre l'ordre du monde et répondre aux multiples questions tant existentielles et pratiques qui peuvent surgir dans votre mental. Parce que vous êtes difficilement satisfait de votre savoir et parce que vous avez facilement l'impression qu'il vous manque toujours des réponses ou des informations, vous pouvez être tenté d'accumuler des connaissances ou de vous orienter vers une activité en rapport avec l'information (librairie, bibliothèque, archives).

Parce que l'intellect peut être pour vous un moyen d'élévation, un moyen de vous construire, un moyen d'acquérir une plus grande sécurité et une plus grande paix intérieure, un moyen d'effectuer une recherche de vérité, un moyen d'expérimenter et un moyen de mûrir, vous pouvez avoir un besoin, un goût et la profondeur mentale nécessaire pour étudier les philosophies, les religions, la psychologie, l'astrologie, la métaphysique et l'ésotérisme. Vous pouvez ainsi être apte à pénétrer les mystères de l'existence terrestre et acquérir une certaine érudition voire une certaine sagesse.

## ASPECT HARMONIQUE MERCURE-URANUS

Il y a dans votre thème astral une relation permanente, continue et symbiotique entre Mercure et Uranus qui s'expriment en vous comme deux partenaires. Comme vous êtes sensible aux effets positifs que chacune des fonctions à sur l'autre, vous tendez à croire que lorsque vous vivez l'une des fonctions, alors l'autre viendra systématiquement la soutenir. Vous tendez ainsi à récolter le meilleur de chacune de ces deux fonctions psychologiques et des expériences qui y sont associées.

Votre mental, votre besoin d'être informé, votre sens de l'adaptation et de la communication tendent à être encadrés, disciplinés, maîtrisés et utilisés pour affirmer votre spécificité, pour vous dépasser afin de progresser, pour vous libérer, pour évoluer psychologiquement, pour faire des projets, pour vous projeter dans l'avenir, pour vous organiser afin de gagner du temps, pour vous adapter au monde moderne, pour vous faire des ami(e)s etc.

Avec Mercure Uranus, vous pouvez être doté d'une intelligence et d'un sens de l'adaptation exceptionnels, notamment lorsque vous êtes face à l'inconnu, à l'imprévu et à la nouveauté, lorsqu'il s'agit de trouver des solutions ou d'aider autrui, lorsque vous participez à une action de groupe ou lorsqu'il s'agit d'élargir votre vision de votre environnement pour atteindre une dimension plus universelle.

Si vous savez analyser et raisonner avec rigueur et avec beaucoup de justesse, c'est parce que votre mental n'est pas brouillé par des désirs, par des sentiments malsains, par des mauvaises intentions ou par d'autres interférences. Vous comprenez vite, réfléchissez vite, apprenez vite et assimilez facilement. Vos idées tendent à être claires, nettes et précises. Vous savez organiser l'information et la retransmettre clairement. Vous savez trouver les mots justes pour dire ce que vous avez à dire et aborder un même discours sous des angles différents.

Vous avez le besoin et la capacité de maîtriser l'information et vous pouvez devenir un spécialiste de la communication ou de l'analyse. Lorsque quelque chose vous intéresse et lorsqu'une information suscite votre curiosité, il vous faut approfondir, améliorer vos connaissances, les organiser d'une façon logique, les expérimenter, rencontrer les personnes susceptibles de vous informer et maîtriser le sujet.

Les personnes que vous croisez sur votre chemin, des rencontres inattendues ou ce qui n'est au départ qu'une simple curiosité peut chez vous déboucher sur une vocation, et vous permettre d'acquérir des convictions, des principes et des certitudes.

Elles peuvent aussi vous libérer et vous éveiller psychologiquement. Et inversement, votre spécialité, votre vocation, votre spécificité, vos certitudes ou vos convictions peuvent déboucher sur des rencontres intéressantes et sur des expériences nouvelles.

Votre aptitude à vous concentrer, à être sérieux et rigoureux dans votre discours, à focaliser vos énergies dans une direction spécifique et à vous spécialiser ne vous empêche pas d'être disponible, de rester ouvert à l'imprévu, de garder le sourire ou d'être à l'écoute d'autres points de vue. Vous savez imposer vos idées et vos convictions avec humour.

Inversement, votre tendance à vous intéresser à des personnes, des sujets ou des expériences diverses et variées ne vous empêchent pas de rester concentré sur la voie que vous vous êtes tracée et sur un projet spécifique. De même, vous savez être disponible pour dialoguer, en adaptant votre langage en fonction de l'autre sans pour autant mettre de coté vos convictions et votre propre vision des choses.  Vous avez besoin d'être intéressé pour vous concentrer ou pour focaliser longtemps votre attention sur un sujet particulier. Il vous faut également, pour communiquer, pour vous adapter ou pour vous intéresser à quelque chose, de l'ordre, de la logique, de la liberté, de la démocratie, de l'originalité et de l'imprévu.

Vous vous rebellez facilement contre ceux qui cherchent à vous imposer des idées qui vous sont étrangères ou qui par le langage cherchent à vous manipuler.  Vous avez besoin de vous détacher des idées reçues, des acquisitions du passé, des conditionnements socioculturels, des vérités empiriques et des préjugés qui vous parviennent pour exprimer vos propres idées ou pour élaborer des idées nouvelles. Votre besoin de ne pas communiquer et de ne pas penser comme les autres vous poussent également à vous exprimer en fonction de vos conceptions personnelles.

La communication, un savoir et votre faculté d'adaptation peuvent être un moyen pour vous d'être différent et d'affirmer votre individualité. Vous vous exprimez d'une manière franche, catégorique et sincère. Vous aimez la vérité et le parlez vrai.

Vous avez besoin, pour adopter une idée, de l'expérimenter et de la tourner dans tous les sens possibles et imaginables. Et lorsque vous avez adopté une idée, celle ci prend parfois la forme d'une conviction irrévocable ou d'une vérité céleste. Vous pouvez alors avoir les idées fixes et il peut être très difficile de vous convaincre lorsque vous avez tort, ce qui arrive parfois malgré votre grande objectivité.

Votre intelligence tend à être fondée sur la raison expérimentale mais aussi sur l'intuition. Elle tend à être influencée par des énergies cosmiques à haute tension. Cet apport d'énergie a pour but de vous faire participer au progrès technique, psychologique ou sociale de votre société, de vous permettre de trouver des solutions aux difficultés qui peuvent se présenter dans votre environnement ou de faire évoluer les choses de façon pratique là où vous êtes.

Ces énergies cosmiques à haute tension peuvent vous rendre vif, nerveux, survolté, tendu, brusque, instable et imprévisible dans vos réactions, dans vos relations et dans votre discours. Vous pouvez ainsi avoir des irruptions d'informations dans votre mental, des inspirations soudaines et des intuitions providentielles vous permettant de trouver des solutions originales et ingénieuses. Vous pouvez quelquefois devenir un intermédiaire, un messager ou un canal entre l'univers et les Hommes.

Ce lien avec des forces universelles peut vous rendre sensible à la présence d'êtres invisibles qui vous montrent le chemin, comme à l'aide d'une torche, pour parvenir à votre liberté individuelle et pour faire ce qu'il y a de mieux à faire en toute circonstance. Vous pouvez être intimement convaincu que le ciel vous aidera si vous vous aidez vous-même.

Vous pouvez facilement vous sentir responsable de ce que vous dites et de ce qui vous arrive parce que vous comprenez que ce que chacun porte en soi engendre les événements équivalents dans le monde extérieur. Vous ne croyez donc en général pas au "hasard " et tendez à rendre autrui responsable de ce qui leur arrive. Cela vous rend exigeant et intransigeant.

Votre mental peut vous permettre de ressentir le plan divin, d'accéder aux mystères et aux lois qui gouvernent l'âme humaine, de percevoir les coïncidences ou les signes du hasard, d'être en harmonie avec les lois cosmiques et d'entrevoir un monde nouveau et meilleur. Il peut vous rendre très sensible à tout ce qui est synonyme d'espoir.

L'influence d'Uranus peut vous permettre de purifier et de nettoyer votre mental, de vous libérer des angoisses et des craintes engendrées par le mental d'être en avance sur votre époque par vos conceptions ou par votre capacité à anticiper et à voir l'avenir. Elle peut aussi vous permettre de comprendre mentalement les états psychologiques des personnes qui vous sont proches, les vérités éternelles et les lois cosmiques. Ces capacités peuvent faciliter votre adaptation à l'environnement et vous conférer une certaine chance parce que vous savez être au bon endroit au bon moment et parce que vous employez des mots percutants qui donnent le maximum de résultats.

Votre facilité pour comprendre la technique, la nature humaine et les sciences humaines ( l'astrologie, la psychologie et la sociologie), pour vous adapter au monde moderne, pour parler un langage universel et pour trouver des solutions ingénieuses et pratiques à toute difficulté d'ordre humaine, psychologique ou technologique peut vous orienter vers une spécialisation dans les techniques de pointes, dans des activités avant-gardistes, dans les métiers où vous pouvez apporter évolution et progrès.

Votre sens psychologique peut être très développé et il peut faciliter votre adaptation à votre environnement, vos échanges et votre relationnel. Vous pouvez être doué pour trouver des applications pratiques à toute théorie, découverte, invention, formule ou idée, pour perfectionner des théories déjà existantes et pour inventer de nouveaux outils ou produits susceptibles d'améliorer la vie de tous les jours dans votre environnement proche ou dans celui des autres.

Vous pouvez aussi être doué pour élaborer des projets, pour maîtriser et organiser les flux d'informations et pour manier des idées ou des concepts complexes. En revanche, Mercure Uranus peut quelquefois vous prédisposer à trop rester au niveau de l'idée ou du concept au détriment des applications concrètes, de l'émotion et de la mise en pratique.

Vous ressentez facilement le besoin d'éclaircir les idées d'autrui ou de libérer ceux qui font partie de votre environnement de leur préjugés et de leurs conceptions erronées. Cela vous incite parfois à poursuivre une véritable entreprise de démystification. Vous savez mobiliser votre intelligence, votre sens de l'adaptation et votre ingéniosité lorsque vous libérez l'Homme de ses attaches terrestres, pour l'avancement de la connaissance, pour explorer des voies nouvelles et pour ouvrir la porte à de nouveaux horizons. Votre intelligence tournée vers le futur vous permet de vous projeter dans l'avenir et peut vous rendre habile dans tout ce qui concerne la prévision.

Vous savez néanmoins vivre en fonction des circonstances présente, mais avec une organisation qui laisse une certaine part d'imprévus. Vous avez besoin d'une grande liberté de mouvement. Vous aimez vous déplacer à l'improviste et faire des rencontres originales et inattendues.

Si vous avez besoin d'exprimer librement vos idées, vous avez aussi besoin de vous détacher de votre intellect, de voir l'intelligence comme un simple outil, de vous élever au-dessus de votre intelligence vers un état plus spirituel et de vous libérer de l'esclavage de l'intellect qui est si fréquent en Occident.

Une idéologie, des valeurs spirituelles ou vos amis ont parfois contribués au développement de votre savoir, de votre intelligence ou de vos facultés d'adaptation pratique. Inversement, votre savoir, vos connaissances ou vos relations peuvent contribuer à votre évolution psychologique. Votre idéologie, vos convictions, vos valeurs spirituelles et vos projets peuvent être fondés sur les valeurs mercuriennes de communication et d'organisation, d'adaptation et de service. Votre sens de la fraternité est très développé ce qui vous permet de vous faire de nombreux amis mais aussi de rencontrer des personnes qui vous font progresser. Vous avez un coté humain. Vous appréciez les amis intelligents, avec lesquels vous pouvez échanger des idées, découvrir des lieux nouveaux et vous divertir. L'espoir peut jouer un rôle important dans votre processus mental et vous pouvez avoir l'aptitude à susciter l'espoir lorsque vous communiquez.

## ASPECT DISSONANT/DYNAMIQUE MERCURE-URANUS

Il y a dans votre thème astral une relation permanente, mais discontinue, dissociée, duelle, tendue et conflictuelle, entre Mercure (le mental) et Uranus (votre besoin de liberté, votre intelligence psychologique et technologique), car ces deux planètes vibrent en vous à deux fréquences totalement différentes. Chaque planète veut s'exprimer, à sa façon, à travers vous et tend à considérer l'autre comme une rivale ou comme une perturbatrice. Vous avez alors tendance, soit à exprimer l'une puis l'autre des planètes d'une façon excessive, soit à vivre l'une des planètes et à rejeter l'autre parce que vous la considérez comme perturbatrice, parce que vous voyez son côté sombre plus que son côté lumineux.

Tant que vous nourrissez ce conflit à l'intérieur de vous, vous récoltez le moins bon de chacune des deux fonctions psychologiques et des expériences qui y sont associées. La solution, que vous verrez plus bas dans le texte, est de vivre chaque fonction en pleine conscience et de savoir alterner rapidement et consciemment, entre chacune des deux fonctions psychologiques représentées par la planète. Vous transformez ainsi une relation conflictuelle en une grande force et vous vivez cette relation de façon consciente et dynamique. Cette facette de votre personnalité peut initialement engendrer, lorsqu'elle n'est pas maîtrisée, des difficultés à écouter, à entendre, à communiquer et à vous adapter mais aussi des difficultés à vous organiser et à trouver la paix intérieure de par un conflit ou une dissociation entre votre besoin de communication et votre besoin de virtualité, entre votre besoin de créer des liens fraternels et votre besoin d'indépendance, entre votre besoin de liberté et votre besoin de vous adapter, entre votre besoin de vous concentrer et votre curiosité.

Vous avez alors tendance à incarner plusieurs scénarios, en alternant parfois de l'un à l'autre.

## Scénario 1 : Le mental domine et Uranus est rejeté ou mal intégré à votre personnalité.

Vous vivez votre Mercure lorsque vous communiquez, lorsque vous faîtes des rencontres intéressantes, lorsque vous cherchez à vous informer, à brasser des idées pour apprendre et comprendre, lorsque vous exprimez votre curiosité et multipliez vos centres d'intérêts, lorsque vous êtes en mouvement et lorsque vous vous adaptez à l'environnement.

Vous pouvez alors être fortement sensibilisé aux effets perturbateurs que peuvent causer la discipline, l'affirmation de votre spécificité, l'indépendance et l'autonomie, la logique, l'espoir, les idéologies, le développement spirituel, les technologies modernes, le progrès, les contraintes, les obligations, la nouveauté, l'imprévu, l'évolution psychologique et l'amitié. Peut-être avez-vous peur de devenir inadapté, de perdre votre liberté de mouvement ou de ne plus pouvoir communiquer si vous affirmez votre spécificité, votre originalité ou vos différences, si vous évoluez spirituellement ou si vous êtes autonome et indépendant?

Un rejet de ce que représente Uranus peut vous donner des difficultés à être autonome, à vous affirmer et vous à exprimer clairement, à vous imposer, à focaliser vos énergies et vos idées vers un but spécifique, à élargir votre cadre de référence au-delà de votre environnement proche, à vous discipliner, à organiser l'information de façon logique, à vous spécialiser, ou à utiliser les moyens, les outils et les techniques modernes lorsqu'il s'agit de vous adapter, de vous déplacer, d'être bien informé et de communiquer.

Vous avez peut-être des difficultés à être sociable, humain et fraternel, à vous affranchir des conditionnements d'ordre mentaux imposés par votre environnement, à évoluer psychologiquement, à utiliser votre mental pour vous libérer, à trouver des solutions adaptées aux problèmes rencontrés dans votre environnement, à aider autrui ou à accepter l'aide d'autrui.
Vous éprouvez peut-être des difficultés à avoir de l'espoir ou à percevoir tout ce qui est synonyme d'espoir, à entrevoir un monde nouveau et meilleur, à faire le ménage dans votre environnement, à faire preuve de sens psychologique, à adhérer à un groupe, à un mouvement idéologique ou syndical, à faire des projets et à vous projeter dans l'avenir, à vous adapter à la nouveauté et à l'imprévu, à tourner la page et à changer de cap quand cela est nécessaire, à adhérer aux valeurs spirituelles, à supporter la tension et à créer ou entretenir des relations amicales.

Vous pouvez également avoir du mal à prendre conscience du plan divin, des vérités cosmiques ou des lois éternelles, à vous adapter aux demandes de la nécessité, à percevoir les signes du ciel et du hasard et à croire en la possibilité d'une aide supérieure. Une tendance à ne pas toujours être en harmonie avec l'ordre des choses, à ne pas toujours être au bon moment, au bon endroit ou à faire ce qui est nécessaire quand cela est nécessaire au sein de votre environnement peut vous attirer des tuiles ou des imprévus désagréables.

## Scénario 2 : Uranus, votre besoin de liberté, domine et le mental est rejeté ou mal intégré.

Lorsque vous vivez votre Uranus, vous participez au progrès de la société, à une action de groupe. Vous vous adaptez au monde moderne, vous êtes dans une relation d'aide ou vous vous consacrez à votre développement personnel. Vous nouez des relations amicales ou sociales, vous cherchez à maîtriser votre trajectoire, vous affirmez votre spécificité et vos convictions personnelles.

Vous pouvez alors être sensibilisé aux effets perturbateurs que peuvent causer la spontanéité, la disponibilité, l'influence de l'entourage, ce qui se raconte autour de vous, votre savoir ou votre manque de savoir, votre sens de l'adaptation, votre liberté de mouvement et la communication. Vous pouvez alors avoir des difficultés à vous intéressez à la société qui vous entoure et à comprendre les mécanismes sociaux, humains et politiques qui la régissent, à utiliser votre intelligence et votre sens des contacts pour évoluer psychologiquement et pour vous adapter à la vie moderne.

Vous pouvez également avoir du mal à communiquer efficacement et suffisamment avec vos relations amicales, à faire preuve de souplesse, de mobilité et d'ingéniosité, à vous distraire et à vous détendre, à vous divertir et à user de l'humour, à être bien informé, à maîtriser vos déplacements et à vous adapter intelligemment.

## Scénario 3 : Votre mental est dominant en excès.

L'influence excessive de Mercure peut se traduire par une tendance à trop réfléchir, à vouloir toujours savoir, analyser et comprendre, ou inversement une tendance à rester à la surface des choses sans approfondir, à dilapider votre énergie dans des paroles inutiles, à vous disperser, à vous sentir concerné que par ce qui vous intéresse, vous amuse ou par ce qui peut vous être utile, à abuser de votre sens de l'humour, à mener une vie futile ou superficielle, à déformer la vérité ou à être tellement curieux que tout et n'importe quoi vous intéresse. Un manque de discipline et de sérieux, une tendance à l'instabilité et à la dispersion peut gêner votre affirmation individuelle ou vous empêcher de vous concentrer longtemps sur un projet spécifique.

## Scénario 4 : Votre système nerveux surchauffe et votre besoin de liberté domine en excès.

L'influence d'Uranus peut se traduire par un besoin excessif de liberté et d'indépendance dans vos conceptions intellectuelles, lorsque vous vous adaptez à votre environnement, lorsque vous communiquez et lorsque vous vous exprimez. Vous avez besoin de vous affranchir de ce qu'on vous a appris, de votre culture, des idées reçues, du savoir intellectuel et des influences éventuelles venant de votre environnement.

Vous pouvez être très sensible aux limites des idées, des formes de pensée traditionnelles, des moyens d'information. Cela peut parfois vous inciter à les déstabiliser à travers des idées ou des conceptions nouvelles. Un besoin excessif de liberté d'expression ou un besoin excessif de ne pas penser ou communiquer comme les autres peut vous conférer un esprit révolté, des idées excentriques, des difficultés pour vous faire comprendre ou une tendance à raconter n'importe quoi.

Un besoin excessif de rigueur, de toujours tout prévoir, de vous maîtriser et de maîtriser votre environnement peut limiter votre spontanéité. Peut-être recherchez-vous de façon excessive la perfection ou une maîtrise totale dans votre langage ou dans vos mouvements, mais au détriment de la souplesse? Un besoin de rapidité, une tendance à être excessivement concentré sur ce que vous allez dire, une impatience à communiquer et un fonctionnement mental capable de brasser et d'associer des données à la vitesse de l'éclair peut vous permettre d'arriver à des conclusions sans passer par des processus de raisonnement analytique traditionnels. Vous ne prenez alors pas toujours le temps d'écouter autrui et d'entrer dans son cadre de référence.

Une tendance à exprimer des choses simples de façon très compliquée, à concevoir des solutions ou des projets irréalistes ou trop complexes pour être adaptable dans votre environnement ou à avoir un langage et un mode d'expression excessivement schématisé, stéréotypé et robotisé ne facilitent pas l'échange et la communication. Mais peut-être que vos idées et votre remarquable intelligence sont simplement avant-gardiste et trop en avance sur votre époque pour être accessibles à tous.

Vos idées, vos solutions ou vos conceptions s'imposent parfois avec une telle force de l'évidence qu'elles deviennent parfois synonymes de vérités universelles, de lois divines qui doivent impérativement être adoptées et de convictions irrévocables. Vous avez parfois les idées fixes voire rigides à un tel point qu'il peut être difficile de vous faire changer d'avis, de négocier et de dialoguer ouvertement avec vous.

De tels comportements ont pu avoir lieu notamment durant l'adolescence, causant ainsi des situations tendues et quelques fois des difficultés d'adaptation. Vos convictions, vos certitudes, vos idées fixes et votre rigidité mentale peuvent alors nuire à votre ouverture d'esprit et vous empêcher d'écouter ou d'entendre, d'être ouvert à d'autres informations ou à de nouvelles rencontres, de voir les choses sous un autre angle, d'aller voir ailleurs ce qui se passe et d'avoir des idées nouvelles.

Vous avez aussi parfois un goût pour les relations explosives. Vous pouvez aussi être tellement pris par les contraintes et la discipline que vous vous imposez, par la conception d'un projet, par des relations d'aide ou par des relations amicales, par votre spécialité ou par l'affirmation de votre individualité que vous n'avez plus le temps ou la disponibilité pour vous consacrer à ce qui vous intéresse, pour vous distraire, pour être proche de ceux qui sont dans votre environnement, pour discuter avec ceux qui sont dans votre entourage, pour pouvoir réfléchir à des sujets qui éveillent votre curiosité et pour être bien informé.

Votre mental, votre besoin de mouvement et de communication, votre sens de l'adaptation sont influencés par des énergies cosmiques à haute tension venant de l'inconscient collectif mais sans que vous maîtrisiez forcément très bien cette influence. Une difficulté à gérer ces énergies peut se traduire par les différents symptômes propres à la paranoïa, c'est à dire par une tendance à vous sentir constamment persécuté et à être susceptible, par une surtension nerveuse mal contrôlée qui peut vous rendre survolté, par une tendance à être excessivement exigent, irritable et intolérant, par des sautes d'humeurs, par des comportements déstabilisants, et parfois par une violence verbale.

Cette paranoïa peut également conférer une difficulté à établir des relations avec autrui, en se situant autrement qu'en sauveur ou en dominant tendant la main à un dominé, ou autrement dit lorsqu'une supériorité affichée n'est pas reconnue ainsi qu'une tendance à imposer vos idées d'une façon autoritaire et antidémocratique. Il peut alors être difficile de discuter et de négocier avec vous.

Si l'influence d'Uranus peut vous apporter une exceptionnelle maîtrise de vous-même elle peut aussi induire une sécheresse de cœur, un coté dur et une tendance à l'indifférence qui cache souvent une certaine vulnérabilité émotionnelle. Mercure Uranus peut conférer une instabilité mentale, une nervosité et une mobilité excessive, des troubles ou des tics du langage et une tendance à la spasmophilie lorsque l'énergie et la tension mentale conférée par Uranus n'est pas utilisée ou canalisée constructivement. Il peut être synonyme de fanatisme intellectuel, d'un esprit sectaire et de comportements froids, durs et antisociaux.

## Expression positive consciente et naturelle : Lorsque vous apprenez à maîtriser cette partie de votre personnalité et à utiliser toute sa richesse et lorsque vous avez fait le chemin pour exprimer cette relation en pleine conscience et d'une manière positive.

Pour transformer la relation Mercure-Uranus dissociée en relation consciente et dynamique, il peut être utile d'effectuer un travail sur vos capacités de communication et d'adaptation, sur le rôle que doivent avoir l'information, le mouvement et le jeu dans votre vie et aussi sur le rôle que doivent avoir au sein de votre personnalité et dans votre vie la société moderne, la nouveauté, les projets, la virtualité et les ordinateurs, le groupe, les ami(e)s, l'autonomie, la liberté, la relation à l'univers, le progrès. Un travail sur la conscience corporelle (Tai-chi, Tantrisme), un travail sur la respiration (yoga) et un peu de sport peuvent vous faire le plus grand bien.

Les deux planètes peuvent être vécues dans des états d'esprit, dans des lieux ou à des moments très différents, de façon à ce que chacune rectifie l'autre au moindre excès. Vous pouvez alors vivre des moments où vous êtes dans une dynamique d'ouverture et d'exploration, où vous vous divertissez et vous distrayez dans la détente, où vous êtes disponible pour faire des rencontres amusantes et pour vous consacrer à ce qui vous intéresse, où vous êtes en mouvement, où vous communiquez avec votre environnement proche et où vous vous informez pour vous adapter.

Puis vous pouvez vivre d'autres moments où vous assumez vos obligations et vos responsabilités, où vous vous concentrez sur un projet spécifique, sur votre propre évolution ou sur une relation d'aide, où vous vous occupez de votre avenir, où vous vous adaptez à la vie moderne et à ses technologies et où vous affirmez vos convictions et vos valeurs personnelles. Vous savez alors détendre l'atmosphère ou vous détendre quand la situation devient trop tendue tout comme vous savez faire les rappels à l'ordre nécessaires lorsque vous vous écartez trop de la ligne de conduite ou des responsabilités que vous vous êtes définies.

Bien maîtrisée, la relation Mercure-Uranus peut vous conférer un ensemble d'aptitudes qui sont alors vécues d'une façon très consciente et dynamique.

Vous pouvez alors avoir une compréhension ultra rapide des mécanismes matériels et psychologiques qui régissent l'univers visible et invisible et de ce qui se passe dans votre environnement, une intelligence exceptionnelle capable de révolutionner les modes de pensée, des dons d'inventeurs, une capacité à libérer autrui par la parole, un sens de l'adaptation et de la communication hors du commun, une maîtrise exceptionnelle de vos mouvements, une grande rapidité de réflexes ainsi qu'une capacité à maîtriser les technologies modernes et à exploiter des systèmes d'informations complexes.

Quand la relation Mercure-Uranus est vécue en conscience, votre mental, votre besoin d'être informé, votre sens de l'adaptation et de la communication tendent à être encadrés, disciplinés, maîtrisés et utilisés pour affirmer votre spécificité, pour vous dépasser afin de progresser, pour vous libérer, pour évoluer psychologiquement, pour faire des projets, pour vous organiser afin de gagner du temps, pour vous adapter au monde moderne et pour vous faire des ami(e)s.

Vous pouvez alors être doté d'une intelligence et d'un sens de l'adaptation exceptionnel, notamment lorsque vous êtes face à l'inconnu, à l'imprévu et à la nouveauté, lorsqu'il s'agit de trouver des solutions ou d'aider autrui, lorsque vous participez à une action de groupe ou lorsqu'il s'agit d'élargir votre vision de votre environnement pour atteindre une dimension plus universelle. Si vous savez analyser et raisonner avec rigueur et avec beaucoup de justesse, c'est parce que votre mental n'est pas brouillé par des désirs, par des sentiments malsains, par des mauvaises intentions ou par d'autres interférences. Vous comprenez vite, réfléchissez vite, apprenez vite et assimilez facilement. Vos idées tendent à être claires, nettes et précises. Vous savez organiser l'information et la retransmettre clairement. Vous savez trouver les mots justes pour dire ce que vous avez à dire et aborder un même discours sous des angles différents.

Vous avez le besoin et la capacité de maîtriser l'information et vous pouvez devenir un spécialiste de la communication ou de l'analyse. Lorsque quelque chose vous intéresse et lorsqu'une information suscite votre curiosité, il vous faut approfondir, améliorer vos connaissances, les organiser d'une façon logique, les expérimenter, rencontrer les personnes susceptibles de vous informer et maîtriser le sujet.

Les personnes que vous croisez sur votre chemin, des rencontres inattendues ou ce qui n'est au départ qu'une simple curiosité peut chez vous déboucher sur une vocation, et vous permettre d'acquérir des convictions, des principes et des certitudes. Elles peuvent aussi vous libérer et vous éveiller psychologiquement.

Et inversement, votre spécialité, votre vocation, votre spécificité, vos certitudes ou vos convictions peuvent déboucher sur des rencontres intéressantes et sur des expériences nouvelles. Votre aptitude à vous concentrer, à être sérieux et rigoureux dans votre discours, à focaliser vos énergies dans une direction spécifique et à vous spécialiser ne vous empêche pas d'être disponible, de rester ouvert à l'imprévu, de garder le sourire ou d'être à l'écoute d'autres points de vue.

Vous savez imposer vos idées et vos convictions avec humour. Inversement, votre tendance à vous intéresser à des personnes, des sujets ou des expériences diverses et variées ne vous empêchent pas de rester concentré sur la voie que vous vous êtes tracée et sur un projet spécifique. De même, vous savez être disponible pour dialoguer, en adaptant votre langage en fonction de l'autre sans pour autant mettre de coté vos convictions et votre propre vision des choses.

Vous avez besoin d'être intéressé pour vous concentrer ou pour focaliser longtemps votre attention sur un sujet particulier. Il vous faut également, pour communiquez, pour vous adaptez ou pour vous intéresser à quelque chose, de l'ordre, de la logique, de la liberté, de la démocratie, de l'originalité et de l'imprévu. Vous vous rebellez facilement contre ceux qui cherchent à vous imposer des idées qui vous sont étrangères ou qui par le langage chercherait à vous manipuler. Vous avez besoin de vous détacher des idées reçues, des acquisitions du passé, des conditionnements socioculturels, des vérités empiriques et des préjugés qui vous parviennent pour exprimer vos propres idées ou pour élaborer des idées nouvelles. Votre besoin de ne pas communiquer et de ne pas penser comme les autres vous poussent également à vous exprimer en fonction de vos conceptions personnelles.

La communication, un savoir et votre faculté d'adaptation peuvent être un moyen pour vous d'être différent et d'affirmer votre individualité. Vous vous exprimez d'une manière franche, catégorique et sincère. Vous aimez la vérité et le parlez vrai. Vous avez besoin, pour adopter une idée, de l'expérimenter et de la tourner dans tous les sens possibles et imaginables.

Et lorsque vous avez adopté une idée, celle ci prend parfois la forme d'une conviction irrévocable ou d'une vérité céleste. Vous pouvez alors avoir les idées fixes et il peut être très difficile de vous convaincre lorsque vous avez tort, ce qui arrive parfois malgré votre grande objectivité. Votre intelligence tend à être fondée sur la raison expérimentale mais aussi sur l'intuition. Elle tend à être influencée par des énergies cosmiques à haute tension. Cet apport d'énergie a pour but de vous faire participer au progrès technique, psychologique ou sociale de votre société, de vous permettre de trouver des solutions aux difficultés qui peuvent se présenter dans votre environnement ou de faire évoluer les choses de façon pratique là où vous êtes.

Ces énergies cosmiques à haute tension peuvent vous rendre vif, nerveux, survolté, tendu, brusque, instable et imprévisible dans vos réactions, dans vos relations et dans votre discours. Vous pouvez ainsi avoir des irruptions d'informations dans votre mental, des inspirations soudaines et des intuitions providentielles vous permettant de trouver des solutions originales et ingénieuses. Vous pouvez quelquefois devenir un intermédiaire, un messager ou un canal entre l'univers et les Hommes.  Ce lien avec des forces universelles peut vous rendre sensible à la présence d'êtres invisibles qui vous montrent le chemin, comme à l'aide d'une torche, pour parvenir à votre liberté individuelle et pour faire ce qu'il y a de mieux à faire en toute circonstance. Vous pouvez être intimement convaincu que le ciel vous aidera si vous vous aidez vous-même.

Vous pouvez facilement vous sentir responsable de ce que vous dites et de ce qui vous arrive parce que vous comprenez que ce que chacun porte en soi engendre les événements équivalents dans le monde extérieur. Vous ne croyez donc en général pas aux "hasard " et tendez à rendre autrui responsable de ce qui leur arrive.

Cela vous rend exigeant et intransigeant. Votre mental peut vous permettre de ressentir le plan divin, d'accéder aux mystères et aux lois qui gouvernent l'âme humaine, de percevoir les coïncidences ou les signes du hasard, d'être en harmonie avec les lois cosmiques et d'entrevoir un monde nouveau et meilleur. Il peut vous rendre très sensible à tout ce qui est synonyme d'espoir.

L'influence d'Uranus peut vous permettre de purifier et de nettoyer votre mental, de vous libérer des angoisses et des craintes engendrées par le mental d'être en avance sur votre époque par vos conceptions ou par votre capacité à anticiper et à voir l'avenir.

Elle peut aussi vous permettre de comprendre mentalement les états psychologiques des personnes qui vous sont proches, les vérités éternelles et les lois cosmiques. Ces capacités peuvent faciliter votre adaptation à l'environnement et vous conférer une certaine chance parce que vous savez être au bon endroit au bon moment et parce que vous employez des mots percutants qui donnent le maximum de résultats.

Votre facilité pour comprendre la technique, la nature humaine et les sciences humaines (l'astrologie, la psychologie et la sociologie), pour vous adapter au monde moderne, pour parler un langage universel et pour trouver des solutions ingénieuses et pratiques à toute difficulté d'ordre humaine, psychologique ou technologique peut vous orienter vers une spécialisation dans les techniques de pointes, dans des activités avant-gardistes, dans les métiers où vous pouvez apporter évolution et progrès. Votre sens psychologique est très développé et il peut faciliter votre adaptation à votre environnement, vos échanges et votre relationnel.

Vous pouvez être doué pour trouver des applications pratiques à toute théorie, découverte, invention, formule ou idée, pour perfectionner des théories déjà existantes et pour inventer de nouveaux outils ou produits susceptibles d'améliorer la vie de tous les jours dans votre environnement proche ou dans celui des autres.
Vous pouvez aussi être doué pour élaborer des projets, pour maîtriser et organiser les flux d'informations et pour manier des idées ou des concepts complexes. En revanche, Mercure-Uranus peut quelquefois vous prédisposer à trop rester au niveau de l'idée ou du concept au détriment des applications concrètes, de l'émotion et de la mise en pratique.

Vous ressentez facilement le besoin d'éclaircir les idées d'autrui ou de libérer ceux qui font partie de votre environnement de leurs préjugés et de leurs conceptions erronées. Cela vous incite parfois à poursuivre une véritable entreprise de démystification.

Vous savez mobiliser votre intelligence, votre sens de l'adaptation et votre ingéniosité lorsque vous libérez l'Homme de ses attaches terrestres, pour l'avancement de la connaissance, pour explorer des voies nouvelles et pour ouvrir la porte à de nouveaux horizons.

Votre intelligence tournée vers le futur vous permet de vous projeter dans l'avenir et peut vous rendre habile dans tout ce qui concerne la prévision. Vous savez néanmoins vivre en fonction des circonstances présente, mais avec une organisation qui laisse une certaine part d'imprévus. Vous avez besoin d'une grande liberté de mouvement. Vous aimez vous déplacer à l'improviste et faire des rencontres originales et inattendues.

Si vous avez besoin d'exprimer librement vos idées, vous avez aussi besoin de vous détacher de votre intellect, de voir l'intelligence comme un simple outil, de vous élever au-dessus de votre intelligence vers un état plus spirituel et de vous libérer de l'esclavage de l'intellect qui est si fréquent en Occident.

Une idéologie, des valeurs spirituelles ou vos amis ont parfois contribués au développement de votre savoir, de votre intelligence ou de vos facultés d'adaptation pratique. Inversement, votre savoir, vos connaissances ou vos relations peuvent contribuer à votre évolution psychologique. Votre idéologie, vos convictions, vos valeurs spirituelles et vos projets peuvent être fondés sur les valeurs mercuriennes de communication et d'organisation, d'adaptation et de service.

Votre sens de la fraternité est très développé ce qui vous permet de vous faire de nombreux amis mais aussi de rencontrer des personnes qui vous font progresser. Vous avez un coté humain. Vous appréciez les amis intelligents, avec lesquels vous pouvez échanger des idées, découvrir des lieux nouveaux et vous divertir. L'espoir peut jouer un rôle important dans votre processus mental et vous pouvez avoir l'aptitude à susciter l'espoir lorsque vous communiquez.

## ASPECT HARMONIQUE MERCURE-NEPTUNE

Il y a dans votre thème astral une relation permanente, continue et symbiotique entre Mercure et Neptune qui s'expriment en vous comme deux partenaires. Comme vous êtes sensible aux effets positifs que chacune des fonctions à sur l'autre, vous tendez à croire que lorsque vous vivez l'une des fonctions, alors l'autre viendra systématiquement la soutenir. Vous tendez ainsi à récolter le meilleur de chacune de ces deux fonctions psychologiques et des expériences qui y sont associées.

Votre intelligence tend à être influencée par vos émotions, par votre imaginaire, par votre intuition et par des énergies ou des informations venant de l'inconscient collectif, de l'astral, de l'invisible et par une sorte de sensibilité médiumnique à l'invisible. Cela vous permet d'utiliser un langage imagé, d'être inspiré dans vos discours, d'avoir parfois des idées géniales et de trouver un équilibre entre la logique et l'irrationnel, entre le langage des mots et le langage de l'émotion, entre l'ordre et le désordre, entre la raison et la foi, entre la science et la religion. Parce que vous vivez dans une logique du « tout est possible » vous êtes très disponible, disponible pour faire de nouvelles rencontres, disponible à toute information intéressante et disponible pour vivre des expériences inconnues.

Et parce que vous vivez aussi dans une logique de " tout est relatif ", vous savez faire preuve de souplesse et de plasticité dans vos idées, dans vos discours et dans votre façon de vous adapter. Mercure Neptune vous confère des facultés d'adaptation quasi illimitées, beaucoup de mobilité et parfois une certaine instabilité. Vous pouvez être capable d'apprendre, de comprendre et d'enregistrer des informations d'une façon inhabituelle et surprenante. Vous apprenez parfois de façon inconsciente et parce que vous savez chercher l'information dans l'inconscient collectif, dans l'air ou lire dans les pensées d'autrui de façon télépathique, vous pouvez savoir ce que vous n'avez jamais appris, de façon presque magique.

Vous êtes extrêmement réceptif à votre environnement et pouvez avoir tendance à capter les idées et les motivations non exprimées des autres, les rumeurs, les bruits de couloir, les informations qu'il y a dans l'air et des données imperceptibles pour autrui. Vous prenez parfois les idées des autres pour vos propres idées ce qui peut induire une certaine confusion.

Il peut être important pour vous, lorsque vous avez une idée en tête, d'avoir pleinement conscience de cette idée puis de vous posez la question "cette idée m'est t'elle propre ou l'ai-je capté chez quelqu'un d'autre ou dans l'inconscient collectif ? Vous vous sentez en tout cas systématiquement concerné par ce qui se passe dans votre environnement et vous aimez intervenir, avoir votre mot à dire et mettre votre grain de sel. Vous savez en général faire la part des choses entre les informations sans intérêts et les signes du hasard. Cela vous évite de vous embrouiller, de vous illusionner ou vous auto mystifier en interprétant des informations ou des coïncidences sans intérêts comme des révélations des dieux ou comme des signes qui vous seraient destinés.

Votre intelligence, votre sens de l'adaptation et votre sens de la communication tendent à s'exprimer en fonction d'une logique qui vous est propre, une logique irrationnelle qui se situe au-delà des mots. Vous vous adaptez en fonction d'informations subtiles perçues par vos antennes, en fonction de votre boussole, de votre feeling, de vos émotions, de votre ressenti et de vos radars. Votre foi intervient lorsque vous communiquez, lorsque vous êtes en mouvement et lorsque vous vous adaptez. Cela peut vous conférer un sens de l'orientation hors du commun lorsque vous savez utiliser votre boussole et vos radars internes pour vous déplacer. Vous perdez alors difficilement votre chemin parce que vous savez tracer puis suivre de subtils fils invisibles dans l'astral jusqu'à votre destination. Votre conduite au volant peut également être particulière et si vous sentez ce qui se passe dans votre environnement routier, vous devez par contre éviter les étourderies et apprendre à vous concentrer sur la route.

Vous pouvez parfois donner l'apparence, vu de l'extérieur, d'être une personne difficile à comprendre et à cerner, ou d'une personne que l'on trouve étrange, secrète et mystérieuse, ailleurs ou sur une longueur d'onde inconnue.

Vos discours sont parfois difficiles à suivre parce que vous passez facilement du coq à l'âne ou parce que vous mélangez vos idées avec des informations ou des données auxquelles l'autre n'a pas accès. Votre réceptivité à l'information peut vous rendre impressionnable et parfois vulnérable par rapport aux suggestions d'autrui.

Par contre, votre sensibilité et votre intuition peuvent, lorsque vous communiquez, vous permettre de vous mettre à la place de l'autre, de comprendre ce qu'il ressent parce que vous le ressentez aussi, de faire preuve d'empathie et de deviner ce que l'autre a derrière la tête. Vous pouvez être doué pour jouer n'importe quel rôle et pour percevoir les réalités non exprimées, pour deviner ce qu'il y a derrière les rumeurs, les bruits de couloir, les chuchotements et les signes et pour décrire les ambiances, les atmosphères collectives et l'état énergétique d'une personne, d'un objet ou d'un lieu. Vous pouvez également être doué pour véhiculer des émotions et pour gérer l'émotion lorsque vous communiquez, ce qui peut grandement enrichir votre discours.

Dans certains cas, vous pouvez être capable de comprendre l'ordre caché derrière les événements extérieurs, d'élucider les mystères et les secrets de la vie, d'éprouver puis de décrire la nature de l'énergie qu'il y a derrière les symboles ou les mots, de comprendre l'inconnu, les mythes et les légendes, d'intellectualiser ce qui se passe dans l'invisible, d'analyser l'inconscient, vos émotions ou celles des autres, de décrire vos vies antérieures, d'accéder à des vérités spirituelles suite à des visions et des révélations et de transcender la vie terrestre en accédant à des niveaux de conscience plus élevés. Peut-être avez-vous joué un rôle d'intermédiaire (commerçant, artisan, activité obligeant à de nombreux déplacements) dans une vie antérieure ?

Votre adolescence a pu être marquée par un important besoin d'évasion, par une quête mystique, par un besoin d'évolution spirituelle et parfois par un besoin d'accéder à des états seconds à travers l'alcool ou des stupéfiants. Les lectures, les petits déplacements et les contacts peuvent être pour vous un moyen d'évasion, de rêve ou d'évolution spirituelle mais aussi une drogue. Votre intellect peut aussi être mis au service de votre besoin de religion, d'une étude de l'invisible, d'un mouvement de propagande ou être tourné vers des domaines en rapport avec le paramédical et les métiers sociaux.

Vous pouvez être intéressé par l'ésotérisme, par l'art, par la musique, par le cinéma et par tout ce qui fait rêver. Vous avez un coté charitable, tolérant, très compréhensif et savez plus que d'autre comprendre la souffrance d'autrui. Des personnes de votre entourage proche ont pu vous apprendre ce qu'est la souffrance ou la foi. Le hasard (ou les multiples liens que vous tissez dans l'astral) peut jouer un rôle important dans votre relationnel.

Mercure-Neptune vous pose le défi d'apprendre à garder les pieds sur terre, de développer votre sens pratique qui l'est parfois insuffisamment, d'arriver à vous exprimer clairement, d'éviter de vous rendre malades par un besoin d'accéder à des états seconds par le tabac, les stupéfiants ou l'alcool, de vous fixer des buts bien définis et surtout de gérer et d'exploiter intelligemment la masse d'informations que vous percevez. Votre facilité à être ailleurs et à vous absenter lorsque vous communiquez ne doit pas être synonyme de fuite devant la communication et le dialogue.

Mercure Neptune peut limiter votre évolution si vous ne prenez pas conscience que l'intellect est limité par sa nature, et que, s'il offre à l'intérieur de ses limites d'innombrables possibilités, il devient en revanche inefficace dès que vous sortez de ses limites. Une tendance à vous analyser en permanence peut vous rendre confus et vous faire tourner en rond dans la prison de votre mental lorsque vous ne savez pas aller au-delà de celui-ci.

Vous pouvez être très capable de réagir intelligemment, de faire preuve de souplesse et de mobilité, de vous montrer compréhensif, d'être ouvert au dialogue et d'être bien informé lorsque vous devez faire face à une épreuve ou à la maladie, lorsque vous participez à un mouvement collectif, à des initiatives de groupe ou à des actions de sauvetages et surtout lorsque vous avez la foi. Vous pouvez aussi être doué pour propager et pour diffuser des informations, pour faire des enquêtes et des sondages d'opinions et dans les activités en rapport avec la publicité et le marketing.

## ASPECT DISSONANT/DYNAMIQUE MERCURE-NEPTUNE

Il y a dans votre thème astral une relation permanente, mais discontinue, dissociée, duelle, tendue et conflictuelle, entre Mercure (le mental) et Neptune (votre foi, vos mémoires ancestrales et vos vies passées, votre besoin d'évasion et de transcendance), car ces deux planètes vibrent en vous à deux fréquences totalement différentes.

Chaque planète veut s'exprimer, à sa façon, à travers vous et tend à considérer l'autre comme une rivale ou comme une perturbatrice. Vous avez alors tendance, soit à exprimer l'une puis l'autre des planètes d'une façon excessive, soit à vivre l'une des planètes et à rejeter l'autre parce que vous la considérez comme perturbatrice, parce que vous voyez son côté sombre plus que son côté lumineux.

Tant que vous nourrissez ce conflit à l'intérieur de vous, vous récoltez le moins bon de chacune des deux fonctions psychologiques et des expériences qui y sont associées. La solution, que vous verrez plus bas dans le texte, est de vivre chaque fonction en pleine conscience et de savoir alterner rapidement et consciemment, entre chacune des deux fonctions psychologiques représentées par la planète Vous transformez ainsi une relation conflictuelle en une grande force et vous vivez cette relation de façon consciente et dynamique.

Votre adolescence a pu être marquée par un important besoin d'évasion, par une quête mystique, par un besoin d'évolution spirituelle et parfois par un besoin d'accéder à des états seconds à travers l'alcool ou des stupéfiants. Les lectures, le jeu, les petits déplacements et les contacts peuvent être pour vous un moyen d'évasion, de rêve ou d'évolution spirituelle. La relation Mercure-Neptune vous pose le défi d'apprendre à garder les pieds sur terre, de développer votre sens pratique qui l'est parfois insuffisamment, d'arriver à vous exprimer clairement, d'éviter de vous rendre malades par un besoin d'accéder à des états seconds par le tabac, les stupéfiants ou l'alcool, de vous fixer des buts bien définis et surtout de gérer et d'exploiter intelligemment la masse d'informations que vous percevez.

Cette facette de votre personnalité peut initialement engendrer, lorsqu'elle n'est pas maîtrisée, des difficultés à écouter, à entendre, à communiquer et à vous adapter, des difficultés d'ordre pratique et des difficultés pour être en paix avec vous-même de par un conflit ou une contradiction entre votre intelligence et votre sensibilité, entre votre raison et votre foi, entre votre besoin de logique et votre besoin d'irrationnel, entre un besoin de vous adapter et un besoin d'évasion, entre vos facultés de compréhension et vos mémoires généalogiques, entre votre besoin de science et votre besoin de religion et de transcendance. Vous avez alors tendance à incarner plusieurs scénarios, en alternant parfois de l'un à l'autre.

## Scénario 1 : Le mental domine et Neptune (votre foi, vos mémoires ancestrales et vos vies passées, votre besoin d'évasion et de transcendance), est rejetée ou mal intégrée à votre personnalité.

Vous vivez votre Mercure lorsque vous communiquez, lorsque vous faîtes des rencontres intéressantes, lorsque vous cherchez à vous informer, à brasser des idées pour apprendre et comprendre, lorsque vous exprimez votre curiosité et multipliez vos centres d'intérêts, lorsque vous êtes en mouvement et lorsque vous vous adaptez à l'environnement.

Vous pouvez alors être fortement sensibilisé aux effets perturbateurs que peuvent causer le hasard, votre besoin de rêve, d'évasion, d'évolution spirituelle ou de transcendance, le souvenir d'une déception ou d'une souffrance, votre hypersensibilité, l'adhésion à des croyances religieuses, l'influence de la collectivité, de l'invisible et de l'irrationnel, de vos mémoires ancestrales ou de vos vies antérieures. Vous pouvez alors avoir du mal à exprimer ou à entrer en contact avec vos émotions profondes, avec une dimension spirituelle qui demande à s'exprimer en vous, à écouter vos intuitions ou encore à comprendre les mystères de l'univers, vos mémoires généalogiques ou vos vies antérieures.

Vous pouvez également avoir tendance à rejeter ou à dénigrer, lorsque vous communiquez ou lorsque vous vous adaptez, vos aspirations secrètes ou celles des autres, les émotions et les non dits, le sacré ou tout idéal spirituel, le hasard, tout moment de rêve et d'évasion ou tout ce qui n'est pas visible, concret, pratique et utile. Vous pouvez avoir du mal à vous laissez allez, à lâcher prise, à faire confiance au hasard, à vous laisser porter par le hasard des événements ou à avoir vraiment la foi en vos facultés pratiques, en vos aptitudes à communiquer et à vous adapter. Le reniement de tout ou d'une partie de la fonction neptunienne peut cependant amoindrir vos aptitudes à communiquer et à vous adapter, ou être source d'insatisfactions.

Ces insatisfactions peuvent provenir d'une impression que vos tentatives pour communiquer, pour vous organiser et pour vous adapter n'ont pas vraiment de sens, qu'ils ne correspondent pas à un certain idéal ou à vos aspirations secrètes, que le hasard, la collectivité, les dieux ou ce en quoi vous croyez joue contre vous ou qu'il manque à votre vie une certaine dimension de rêve et d'évasion à laquelle vous aspirez.

## Scénario 2 : Neptune domine et Mercure est rejeté ou mal intégré.

Si au contraire Neptune domine chez vous, vous vivez alors selon votre foi, vos inspirations profondes ou votre idéal spirituel, dans vos rêves ou dans un état parfois second, en vous laissant porter par le courant des événements, en laissant beaucoup de choses se faire au hasard et en vous évadant des réalités quotidiennes. Vous adhérez à un mouvement religieux ou vous participez à une action collective, en cherchant à soulager les souffrances et les misères du monde. Vous avez alors tendance à considérer le monde terrestre, l'intellect, la raison, les papiers et l'organisation matérielle, l'environnement proche, l'information verbale comme gênant, perturbateur ou trop limités, et à vous servir de vos croyances pour justifier votre manque d'informations par rapport au monde extérieur et votre inadaptation à votre environnement.

Un rejet de ce que représente Mercure peut vous donner des difficultés à analyser le déroulement des événements, à être bien informé, à comprendre ce qui se passe, à vous organiser, à vous adapter intelligemment, à faire preuve de souplesse et de disponibilité, à contourner les obstacles, à ruser ou à négocier lorsqu'il s'agit d'accéder à des niveaux de conscience plus élevés ou à des vérités spirituelles permettant de transcender les réalités quotidiennes, lorsqu'il s'agit de faire face à l'épreuve, à l'adversité, à la souffrance, à la maladie ou à des expériences dures à vivre, lorsqu'il s'agit de participer à un courant collectif, à une action de sauvetage, lorsque vos mémoires généalogiques s'expriment ou lorsque des émotions sont en jeu. Vous pouvez alors avoir du mal à analyser vos émotions et vos perceptions.

## Scénario 3 : Votre mental est dominant en excès.

Une peur de tout ce qui est invisible et irrationnel peut par compensation, engendrer une tendance à s'accrocher à tout ce qui est logique et rationnel. Une tendance à trop réfléchir, à trop penser et à trop être tout le temps en train d'analyser peut vous empêcher de ressentir, de capter et d'être disponible pour écouter vos intuitions, pour percevoir vos émotions, vos aspirations profondes, les énergies environnantes, l'ambiance d'un lieu et toute une dimension invisible de l'existence. Un coté adolescent peut diminuer la puissance de votre foi et votre clairvoyance. Vous pouvez avoir tendance à falsifier l'information, à désinformer plus que vous n'informez, à fabriquer l'information de toute pièce, à déformer la vérité en fonction de vos intérêts personnels et pouvez être doué pour pratiquer le bluff et le mensonge.

L'influence excessive de Mercure peut vous conférer des difficultés à aller jusqu'aux bout de vos entreprises, parce que d'autres sollicitations mobilisent votre énergie et parce que vous vous dispersez dans trop de directions différentes pour que l'une d'elle prennent le dessus, une tendance à tourner en rond dans la vie parce que vous avez du mal à vous engager, parce que vous préférez une multitude de possibles potentiels à un engagement exclusif ou parce que vous vous limitez à la satisfaction d'une curiosité perpétuellement changeante.

Cela peut vous rendre instable, indiscipliné et superficiel et donner une tendance à retourner votre veste au moindre changement. Une négligence des règles élémentaires de sécurité peut vous prédisposer aux cambriolages et à être victime de pickpockets.

## Scénario 4 : Neptune est dominante en excès.

Lorsque vous exprimez votre Neptune, vous pouvez avoir tendance à le faire de façon excessive. Une peur de tout ce qui est logique et rationnel peut engendrer une tendance à ne vivre qu'à travers l'irrationnel et le mysticisme. Votre intelligence peut être confuse, nébuleuse, désordonnée et facilement embrouillée parce que trop influencée par vos émotions, par votre imaginaire, par votre hypersensibilité ou par des mémoires généalogiques ou des mémoires de vies passées. Vous captez de plein fouet une masse d'informations venant de l'inconscient collectif et êtes extrêmement réceptif à ce qui se passe dans votre environnement au point parfois de percevoir les pensées des autres. Mais vous ne faîtes pas toujours la différence entre vos propres idées et pensées et celles qui viennent des autres.

Et jusqu'à ce que vous ayez appris à gérer cette masse d'information et à bien trier, analyser, disséquer et faire la différence entre vos propres idées et les informations perçues par vos antennes, par votre radar ou par votre intuition, vous pouvez avoir tendance à faire des erreurs d'association, à mélanger les mots et les informations, à commettre des erreurs d'interprétation et à faire des déductions inexactes à partir de données correctes. Vos raisonnements ne tiennent alors pas toujours debout. Vous pouvez être trop influençable au point que des personnes peu scrupuleuses peuvent vous faire croire ou vous faire dire tout et n'importe quoi. Vous mélangez parfois la réalité et les produits de votre imagination et avez parfois tendance à vous auto mystifier ou à vous nourrir d'illusions et de mirages. Où vous pouvez être tellement submergé par vos émotions, par votre sensibilité que vous êtes ailleurs, dans un état second, et que vous n'écoutez pas vraiment vos interlocuteurs.

Vous interprétez quelquefois des informations ou des coïncidences sans intérêts comme étant des révélations des dieux ou des signes qui vous seraient envoyés et vous pouvez avoir tendance à attribuer à toute information, à toute découverte ou toute rencontre anodine un caractère karmique ou sacré. Vous pouvez avoir tendance à changer d'idées et d'opinions comme de chemises.

 Votre tendance à idéaliser les personnes avec qui vous communiquez en amplifiant leurs qualités et en ignorant leurs défauts ainsi qu'une tendance à occulter l'information peut engendrer des problèmes de communication. Une difficulté à y voir clair dans votre environnement et une tendance à trop faire confiance à vos interlocuteurs peut parfois aboutir à des abus de confiance, à des déceptions ou à des trahisons.

Certaines personnes, suite à un besoin d'évasion, de transcendance et d'accéder à des états seconds ont tendance à rechercher des stimulations nerveuses qui endorment la conscience et engendrent des états seconds, à travers le tabac, des stupéfiants ou d'autres paradis artificiels. D'autres personnes ont tendance à se fuir dans les échanges ou à travers des lectures, ou à fuir toute communication.

 Une tendance à multiplier les contacts, les lectures et les bavardages est peut-être un moyen pour vous d'échapper à une peur de la transcendance, de la solitude et du silence intérieur? Une tendance à entretenir l'ambiguïté, une difficulté à vous exprimer clairement et à avoir des idées claires, une certaine passivité, une tendance à trop compter sur la providence ou sur le hasard pour arranger les choses peut perturber votre sens de l'adaptation ou de l'échange et vous causer des difficultés à vous faire comprendre ou à communiquer normalement.

La relation Mercure-Neptune peut aussi engendrer des problèmes d'orientation, c'est à dire une tendance à être facilement déboussolé et à perdre son chemin, une tendance à être étourdi sur la route et une tendance à être désordonné ou négligent dans tout ce qui concerne la paperasserie, avec parfois la perte de papiers importants.

**Expression positive consciente et naturelle :** Lorsque vous apprenez à maîtriser cette partie de votre personnalité et à utiliser toute sa richesse et lorsque vous avez fait le chemin pour exprimer cette relation en pleine conscience et d'une manière positive.   Pour transformer la relation Mercure-Neptune dissociée en relation consciente et dynamique, il peut être utile d'effectuer un travail sur vos capacités de communication et d'adaptation, sur le rôle que doivent avoir l'information, le mouvement et le jeu dans votre vie et aussi sur le rôle que doivent avoir au sein de votre personnalité et dans votre vie la spiritualité, le développement personnel, la joie et la souffrance, l'évasion et la transcendance, le hasard, l'inconscient collectif, les facultés de voyance et les mémoires généalogiques et des vies passées. Un travail sur la conscience corporelle (Tai-chi, Tantrisme) et les chants sacrés peuvent vous faire le plus grand bien.

Les deux planètes peuvent être vécues dans des états d'esprit, dans des lieux ou à des moments très différents, de façon à ce que chacune rectifie l'autre au moindre excès. Vous pouvez vivre des moments où vous vous distrayez, où vous vous détendez et vous divertissez, où vous vous exprimez verbalement et vous déplacez librement, où vous vous adaptez intelligemment à votre environnement proche, où vous êtes ouvert et disponible pour faire des rencontres et pour vous consacrez à ce qui vous intéresse, où vous êtes raisonnable, organisé, pragmatique et prévoyant et où vous savez-vous fixer des limites.

Puis il y a d'autres moments où vous vivez votre besoin de rêve et d'évasion, où vous laissez de coté la raison et les limites pour vivre des expériences plus émotionnelles et plus intérieures, où vous vivez vos convictions religieuses, vos aspirations spirituelles, où vous exprimez votre sensibilité, où vous pouvez vous laisser aller en fonction de vos humeurs, de l'air du temps et du hasard, et où vous vous consacrez à donner à votre vie une dimension plus vaste que ce que vous vivez dans votre environnement proche.

Vos facultés de compréhension, de logique, de communication et d'adaptation ne vous empêchent pas d'exprimer votre dimension émotionnelle ou spirituelle tandis que votre besoin de transcendance, de rêve ou d'évasion ne vous empêchent pas de revenir sur terre quand cela est nécessaire et de vous adapter à votre environnement matériel.

Bien maîtrisée, la relation Mercure-Neptune peut vous conférer un ensemble d'aptitudes qui sont alors vécues d'une façon très consciente et dynamique. Cela peut alors vous conférer un sens de l'adaptation, de l'orientation et de la communication hors du commun, une souplesse, une flexibilité et une agilité exceptionnelle au niveau de mouvement, une compréhension exceptionnellement lucide de ce qui se passe dans votre environnement, une intelligence hors du commun capable de puiser les informations nécessaires dans l'inconscient collectif, des idées géniales, une capacité à exprimer l'émotion, à soulager les souffrances d'autrui par la parole et à être le porte-parole d'une communauté ou d'une entreprise et une capacité à exploiter des systèmes d'informations très complexes.

Il peut être important pour vous d'apprendre à vous concentrer, à pratiquer l'honnêteté intellectuelle, à organiser vos idées, à développer votre sens pratique et à vous exprimer en disant ce qui doit être dit même si cela parait évident pour vous, en trouvant les mots justes et en acceptant que l'autre ne soit pas forcément télépathe.

Quand la relation Mercure-Neptune est vécue en conscience, votre intelligence tend à être influencée par vos émotions, par votre imaginaire, par votre intuition, par vos mémoires généalogiques et par une sorte de sensibilité médiumnique à l'invisible. Cela vous permet d'utiliser un langage imagé, d'être inspiré dans vos discours, d'avoir parfois des idées géniales et de trouver un équilibre entre la logique et l'irrationnel, entre le langage des mots et le langage de l'émotion, entre l'ordre et le désordre, entre la raison et la foi, entre la science et la religion.

Parce que vous vivez dans une logique du « tout est possible » vous êtes très disponible, pour faire de nouvelles rencontres, pour accéder à de nouvelles  informations intéressantes et pour vivre des expériences inconnues.

Et parce que vous vivez aussi dans une logique de " tout est relatif ", vous savez faire preuve de souplesse et de plasticité dans vos idées, dans vos discours et dans votre façon de vous adapter. Mercure Neptune vous confère des facultés d'adaptation quasi illimitées et beaucoup de mobilité.

Vous pouvez être capable d'apprendre, de comprendre et d'enregistrer des informations d'une façon inhabituelle et surprenante. Vous apprenez parfois de façon inconsciente et parce que vous savez chercher l'information dans l'inconscient collectif, dans l'air ou lire dans les pensées d'autrui de façon télépathique, vous pouvez savoir ce que vous n'avez jamais appris, de façon presque magique.  Vous êtes extrêmement réceptif à votre environnement et pouvez avoir tendance à capter les idées et les motivations non exprimées des autres, les rumeurs, les bruits de couloir, les informations qu'il y a dans l'air et des données imperceptibles pour autrui. Vous prenez parfois les idées des autres pour vos propres idées ce qui peut induire une certaine confusion.

Il peut être important pour vous, lorsque vous avez une idée en tête, d'avoir pleinement conscience de cette idée puis de vous posez la question "cette idée m'est t'elle propre ou l'ai-je captée chez quelqu'un d'autre ou dans l'inconscient collectif?"

Vous vous sentez en tout cas systématiquement concerné par ce qui se passe dans votre environnement et vous aimez intervenir, avoir votre mot à dire et mettre votre grain de sel. Vous savez en général faire la part des choses entre les informations sans intérêts et les signes du hasard.

Cela vous évite de vous embrouiller, de vous illusionner ou de vous auto-mystifier en interprétant des informations ou des coïncidences sans intérêts comme des révélations des dieux ou comme des signes qui vous seraient destinés. Votre intelligence, votre sens de l'adaptation et votre sens de la communication tendent à s'exprimer en fonction d'une logique qui vous est propre, une logique irrationnelle qui se situe au-delà des mots.

Vous vous adaptez en fonction d'informations subtiles perçues par vos antennes, en fonction de votre boussole, de votre feeling, de vos émotions, de votre ressenti et de vos radars. Votre foi intervient lorsque vous communiquez, lorsque vous êtes en mouvement et lorsque vous vous adaptez. Cela peut vous conférer un sens de l'orientation hors du commun lorsque vous savez utiliser votre boussole et vos radars internes pour vous déplacer. Vous perdez alors difficilement votre chemin parce que vous savez tracer puis suivre de subtils fils invisibles dans l'astral jusqu'à votre destination. Votre conduite au volant peut également être particulière et si vous sentez ce qui se passe dans votre environnement routier, vous devez par contre éviter les étourderies et apprendre à vous concentrer sur la route.

Vous pouvez parfois donner l'apparence, vu de l'extérieur, d'être une personne difficile à comprendre et à cerner, ou d'une personne que l'on trouve étrange, secrète et mystérieuse, ailleurs ou sur une longueur d'onde inconnue. Vos discours sont parfois difficiles à suivre parce que vous passez facilement du coq à l'âne ou parce que vous mélangez vos idées avec des informations ou des données auxquelles l'autre n'a pas accès. Votre réceptivité à l'information peut vous rendre impressionnable et parfois vulnérable par rapport aux suggestions d'autrui.

Par contre, votre sensibilité et votre intuition peuvent, lorsque vous communiquez, vous permettre de vous mettre à la place de l'autre, de comprendre ce qu'il ressent parce que vous le ressentez aussi, de faire preuve d'empathie et de deviner ce que l'autre a derrière la tête.

Vous pouvez être doué pour jouer n'importe quel rôle et pour percevoir les réalités non exprimées, pour deviner ce qu'il y a derrière les rumeurs, les bruits de couloir, les chuchotements et les signes et pour décrire les ambiances, les atmosphères collectives et l'état énergétique d'une personne, d'un objet ou d'un lieu. Vous pouvez également être doué pour véhiculer des émotions et pour gérer l'émotion lorsque vous communiquez, ce qui peut grandement enrichir votre discours.

Dans certains cas, vous pouvez être capable de comprendre l'ordre caché derrière les événements extérieurs, d'élucider les mystères et les secrets de la vie, d'éprouver puis de décrire la nature de l'énergie qu'il y a derrière les symboles ou les mots, de comprendre l'inconnu, les mythes et les légendes, d'intellectualiser ce qui se passe dans l'invisible, d'analyser l'inconscient, vos émotions ou celles des autres, de décrire vos vies antérieures, d'accéder à des vérités spirituelles suite à des visions et des révélations et de transcender la vie terrestre en accédant à des niveaux de conscience plus élevés.

Votre intellect peut être mis au service de votre besoin de religion, d'une étude de l'invisible, d'un mouvement de propagande ou être tourné vers des domaines en rapport avec le paramédical et les métiers sociaux. Vous pouvez être intéressé par l'ésotérisme, par l'art, par la musique, par le cinéma et par tout ce qui fait rêver.

Vous avez un coté charitable, tolérant, très compréhensif et savez plus que d'autre comprendre la souffrance d'autrui. Vous pouvez être très capable de réagir intelligemment, de faire preuve de souplesse et de mobilité, de vous montrer compréhensif, d'être ouvert au dialogue et d'être bien informé lorsque vous devez faire face à une épreuve ou à la maladie, lorsque vous participez à un mouvement collectif, à des initiatives de groupe ou à des actions de sauvetages et surtout lorsque vous avez la foi.

Vous pouvez aussi être doué pour propager et pour diffuser des informations, pour faire des enquêtes et des sondages d'opinions et dans les activités en rapport avec la publicité et le marketing.

## ASPECT HARMONIQUE MERCURE-PLUTON

Il y a dans votre thème astral une relation permanente, continue et symbiotique entre Mercure et Neptune qui s'expriment en vous comme deux partenaires. Comme vous êtes sensible aux effets positifs que chacune des fonctions à sur l'autre, vous tendez à croire que lorsque vous vivez l'une des fonctions, alors l'autre viendra systématiquement la soutenir.

Vous tendez ainsi à récolter le meilleur de chacune de ces deux fonctions psychologiques et des expériences qui y sont associées.

Vous êtes doté d'une intelligence lucide, pénétrante, aiguisée et perspicace, et d'une curiosité intense. Vous pouvez être très à l'aise là où il faut investiguer, sonder, fouiner et explorer. Vous pouvez savoir lire entre les signes, comprendre l'envers du décor et les causes qui engendrent les événements et arriver à tirer des conclusions à partir du moindre indice.

Vous pouvez aussi avoir des facilités pour décoder les symboles, pour décrypter les signes ou les messages codés et pour transpercer les défauts des cuirasses. Vous pouvez donc être apte à percer puis à arracher les secrets les mieux gardés, à élucider les énigmes et les mystères qui échappent aux autres et à décortiquer puis résoudre des problèmes complexes.

Vous avez tendance à trier les informations que vous communiquez et à ne pas dévoiler n'importe quoi à n'importe qui, et notamment en ce qui concerne les fruits de vos investigations. Vous pouvez avoir un coté très secret. Mercure Pluton peut vous apporter le flair et la mentalité du détective ou du psychanalyste capable de déceler les motivations, les intentions et les besoins derrière les paroles, derrière les actes et derrière les comportements.

Vous êtes très capable de faire preuve d'intelligence, de compréhension, de souplesse et d'ingéniosité, de ruser et de vous adapter lorsque vous êtes face à une situation difficile, à des crises, à des problèmes ou à des obstacles, à des pressions occultes ou à des tentatives de manipulation, lorsque votre sécurité et votre survie sont en jeu, lorsque vous êtes en temps de guerre ou face à l'ennemi, lorsqu'il s'agit d'influencer les autres ou le cours des événements ou lorsqu'il s'agit de parcourir les différentes étapes de l'initiation.

Vous avez tendance à avoir des idées fixes et défendez avec ténacité et acharnement vos convictions.

Face à une idée ou une rencontre nouvelle, vos premières réactions peuvent être des réactions de méfiance et de résistance. Vous savez que les apparences et les discours cachent toujours quelque chose et cherchez à en savoir plus avant de vous positionner. Vous changez assez difficilement d'idées mais lorsque vous le faites, c'est souvent suite à une remise en question totale ou à des révélations bouleversantes.

Malgré votre méfiance et votre scepticisme naturel, vous savez être disponible et vous intéresser à toutes sortes de choses. Vous savez trier le grain de l'ivraie, ne retenir que l'essentiel et surtout, vous savez ne pas vous laisser distraire de votre ligne de conduite par des informations hors-sujet. Cela vous permet de fixer votre attention vers un domaine bien précis.

Vous pouvez faire preuve d'un puissant pouvoir de concentration lorsque quelque chose ou quelqu'un vous intéresse, à un tel point d'être parfois complètement indifférent à ce qui se situe en dehors de votre champ de concentration. Une intelligence exclusive pourrait-on dire. Votre médiumnité intellectuelle fait qu'un mot, une phrase, un objet, un indice peut prendre pour vous une importance toute particulière.

 Si vos analyses et vos raisonnements peuvent être redoutablement lucides et perspicaces, vous pouvez aussi commettre des erreurs d'interprétation parce que vous focalisez sur un détail insignifiant et restez aveugle à ce qui est le plus important ou parce que vous partez sur de mauvaises bases.

Vous communiquez selon une logique qui vous est propre et qui n'est pas toujours accessible au plus grand nombre. Vous avez parfois tendance à parler par énigmes ou dans un langage codé pour que seuls comprennent ceux qui doivent comprendre ou ceux qui ont le décodeur approprié. Et parce que communiquez parfois plus par le non dit que par les mots, vous pouvez avoir du mal à vous faire comprendre et à communiquer avec autrui dans la mesure où tout le monde n'est pas télépathe.

Vous avez besoin, lorsque vous communiquez, d'intensité, de passion, d'authenticité et de vérité. Il faut que ce que vous dîtes correspondent à votre réalité profonde, et vous dîtes parfois ce que vous dîtes parce que c'est plus fort que vous, parce qu'une pulsion ou une nécessité impérieuse vous pousse à le dire, même si ça fait mal. Vous avez parfois tendance à vouloir toujours avoir raison, à vouloir toujours avoir le dernier mot et à vouloir maintenir votre façon de voir et vos vérités même si les plus criantes évidences vont dans le sens contraire. Vous aimez tester et mettre à l'épreuve les idées qui vous sont présentées pour en vérifier la validité et l'authenticité. Coté mental, vous êtes sensible à ce qui ne va pas et aux problèmes existants dans votre environnement, dans votre vie et dans celles des autres. Cela vous confère un sens critique développé et parfois une tendance à broyer du noir. Vous vous gênez rarement pour critiquer votre entourage, pour briser les masques, pour démonter les arguments dénués de vérité et pour démystifier les idées reçues. Vos écarts de langage et votre coté blessant peuvent néanmoins susciter chez autrui des réactions virulentes.

Vous avez une perception aiguë de votre entourage et avez tendance à sélectionner parmi votre cercle de relations celles qui sont les plus authentiques. Dans toutes vos relations entre en jeu votre sensibilité à l'envers du décor. Cela vous permet de capter et de comprendre les émotions non exprimés, les rapports de force sous-jacents, les non dits et les mécanismes occultes qui sous tendent toute communication, et donc de comprendre les personnes, les choses et les événements en profondeur. Vous aimez quelquefois faire monter la pression, la tension, l'angoisse et le suspens lorsque vous communiquez, mais aussi impressionner, dominer, influencer et transformer votre entourage.

Vous pouvez être très sensible aux gens qui veulent toujours tout comprendre, analyser et étiqueter. Et si vous savez que les discours peuvent parfois changer les choses, vous savez aussi qu'il y a toute une dimension cachée de l'existence qui ne peut être intellectualisée ou rationalisée, mais qui au contraire demande à être vécue et conquise.

Aussi pouvez vous parfois mépriser les excès de logique ou de rationalisme et avoir tendance à relativiser tout savoir intellectuel et livresque au profit de l'éprouvé, du vécu, du pratique ou de la transcendance.
Vous avez des facilités pour prendre du recul lorsque vous communiquez et à être distant tout en étant présent. Vous avez parfois tendance à pesez, à jugez, à transpercer du regard, à tester ou à rabaisser vos interlocuteurs. Vous pouvez être cynique, ironique, caustique et avoir tendance à manier l'humour noir comme le serpent son venin.

Vous pouvez être intéressé par ce qui est occulte, mystérieux, louche, secret et étrange et vous pouvez acquérir des connaissances utiles dans tout ce qui concerne les sciences occultes, l'astrologie, la métaphysique et l'ésotérisme. Vous pouvez avoir tendance à accorder beaucoup de pouvoir aux mots, à être conscient du pouvoir de la parole et être capable d'utiliser les mots pour dominer et pour exercer un pouvoir.

Vous avez parfois besoin que vos contacts et les gens que vous rencontrez vous apportent des révélations, vous permettent l'exploration de l'inconnu, l'initiation aux forces secrètes de la nature, l'intégration de l'expérience de la mort et de l'au-delà, le développement de vos capacités de résistance ou de discernement, qu'ils vous apprennent à voir les problèmes en face et à gérer les crises ou qu'ils vous transforment. Vous pouvez aussi rencontrer ou fréquenter des personnes qui ont des problèmes, qui sont en crises, qui ont été marquées par la mort d'un membre de leur famille proche (frère, sœur ou cousin), qui sont exclues, marginales ou qui sont marquées par un besoin de développement personnel et de transformation.

Vous pouvez avoir l'opportunité, à travers votre entourage proche, à travers vos lectures et à travers vos rencontres, d'acquérir une forme d'initiation qui passe par une prise de conscience des mondes invisibles, de l'astral et des règnes de l'âme, par une intégration des notions d'éternité et d'au-delà et par la révélation de votre vérité profonde.

## ASPECT DISSONANT/DYNAMIQUE MERCURE-PLUTON

Il y a dans votre thème astral une relation permanente, mais discontinue, dissociée, duelle, tendue et conflictuelle, entre Mercure (le mental) et Pluton (votre sexualité, votre besoin de transformation et d'initiation), car ces deux planètes vibrent en vous à deux fréquences totalement différentes. Chaque planète veut s'exprimer, à sa façon, à travers vous et tend à considérer l'autre comme une rivale ou comme une perturbatrice. Vous avez alors tendance, soit à exprimer l'une puis l'autre des planètes d'une façon excessive, soit à vivre l'une des planètes et à rejeter l'autre parce que vous la considérez comme perturbatrice, parce que vous voyez son côté sombre plus que son côté lumineux.

Tant que vous nourrissez ce conflit à l'intérieur de vous, vous récoltez le moins bon de chacune des deux fonctions psychologiques et des expériences qui y sont associées. La solution, que vous verrez plus bas dans le texte, est de vivre chaque fonction en pleine conscience et de savoir alterner rapidement et consciemment, entre chacune des deux fonctions psychologiques représentées par la planète. Vous transformez ainsi une relation conflictuelle en une grande force et vous vivez cette relation de façon consciente et dynamique.

Cette facette de votre personnalité peut initialement engendrer, lorsqu'elle n'est pas maîtrisée, des difficultés à écouter, à entendre, à communiquer et à vous adapter, des pensées ou des relations qui peuvent être une source de crises, de culpabilité, de problèmes, de difficultés et parfois de destruction ou d'autodestruction mais aussi des difficultés pour vous transformer, pour accéder à votre vérité, pour évoluer spirituellement et pour être en paix avec vous-même de par un conflit ou une dissociation entre par exemple votre besoin de communication et votre besoin d'exercer un pouvoir, entre votre besoin de vous adapter et votre besoin de contrôler, entre votre intelligence et votre lucidité, entre votre logique et vos pulsions, entre un besoin de jouer et une tendance au sabotage.

Vous avez alors tendance à incarner plusieurs scénarios, en alternant parfois de l'un à l'autre.

## Scénario 1 : Le mental domine et Pluton est rejeté ou mal intégré à votre personnalité.

Vous vivez votre Mercure lorsque vous communiquez, lorsque vous faîtes des rencontres intéressantes, lorsque vous cherchez à vous informer, à brasser des idées pour apprendre et comprendre, lorsque vous exprimez votre curiosité et multipliez vos centres d'intérêts, lorsque vous êtes en mouvement et lorsque vous vous adaptez à l'environnement. Vous pouvez alors être fortement sensibilisé aux effets perturbateurs que peuvent causer votre lucidité à l'envers du décor, vos pulsions, votre besoin de dominer et de transformer.

Cela peut-être du au souvenir d'une personne manipulatrice ou dévalorisante qui vous a rabaissé, cassé ou agressé, d'une expérience sexuelle désagréable, d'une crise vécue durant l'adolescence, des effets pervers de la jalousie, de la guerre, de catastrophes naturelles ou de pratiques occultes, où de l'influence durant votre jeunesse de gens marginaux, pas clairs, louche, dangereux ou appartenant au monde de l'économie souterraine. Cela peut vous inciter à renier, à rejeter ou à refouler tout ou une partie de ce que représente Pluton. Ce rejet peut se traduire par une peur d'être perturbé ou dérangé par un danger occulte, par le mauvais sort, par vos propres démons ou par des personnes susceptibles de vous manipuler, de vous rejeter ou de vous faire du mal.

Une difficulté à voir derrière les apparences, à lire entre les lignes, à percevoir les sous-entendus, les émotions, les angoisses non exprimées et les non dits, les intentions et désirs cachés de l'autre, ses attentes secrètes et les rapports de forces sous jacents dans tout échange et dans tout dialogue peut être une source de malentendus ou de difficultés dans vos rapports avec les autres.

Parfois, parce que vous ne comprenez pas vraiment ce qui se passe autour de vous ou parce que vous n'y voyez que du noir, vous risquez de vous faire manipuler par des personnes plus subtiles et plus sournoises que vous. Peut-être avez-vous tendance à éviter, à nier et à refuser de faire face aux crises et problèmes qui peuvent survenir durant vos échanges, lorsque vous communiquez et lorsque vous entrez en contact avec autrui ? Peut-être refusez-vous de tenir comptes de vos pulsions inconscientes ou de celles de l'autre, de vos exigences profondes ou de celles de l'autre ?

Vous pouvez aussi avoir du mal à réagir intelligemment et à faire preuve de souplesse ou d'ingéniosité lorsque vous êtes face à une crise ou à un problème.

Vos rapports avec autrui peuvent être faussés par votre tendance à ne pas tenir compte de tout ce qui n'est pas formulé, c'est à dire du non verbal, des émotions, des angoisses, des jalousies, des rancœurs et des déchets toxiques qui viennent parasiter tout échange et toute communication.

 Parce que vous ne savez pas gérer cette dimension cachée de la réalité, vous pouvez vous trouver angoissé face à un interlocuteur et avoir peur de communiquer. Une méfiance et une susceptibilité excessive ne facilitent alors pas la communication. Vous risquez alors d'accumuler des déchets psychologiques et des souvenirs toxiques qui proviennent d'angoisses, de colères ou de pulsions non exprimées durant votre jeunesse ou face à certains interlocuteurs, et d'en subir les conséquences néfastes.

Il peut donc être important pour vous d'apprendre à faire remonter à la surface puis à évacuer vos toxines intérieures et vos idées noires, par exemple à travers une psychothérapie, à travers un travail sur le corps ou par une activité en rapports avec la voix et la respiration.

Vous pouvez être insatisfait lorsque vous communiquez, lorsque vous cherchez à vous informer ou lorsque vous vous adaptez à votre environnement parce que vous avez l'impression qu'il y manque cette part de vérité, d'authenticité, de mystère, d'émotion, de suspens, d'intensité, d'initiation, de transformation ou d'épanouissement sexuel qui est pour vous importante.

Vous avez peut être trop facilement l'impression qu'on vous cache des choses ou au contraire que l'on vous espionne pour tout savoir sur vous, ou encore que vous n'avez aucun pouvoir sur votre environnement proche.
Vous pouvez aussi avoir l'impression que les personnes faisant partie de votre environnement, les contacts que vous entretenez ou les discours que vous proférez ne correspondent pas à votre réalité intérieure profonde, à votre vérité, à vos pulsions inconscientes, à vos exigences personnelles ou à votre karma.

## Scénario 2 : Pluton domine et le mental est rejeté ou mal intégré.

Si Pluton prédomine, vous avez un besoin de pouvoir, de percer les secrets des forces occultes de la nature, d'apprendre à gérer crises et problèmes, d'être sexuellement épanoui, d'être lucide et de ne plus rien devoir à personne, de parcourir le chemin de l'initiation, de vous transformer et de vous purifier.

Vous pouvez alors être sensibilisé aux effets perturbateurs que peuvent causer votre mental, votre besoin de communiquer et de vous adapter, l'influence de votre entourage, certains collègues ou camarades, ce qui se raconte autour de vous, la curiosité, le besoin d'être informé et de comprendre, la liberté de mouvement et d'expression. Vous pouvez aussi être très sensibles aux limites de l'intellect et de tout savoir intellectuel.

Peut-être avez-vous l'impression, face à ce qui se cache derrière les mots, face aux sous-entendus et à cette dimension invisible et imperceptible aux sens et à l'entendement, que les mots ne veulent pas dire grand chose ? Mieux vaut alors vivre en fonction de son instinct, de son flair et de ces perceptions. Certaines personnes, croyant que les mots ne veulent pas dire grand chose et que ce qu'elles disent n'a au fond pas vraiment d'importance, peuvent avoir tendance à raconter n'importe quoi ou à rester totalement muettes.

Vous pouvez ainsi avoir tendance à rejeter, à dénigrer, à salir ou à démolir la réflexion ou la spéculation, toute recherche d'information, les études, toute curiosité simplement intéressante, les rencontres amusantes et les valeurs mercuriennes de souplesse, d'adaptation, de communication, d'écoute, de divertissement, de distraction, d'analyse, de mobilité et de liberté de mouvement. Vous pouvez alors avoir des difficultés à comprendre ce qui se passe dans votre environnement, à dialoguer avec votre entourage, à être disponible pour faire des rencontres amusantes, à réfléchir sur des sujets qui suscite votre curiosité, à faire preuve d'humour, à être suffisamment bien informé pour vous adapter et à faire des études.

## Scénario 3 : Votre mental est dominant en excès.

L'influence excessive de Mercure peut se traduire par une tendance à vouloir tout savoir au point que vous faites preuve d'une curiosité parfois malsaine, à parler pour ne rien dire et à dilapider votre énergie dans des paroles inutiles et à vouloir tout le temps analyser, critiquer et cataloguer.
Votre sens de l'humour peut être parfois grossier ou déplacé et vos plaisanteries vulgaires. Vous avez parfois tendance à déformer la vérité en fonction de ce qui vous arrange, à désinformer plus que vous n'informez, à occulter l'information et à manipuler l'information de façon à faire croire à votre interlocuteur ce que vous avez envie qu'il croit. Vous pouvez être un spécialiste du mensonge et de l'intox ! Il peut alors être difficile de communiquer normalement avec vous. Peut-être préférez-vous vous amuser et vous distraire, sortir avec les copains et faire des rencontres intéressantes, étudier pour vous instruire, brasser des idées et des projets plutôt que de vous occupez de vos problèmes, de vous transformer et d'évoluer sur le chemin de l'initiation, vers votre vérité ?

Ou peut-être vous servez vous de votre curiosité, de vos études, de vos écrits, de vos copains pour ne pas avoir à faire face à votre lucidité, à vos pulsions ou à cette dimension invisible de l'existence qui au fond vous effraie ? Un coté adolescent peut diminuer votre lucidité, votre combativité ou votre aptitude à exercer le pouvoir.

## Scénario 4 : Pluton est dominant en excès.

Lorsque vous êtes identifié à Pluton, vous pouvez avoir tendance à l'être excessivement. Vous pouvez avoir l'impression que vos expériences et désirs sexuels, que votre expérience de l'au-delà et de l'initiation, que votre conscience des vérités éternelles, votre lucidité, votre conscience des faiblesses et des failles de vos interlocuteurs, que votre sensibilité à la jalousie et aux angoisses des autres vous empêchent de communiquer librement, de vous distraire et de vous divertir, d'exprimer votre sens de l'humour et de vous adapter normalement à l'environnement.

Où peut-être avez-vous juste trop facilement l'impression de ne jamais assez communiquez, de ne pas assez réfléchir, de ne jamais être suffisamment informé, que votre entourage ne vous écoute pas ou ne vous comprend pas et d'être quelque part inadapté à cause de votre lucidité excessive ? Cela peut parfois vous donner un sentiment d'exclusion difficile à supporter.

L'influence excessive de Pluton peut vous donner des difficultés à communiquer et à vivre avec votre entourage sans qu'il y ait un climat permanent de crise, de rapport de force, de suspens, de menaces, d'ultimatums, d'angoisse, de mystères, de chantages et de violence sous une forme ou sous une autre. Vous pouvez être très exclusif et exigeant dans vos rapports avec l'entourage. Vous pouvez avoir tendance à vous exprimer brutalement, sans aucune délicatesse et prenez parfois un malin plaisir à blesser autrui. Il vous faut alors à tout prix manipuler votre entourage, tester la valeur et l'authenticité de l'autre et de ces propos, exercer une emprise sur autrui, détenir les rennes du pouvoir ou dénoncer les hypocrisies, les faux-semblants, les manipulations et les mesquineries que vous percevez dans votre entourage. Vous avez peut être trop tendance à juger les gens et vous les jugez le plus souvent coupables.
Vos relations avec l'entourage peuvent alors être très conflictuelles et tendues parce que les gens n'aiment pas forcément votre manière de leur révéler leurs points faibles et leurs petites mesquineries. Les mots sont parfois une arme dont vous usez et abusez pour manipuler votre entourage et pour exercer un pouvoir sur autrui.

Et lorsqu'il n'y a pas assez de tension et de suspens, lorsque votre état mental ou votre environnement parait trop calme, lorsqu'il n'y a plus de problèmes ou de crises, vous avez tendance à allez chercher des problèmes là où il n'y en avait pas, à provoquer des crises en remuant le couteau dans la plaie ou à allez fouiller dans les profondeurs obscures de votre subconscient ou dans les journaux à scandales les toxines, déchets et impuretés psychologiques. Vous jouez facilement le rôle d'avocat du diable.

Peut-être avez-vous excessivement besoin d'utiliser votre mental, vos proches et votre environnement pour résoudre vos problèmes, pour découvrir votre vérité où la vérité, pour expérimenter le pouvoir, pour explorer l'inconnu, pour découvrir les forces secrètes de la nature, pour parvenir à une connaissance de l'au-delà et de la dimension éternelle de la vie, pour développer votre lucidité et vos capacités de résistance et de régénération, pour apprendre à gérer les crises et les problèmes ou pour développer votre sens de la survie.

Cela peut vous donner tendance à fréquenter des gens à problèmes, des personnes qui vivent dans l'ignorance, des personnes utilisant un pouvoir occulte, des personnes qui vous dominent et vous transforment, des personnes ayant vécus l'expérience de la mort, des personnes exclues ou des gens violents. Parce que vous vous repérez en fonction de détails ou d'indices subtils souvent imperceptibles pour autrui mais très clairs pour vous,, (indices qui n'existent parfois que dans votre tête et qui peuvent être le produit de ce que vous refoulez dans votre inconscient ), vous pouvez avoir un langage très personnel, une tendance à vous exprimer par sous-entendus ou à utiliser un langage codé, une tendance à vous accrocher à des détails sans intérêts, à chercher midi à quatorze heures et à vous compliquer inutilement l'existence.

Vous avez parfois tendance à ne voir que les mauvais coté de vous-même et des autres, à avoir des idées noires, à broyer du noir, à vous torturer l'esprit avec des idées morbides ou à polluer votre mental avec des pensées négatives et malsaines. D'après la tradition, l'aspect dissonant Mercure Pluton peut engendrer des idées de suicide parce qu'il prédispose à beaucoup penser à la mort et à l'au-delà, parce qu'il rend très sensible à ce qui ne va pas, parce qu'il fait entrer dans la conscience les problèmes personnels et ceux de l'environnement, parce qu'il peut donner une tendance à jouer à la roulette russe et à ne pas prendre la mort suffisamment au sérieux.

Il est donc important de comprendre que le besoin d'être informé sur l'au-delà fait partie de l'expérience initiatique et de savoir qu'il existe des ouvrages sur l'au-delà, comme " Le livre de l'au-delà" et "Le livre de la consolation" écrits par Bô Yin Râ, Sortir hors de son corps écrit par Akhena et les livres écrit par William Buhlmann.

Dans certains cas, la relation Mercure-Pluton produit des apprentis sorciers qui s'attaquent à des découvertes qu'ils ne parviennent pas à contrôler, au point de devenir les victimes des forces occultes qu'ils ont réveillé. Il est donc sage d'éviter de rechercher de manière maladroite et dangereuse à découvrir la réalité occulte ou le monde des esprits, et d'éviter de vouloir faire tourner les tables ou de communiquer avec les morts. (Voir le livre écrit par Bô Yin Râ, "Résurrection", aux éditions Horteclos).

Vous avez parfois tendance à être tout le temps en train de vous plaindre, de grogner, de gémir et de focaliser l'attention sur vos problèmes ou sur ceux des autres, ce qui ne vous rend pas toujours d'une compagnie agréable. Mais là où vous croyez être lucide, n'êtes vous pas excessivement sensible à la jalousie, aux pulsions refoulées, aux instincts primitifs, à ce que l'autre dissimule, aux différences qu'il y a entre vous et les autres et aux défauts d'autrui ?

Peut être que les autres réveillent vos propres angoisses ou vos propres démons ? Peut-être cherchez-vous trop à vous imposer dans votre entourage en réaction à une peur d'être exclu ? Peut-être avez-vous aussi tendance à trop attribuer de pouvoir ou de mauvaises intentions aux autres au point de vous faire peur tout seul sans que l'autre soit forcément en cause ? Avec Mercure Pluton, certaines personnes se complaisent dans la vulgarité et trouvent très amusant de raconter des grossièretés, des obscénités ou des absurdités.

## Expression positive consciente et naturelle : Lorsque vous apprenez à maîtriser cette partie de votre personnalité et à utiliser toute sa richesse et lorsque vous avez fait le chemin pour exprimer cette relation en pleine conscience et d'une manière positive.

Pour transformer la relation Mercure-Pluton dissociée en relation consciente et dynamique, il peut être utile d'effectuer un travail sur votre adolescence, sur vos capacités de communication et d'adaptation, sur le rôle que doivent avoir l'information, le mouvement et le jeu dans votre vie et aussi sur le rôle que doivent avoir au sein de votre personnalité et dans votre vie vos pulsions instinctives, votre relation avec au-delà, les crises et les transformations, l'initiation et le développement personnel.

Un travail sur la conscience corporelle (Tai-chi, Tantrisme), un travail sur la respiration (yoga) et un peu de sport peuvent vous faire le plus grand bien.

Les deux planètes peuvent être vécues dans des états d'esprit, dans des lieux ou à des moments très différents, de façon à ce que chacune rectifie l'autre au moindre excès Vous pouvez alors vivre des moments où vous êtes dans une dynamique d'ouverture et d'exploration, où vous vous divertissez et vous distrayez dans la détente, où vous êtes disponible pour faire des rencontres amusantes et pour vous consacrer à ce qui vous intéresse, où vous êtes en mouvement, où vous communiquez avec votre environnement proche et où vous vous informé pour vous adapter.

Puis vous pouvez vivre d'autres moments où vous assumez un pouvoir, où vous vous transformez et transformez votre entourage, où vous évoluer sur le chemin de l'initiation, ou vous faites face à des problèmes ou des énigmes, où vous exprimez vos émotions, vos pulsions et vos angoisses.

Il y a des moments pour vous amuser, pour être décontracté, léger, ouvert, disponible et pour avoir le sourire et d'autres moments pour être lucide, sous tension, pour exercer une pression, pour faire face aux difficultés, pour dominer et pour lutter pour vivre votre vérité. Vous êtes de transformer vos idées, votre façon de communiquer ou de vous adapter en épurant tout ce qui n'est pas authentique. Vos idées noires sont alors équilibrées par des pensées positives. Et vous savez adapter vos attitudes en fonction de ce qu'exigent les circonstances avec une souplesse remarquable.

Bien maîtrisée, la relation Mercure-Pluton peut vous conférer un ensemble d'aptitudes qui sont alors vécues d'une façon très consciente et dynamique. Cela peut se traduire pour ce qui concerne Pluton par un puissant caractère, par une lucidité, une subtilité, une combativité et un sens critique hors du commun, par le pouvoir d'infléchir le cours des événements et de vous adapter à toute situation difficile et par un puissant éveil spirituel, et pour ce qui concerne Mercure par une intelligence, une souplesse, un sens de là communication et de l'adaptation, un sens de l'analyse, des capacités manuelles, un humour, des dons oratoires ou des aptitudes pour l'écriture qui sont hors du commun.

Quand la relation Mercure-Pluton est vécue en conscience, vous êtes doté d'une intelligence lucide, pénétrante, aiguisée et perspicace, et d'une curiosité intense. Vous pouvez être très à l'aise là où il faut investiguer, sonder, fouiner et explorer. Vous pouvez savoir lire entre les signes, comprendre l'envers du décor et les causes qui engendrent les événements et arriver à tirer des conclusions à partir du moindre indice.

Vous pouvez aussi avoir des facilités pour décoder les symboles, pour décrypter les signes ou les messages codés et pour transpercer les défauts des cuirasses.

Vous pouvez donc être apte à percer puis à arracher les secrets les mieux gardés, à élucider les énigmes et les mystères qui échappent aux autres et à décortiquer puis résoudre des problèmes complexes. Vous avez tendance à trier les informations que vous communiquez et à ne pas dévoiler n'importe quoi à n'importe qui, et notamment en ce qui concerne les fruits de vos investigations. Vous pouvez avoir un coté très secret. Mercure Pluton peut vous apporter le flair et la mentalité du détective ou du psychanalyste capable de déceler les motivations, les intentions et les besoins derrière les paroles, derrière les actes et derrière les comportements.

Vous êtes très capable de faire preuve d'intelligence, de compréhension, de souplesse et d'ingéniosité, de ruser et de vous adapter lorsque vous êtes face à une situation difficile, à des crises, à des problèmes ou à des obstacles, à des pressions occultes ou à des tentatives de manipulation, lorsque votre sécurité et votre survie sont en jeu, lorsque vous êtes en temps de guerre ou face à l'ennemi, lorsqu'il s'agit d'influencer les autres ou le cours des événements ou lorsqu'il s'agit de parcourir les différentes étapes de l'initiation. Vous avez tendance à avoir des idées fixes et défendez avec ténacité et acharnement vos convictions.

Face à une idée ou une rencontre nouvelle, vos premières réactions peuvent être des réactions de méfiance et de résistance, mais cela ne vous empêche pas de rester ouvert et disponible pour dialoguer. Vous savez que les apparences et les discours cachent toujours quelque chose et cherchez à en savoir plus avant de vous positionner. Vous changez assez difficilement d'idées mais lorsque vous le faites, c'est souvent suite à une remise en question totale ou à des révélations bouleversantes.

Malgré votre méfiance et votre scepticisme naturel, vous savez être disponible et vous intéresser à toute sorte de choses. Vous savez trier le grain de l'ivraie, ne retenir que l'essentiel et surtout, vous savez ne pas vous laisser distraire de votre ligne de conduite par des informations hors sujet.

Cela vous permet de fixer votre attention vers un domaine bien précis. Vous pouvez faire preuve d'un puissant pouvoir de concentration lorsque quelque chose ou quelqu'un vous intéresse, à un tel point d'être parfois complètement indifférent à ce qui se situe en dehors de votre champ de concentration. Une intelligence exclusive pourrait-on dire. Votre médiumnité intellectuelle fait qu'un mot, une phrase, un objet, un indice peut prendre pour vous une importance toute particulière. Si vos analyses et vos raisonnements peuvent être redoutablement lucides et perspicaces, vous pouvez aussi commettre des erreurs d'interprétation parce que vous focalisez sur un détail insignifiant et restez aveugle à ce qui est le plus important ou parce que vous partez sur de mauvaises bases.

Vous communiquez selon une logique qui vous est propre et qui n'est pas toujours accessible au plus grand nombre. Vous avez parfois tendance à parler par énigmes ou dans un langage codé pour que seuls comprennent ceux qui doivent comprendre ou ceux qui ont le décodeur approprié. Et parce que communiquez parfois plus par le non dit que par les mots, vous pouvez avoir du mal à vous faire comprendre et à communiquez avec autrui dans la mesure où tout le monde n'est pas télépathe.

 Vous avez besoin, lorsque vous communiquez, d'intensité, de passion, d'authenticité et de vérité. Il faut que ce que vous dîtes correspondent à votre réalité profonde, et vous dîtes parfois ce que vous dîtes parce que c'est plus fort que vous, parce qu'une pulsion ou une nécessité impérieuse vous pousse à le dire, même si ça fait mal.

Vous avez parfois tendance à vouloir toujours avoir raison, à vouloir toujours avoir le dernier mot et à vouloir maintenir votre façon de voir et vos vérités même si les plus criantes évidences vont dans le sens contraire. Vous aimez tester et mettre à l'épreuve les idées qui vous sont présentées pour en vérifier la validité et l'authenticité.  Coté mental, vous êtes sensible à ce qui ne va pas et aux problèmes existants dans votre environnement, dans votre vie et dans celles des autres. Cela vous confère un sens critique développé. Vous savez enlever les masques, démonter les arguments dénués de vérité et démystifier les idées fausses. Vous avez une perception aiguë de votre entourage et avez tendance à sélectionner parmi votre cercle de relations celles qui sont les plus authentiques.

Dans toutes vos relations entre en jeu votre sensibilité à l'envers du décor. Cela vous permet de ressentir et de comprendre les émotions non exprimés, les rapports de force sous-jacents, les non dits et les mécanismes occultes qui sous tendent toute communication, et donc de comprendre les personnes, les choses et les événements en profondeur. Vous aimez quelquefois faire monter la pression, la tension, l'angoisse et le suspens lorsque vous communiquez, mais aussi impressionner, dominer, influencer et transformer votre entourage. Vous pouvez être très sensible aux gens qui veulent toujours tout comprendre, analyser et étiqueter.

Et si vous savez que les discours peuvent parfois changer les choses, vous savez aussi qu'il y a toute une dimension cachée de l'existence qui ne peut être intellectualisée ou rationalisée, mais qui au contraire demande à être vécue et conquise. Aussi pouvez vous parfois mépriser les excès de logique ou de rationalisme et avoir tendance à relativiser tout savoir intellectuel et livresque au profit de l'éprouvé, du vécu, du pratique ou de la transcendance.

Vous avez des facilités pour prendre du recul lorsque vous communiquez et à être distant tout en étant présent. Vous avez parfois tendance à pesez, à jugez, à transpercer du regard, à tester ou à rabaisser vos interlocuteurs. Vous pouvez être cynique, ironique, caustique et avoir tendance à manier l'humour noir comme le serpent son venin. Vous pouvez être intéressé par ce qui est occulte, mystérieux, louche, secret et étrange et vous pouvez acquérir des connaissances utiles dans tout ce qui concerne les sciences occultes, l'astrologie, la métaphysique et l'ésotérisme.

Vous pouvez avoir tendance à accorder beaucoup de pouvoir aux mots, à être conscient du pouvoir de la parole et être capable d'utiliser les mots pour dominer et pour exercer un pouvoir. Vous avez parfois besoin que vos contacts et les gens que vous rencontrez vous apportent des révélations, vous permettent l'exploration de l'inconnu, l'initiation aux forces secrètes de la nature, l'intégration de l'expérience de la mort et de l'au-delà, le développement de vos capacités de résistance ou de discernement, qu'ils vous apprennent à voir les problèmes en face et à gérer les crises ou qu'ils vous transforment. Vous pouvez avoir l'opportunité, à travers votre entourage proche, à travers vos lectures et à travers vos rencontres, d'acquérir une forme d'initiation passant par une prise de conscience des mondes invisibles, de l'astral et des règnes de l'âme et par une intégration des notions d'éternité et d'au-delà.

# LES ASPECTS A JUPITER

## ASPECT HARMONIQUE JUPITER-SATURNE

Il y a dans votre thème astral une relation permanente, continue et symbiotique entre Jupiter et Saturne qui s'expriment en vous comme deux partenaires. Parce que  où vous êtes sensible aux effets positifs que chacune des fonctions à sur l'autre et où vous tendez à croire que lorsque vous vivez l'une des fonctions, alors l'autre viendra systématiquement la soutenir, vous tendez à récolter le meilleur de chacune de ces deux fonctions psychologiques et des expériences qui y sont associées.

Lorsque vous vivez votre fonction psychologique Jupiter, vous élaborez une philosophie de vie ou une culture. Vous cherchez à vous insérer dans votre système socioculturel à travers une activité professionnelle, à être utile et reconnu.

Vous avez besoin de confort ou d'aventure, de vie et d'action, de faire la fête et de coopérer au sein d'un groupe ayant des objectifs communs. Vous cherchez à affirmer votre autorité et à assumer vos responsabilités, à exercer un pouvoir ou à faire la loi. Vous avez besoin d'élargir vos horizons à travers des voyages ou à travers une activité culturelle, philosophique, spirituelle ou religieuse. Dans ces situations, vous savez observer avec détail et précision puis vous organisez avec rigueur et pragmatisme. Vous savez analyser les situations, le monde extérieur et le système économique ou social avec objectivité et en profondeur, voir les problèmes en face et faire le nécessaire pour les surmonter, prendre votre temps, éviter les excès, les exagérations et les généralisations abusives, faire preuve de prudence et tirer des leçons, des principes ou une morale des événements. Cela vous permet de mûrir, de vous perfectionner et d'acquérir de l'expérience.

Explorer le monde et élargir vos horizons tend à être pour vous synonyme d'apprentissage, de recherche, de découverte, de perfectionnement ou d'évolution vers une maîtrise de votre être, de votre corps et de votre vie. Ces différentes activités peuvent vous enthousiasmer. Vous pouvez avoir tendance à envisager votre vie extérieure comme un perpétuel chantier, comme un cheminement où domine une part d'inconnu, comme une continuelle évolution, comme une œuvre en construction ou comme une vaste école de formation.

Dès lors qu'il s'agit d'élargir vos horizons ou d'acquérir un certain confort matériel, lorsqu'il s'agit d'exploiter une opportunité ou de provoquer la chance, lorsqu'il s'agit de légiférer, de représenter, de coordonner, de gérer, d'administrer, de distribuer, d'éduquer, de conseiller, de guider, de faire des affaires ou de vous rendre utile, de conquérir votre place dans la société, d'occuper l'espace, d'exercer une activité professionnelle, de vous intégrer dans un groupe ayant des objectifs communs, de comprendre votre environnement social avec ses codes et sa culture ou de faire des affaires ; alors vous savez prendre de la distance et du recul, analyser la structure de la situation avec objectivité, observer avec détail et précision, voir les problèmes en face et faire le nécessaire pour les surmonter, procéder par étapes et prendre le temps nécessaire, éviter les excès, les exagérations et les généralisations abusives, faire preuve de prudence, tirer des leçons, des principes ou une morale des événements, vous organiser avec rigueur et pragmatisme, vous discipliner et travailler avec acharnement jusqu'à ce que votre objectif soit atteint et votre œuvre réalisée.

Vous êtes sensible aux difficultés présentes ou à vos limites, aux insuffisances et aux imperfections existantes, à ce qui ne vas pas dans la situation, à ce qui reste à faire et à vos lacunes éventuelles. Vous savez poser les questions qui s'imposent et remettre les choses en question lorsque cela est nécessaire.

Vous savez utiliser le langage avec précision, en trouvant les mots justes mais vous connaissez aussi la valeur du silence. Vous avez besoin de comprendre le sens de la vie ou de votre vie, mais aussi d'organiser et de contrôler votre vie ou votre destinée.

Vous avez de la suite dans les idées. Vous savez-vous fixer des objectifs à long terme, élaborer des plans d'action ou de formation et des méthodes d'exécution, vous fixer les étapes à franchir, vous discipliner en fonction de vos objectifs professionnels, vous organiser de façon à construire, fournir une quantité importante d'efforts et de travail, persévérer avec acharnement et détermination, œuvrer de façon organisée, méthodique voire stratégique, être ambitieux et assumer de grosses responsabilités.

Vous accordez beaucoup d'importance à la qualité du travail, tendez à être sérieux, honnête, droit, intègre, responsable et digne de confiance. Vous avez une conscience professionnelle développée. Votre désir d'insertion professionnelle, d'élargir vos horizons ou de faire la loi en affirmant votre autorité est souvent motivée par un besoin de sécurité et de sérénité.

 Cela vous prédispose parfois à vous orienter professionnellement vers les administrations et vers l'état où vous pouvez avoir la sécurité de l'emploi. Cela peut également vous conférer un coté classique, conservateur et attachant une certaine importance aux valeurs traditionnelles.

Votre juge moral tend à être très développé et vous pouvez avoir tendance à vous servir de votre autorité morale pour faire la loi. Vous voulez que votre vie extérieure corresponde à votre idéal de perfection et à vos ambitions, ce qui vous rend exigeant et pas facilement satisfait. Vous avez un respect inné de l'ordre, des lois et des symboles d'autorité, ou inversement, vous pouvez avoir tendance à aborder le monde avec un sens critique et avec détachement.

Votre profondeur de conscience vous faisant constater à quel point le monde manque de vertu, de morale, de sagesse et de valeurs authentiques, vous êtes parfois tenté de vous détacher du monde extérieur pour faire cavalier seul.

Vous prenez alors du recul vis à vis des valeurs socioculturelles, des influences de votre entourage et les lois extérieures régissant votre cadre de vie. Cela peut vous permettre de sortir des sentiers battus en faisant vos propres expériences, vous donne quelquefois la tendance à vivre votre propre vie à l'écart du monde ou vous permet le plus souvent d'avoir une vision profonde du monde qui vous entoure. Vous pouvez avoir tendance à résister aux événements, ce qui ne vous rend plus ou moins réceptif aux opportunités et à croire que toute opportunité est avant tout le résultat de longs efforts et la récompense du mérite.

Vous savez par contre résister aux pressions et conditionnements véhiculés par votre système. De même toute récompense, toute promotion, toute décoration, tout pouvoir social ou toute richesse extérieure doit d'après vous être fondé sur la valeur et le mérite personnel, sur le travail, sur l'effort et sur des preuves concrètes et solides. Vous n'êtes pas une personne que l'on peut acheter et n'acceptez en général que ce que vous croyez mériter.

Vous avez besoin, pour vous insérer socialement, pour élargir vos horizons, pour vous épanouir ou pour affirmer votre autorité de sécurité, de bases solides, d'ordre, d'organisation, de structure, de stabilité, de temps, de responsabilités et d'avoir la conscience tranquille. Cela peut vous donner des aptitudes ou des prédispositions à effectuer de longues études.

Vous êtes parfois lent à démarrer dans la vie parce qu'il vous faut analyser, réfléchir, vous structurer, assurer vos arrières et acquérir vos bases. Vous savez prendre votre temps, éviter les excès de travail et trouver un équilibre entre les moments où vous travailler et les moments où vous vivez. Cet équilibre vous permet d'éviter des états dépressifs.

Vous pouvez trouver un sentiment d'épanouissement en construisant quelque chose, en travaillant sur des chantiers, en effectuant une forme de recherche, en assumant des responsabilités, en œuvrant au sein d'une structure mais aussi à travers l'introspection, le travail sur soi, la méditation et le développement personnel. Epanouissement et sécurité, sagesse, sérénité vont chez vous ensemble.

La recherche, l'exploration de l'inconnu, la quête des vérités universelles et l'expérimentation peuvent vous passionner et contribuer à votre épanouissement. Vous pouvez être attiré par les connaissances spirituelles, métaphysiques ou religieuses. Où vous pouvez avoir tendance à envisager votre vie extérieure comme une recherche de soi même ou comme un cheminement où domine une certaine part d'inconnu, comme si votre vie était une œuvre en construction ou une vaste école de formation.

Si Jupiter Saturne peut indiquer des débuts difficiles dans l'insertion socioprofessionnelle, il vous permet de vous élever, lentement mais sûrement, et le plus souvent par étapes, au niveau matériel, socioprofessionnel, culturel ou spirituel suivant l'orientation que vous avez donnée à votre vie. Votre insertion professionnelle et votre intégration au monde extérieur peuvent se faire tardivement ou après de longues études, mais peut aboutir à une situation solide et durable.

Cet aspect vous prédispose à vous réaliser et à vous épanouir en général après la trentaine. Il prédispose quelquefois à une vie calme, campagnarde, solitaire ou bien réglée. Vous pouvez avec le travail et l'effort, développer votre confiance en vos facultés de gestion, d'organisation, de construction et d'autodiscipline, en vos systèmes de défenses et en vos principes moraux. Vous pouvez ainsi développer une puissante autorité morale.

 Votre philosophie de vie peut être fondée sur les valeurs de travail, de recherche solitaire, de détachement ou d'ambition, de responsabilités, de discipline, de rigueur, de self contrôle et de travail sur soi. Vos principes moraux et vos convictions peuvent être, au fur et à mesure que les années passent, fondées sur les valeurs d'optimiste, de générosité, de confiance, d'opportunisme, d'expansion, d'élargissement des horizons, d'affirmation de votre autorité, d'aisance, de confort ou sur une recherche du pouvoir. Plus vous prenez de l'âge et plus vous devenez confiant, expansif, optimiste et généreux.

Toute découverte, toute recherche, tout approfondissement, toute forme d'organisation et tout principe tendent chez vous à être influencés, canalisés et pris en main par des normes sociales, par le monde extérieur et par un idéal philosophique, religieux ou spirituel. Vous pouvez être capable de gérer constructivement et avec sagesse le pouvoir ou les responsabilités qui vous sont données, ce qui facilité votre évolution.

Lorsque vous assumez vos responsabilités, lorsque vous vous organisez ou construisez quelque chose, lorsque vous élaborez des plans ou des projets à long terme, lorsque vous effectuez des recherches ou des découvertes, lorsque vous êtes dans une dynamique d'introspection, lorsque vous faites face à des difficultés ou à des obstacles, lorsque vous recherchez la paix intérieure ou lorsque vous élaborez une morale faite de principes, vous pouvez avoir le besoin et la capacité de tenir compte des circonstances extérieures et du contexte général, des opportunités, des avantages et contraintes de la situation mais aussi des moyens à votre disposition.

Vous avez aussi le besoin et la capacité de donner un sens à la situation, d'être utile, de vous faire conseiller judicieusement lorsque cela vous parait profitable, d'évaluer les concessions nécessaires par rapport aux bénéfices pouvant être escomptés, de trouver les moyens dont vous avez besoin pour réaliser vos plans ou vos ambitions, de rentabiliser, d'optimiser et de faire profiter aux autres les résultats obtenus ou les fruits de vos expériences.

Cela vous rend très réaliste, vous confère un sens aigu de l'utilitaire et de puissantes aptitudes réalisatrices. Vous savez également faire preuve d'autorité et de maturité, de bon sens et d'un bon jugement, d'une capacité à comparer ce qui est comparable avec les normes ou avec ce qui se fait ailleurs de façon semblable ou différente.

La relation Jupiter-Saturne peut parfois donner la tendance rechercher la paix intérieure ou la sécurité uniquement dans le monde extérieur ou dans la spéculation philosophique alors que le monde extérieur et l'intellect ne peuvent, à eux seuls, apporter la paix de l'âme. La tendance à confondre intérieur et extérieur ou à cherchez dans le monde extérieur ce qu'on ne peut trouver qu'au plus profond de soi même peut gêner votre évolution intérieure.

Jupiter-Saturne peut limiter le nombre de voyages mais peut indiquer un séjour prolongé à l'étranger. Les voyages effectués, l'étranger et les étrangers peuvent faire mûrir, contribuer à l'évolution intérieure, permettre d'acquérir une meilleure connaissance des lois et structures de la vie. Jupiter-Saturne peut vous conférer une certaine chance en ce qui concerne l'évolution intérieure, l'acquisition d'une sagesse, le bâtiment, l'immobilier et les personnes âgées.

Vous pouvez développer, surtout dans la deuxième partie de votre vie, des aptitudes et des talents naturels pour structurer, bâtir, construire, pour gérer une organisation, pour organiser, contrôler, veiller à la bonne qualité, analyser, prohiber, fixer des limites, administrer, réfléchir, chercher, gérer le temps et tenir compte du temps, travailler la terre ou la pierre, pour créer des formes ou des objets et pour apporter sagesse et vérité.

Vous pouvez aussi développer, surtout dans la deuxième partie de votre vie, des aptitudes pour enseigner, légaliser, légiférer, représenter, organiser, administrer, pour vous insérer socialement et aider d'autres à le faire, pour vous cultiver, pour voyager ou organiser des voyages et des expéditions, pour éduquer, philosopher, coordonner, pour découvrir le monde, pour organiser des transports, pour avoir des liens avec l'étranger, pour négocier et faire des affaires.

# ASPECT DISSONANT/DYNAMIQUE JUPITER-SATURNE

Il y a dans votre thème astral une relation permanente, mais discontinue, dissociée, duelle, tendue et conflictuelle, entre Jupiter (votre relation à l'espace et à la société) et Saturne (votre juge, vos relations aux structures), car ces deux planètes vibrent en vous à deux fréquences totalement différentes. Chaque planète veut s'exprimer, à sa façon, à travers vous et tend à considérer l'autre comme une rivale ou comme une perturbatrice.

Vous avez alors tendance, soit à exprimer l'une puis l'autre des planètes d'une façon excessive, soit à vivre l'une des planètes et à rejeter l'autre parce que vous la considérez comme perturbatrice, parce que vous voyez son côté sombre plus que son côté lumineux. Tant que vous nourrissez ce conflit à l'intérieur de vous, vous récoltez le moins bon de chacune des deux fonctions psychologiques et des expériences qui y sont associées.

La solution, que vous verrez plus bas dans le texte, est de vivre chaque fonction en pleine conscience et de savoir alterner rapidement et consciemment, entre chacune des deux fonctions psychologiques représentées par la planète Vous transformez ainsi une relation conflictuelle en une grande force et vous vivez cette relation de façon consciente et dynamique.

Cette facette de votre personnalité peut initialement engendrer, lorsqu'elle n'est pas maîtrisée, des difficultés d'adaptation au monde extérieur, des difficultés à gérer votre espace, à exprimer votre autorité et à élargir vos horizons et des difficultés dans la gestion de l'existence, des difficultés pour se structurer, pour construire, pour être ordonné, respectueux et responsable, pour évoluer et pour trouver la paix intérieure à cause d'une forte sensibilité à toute situation d'abandon et de part un conflit ou une dissociation entre votre juge moral et vos instincts, entre votre besoin d'aventure et votre besoin de sécurité, entre un besoin d'expansion et un besoin de sécurité ou de restriction, entre un besoin d'extraversion et un besoin d'introversion, entre un besoin de vous enrichir et un besoin d'économiser, entre un besoin de voyager et un besoin de rester sur place, entre votre autorité et votre morale, entre une recherche de difficultés et un besoin de facilité, entre un besoin de vie extérieure et un besoin d'évolution intérieure.

Vous avez alors tendance à incarner plusieurs scénarios, en alternant parfois de l'un à l'autre.

## Scénario 1 : Jupiter domine et Saturne (le juge, les structures), est rejetée ou mal intégrée à votre personnalité.

Quand Jupiter domine chez vous, vous avez besoin de vous insérer dans votre société, d'être utile et reconnu à travers une activité professionnelle, de confort et d'épanouissement, d'aventure, de vie et d'action, de faire la fête, de coopérer au sein d'un groupe ayant des objectifs communs, d'élargir vos horizons à travers des voyages ou à travers une activité culturelle, philosophique, religieuse ou spirituelle, d'affirmer votre autorité, d'exercer un pouvoir et de faire la loi. Vous pouvez être dans ces situations très sensible aux effets négatifs ou perturbateurs que peuvent avoir ou causer les obligations, les contraintes et les responsabilités professionnelles, l'ordre et la nécessité de se fixer des limites, les effets du temps, un idéal de perfection, une morale ou des jugements moraux culpabilisants, la réflexion, l'isolement, la recherche ou un besoin d'introspection et de développement personnel.

Vous pouvez être très sensible aux efforts à fournir et aux difficultés à vaincre pour vous insérer socialement, pour élargir vos horizons ou pour vous extérioriser. Vous pouvez ainsi avoir tendance à refouler tout où une partie de ce que représente Saturne parce que vous la voyez sous son aspect négatif. Cela peut vous prédisposer à vivre des débuts difficiles dans la vie professionnelle. Ce refoulement peut se traduire par une difficulté à analyser les événements d'une façon objective et réfléchie, à comprendre le sens et les causes profondes de toute situation, à prendre du recul, à faire preuve de discernement, à vous poser les vrais questions et à cherchez les réponses, à vous remettre en question, à prendre conscience de vos limites ou de vos lacunes, à acquérir une base solide et des principes constructeurs, à voir les problèmes en face et à réagir efficacement.

Vous pouvez aussi avoir du mal à être réaliste et pragmatique, à approfondir vos relations, à construire ou à faire des efforts, à voir les choses à long terme et à tenir compte du temps, à gérer constructivement et avec sagesse le pouvoir et les responsabilités, à assumer ou à accepter les responsabilités, à vous fixer des étapes, à développer une stratégie ou une méthode, à aller jusqu'au bout des objectifs fixés avec la persévérance nécessaire, à fournir de gros efforts, à vous discipliner et à vous organiser de façon logique, à structurer votre vie ou à la contrôler, à tenir compte des difficultés ou à accepter et faire face aux obstacles, ou à faire preuve de simplicité, de maturité, de sérieux, d'honnêteté, d'intégrité, de sagesse ou de moralité.

La tradition, quand elle évoque la relation dissociée Jupiter-Saturne, parle de relâchement moral et de freins, de retards ou d'obstacles au besoin d'expansion et à la vie professionnelle.

Vous pouvez avoir des difficultés à considérer la vie comme un cheminement ou comme une œuvre en construction, à évoluer intérieurement à travers un travail sur vous-même ou à évoluer tout court, et à acquérir une connaissance pratique des lois éternelles permettant d'acquérir la sérénité. Votre besoin d'insertion professionnelle, d'élargir vos horizons ou de faire la loi n'est pas forcément motivée par un besoin de sécurité, de sérénité et d'ordre.

 Certaines personnes sont trop prises par leur vie professionnelle et leur carrière, par leur besoin d'élargir leurs horizons à travers des voyages ou une culture pour prendre le temps de se consacrer à des moments de réflexion et d'introspection, de recherche, de développement personnel ou de construction.  Peut-être vous fuyez-vous dans le monde extérieur, de façon inconsciente, pour ne pas avoir à faire face à une certaine fragilité morale, à vos doutes, aux milles questions existentielles qui vous tourmentent, pour ne pas être seul, pour ne pas vous occuper de votre évolution intérieure ou pour ne pas faire face à celles de vos obligations qui dépassent votre cadre professionnel ?

Vous pouvez néanmoins être insatisfait ou frustré dans votre vie, dans votre situation professionnelle, lorsque vous affirmez votre autorité ou lorsque vous élargissez vos horizons à travers des voyages ou une recherche culturelle parce que vous avez l'impression qu'il vous manque ce que vous refoulez. Ce peut être la sécurité, la possibilité de construire quelque chose à long terme (une œuvre, un couple, une famille ou autre), du temps, des bases solides, une structure organisée, une évolution positive, une compréhension profonde des événements, un réel contrôle de la situation ou un sentiment de sérénité, de tranquillité et de paix intérieure.

Il se peut que les valeurs de votre société et du monde extérieur ne correspondent pas à vos principes, à vos aspirations profondes, à la morale que vous prêchez ou à un certain idéal de perfection que vous vous imposez, ce qui peut vous donner tendance à vous engager dans une voie professionnelle puis à être obligé de changer de voie suite à des événements ou des obstacles apparemment indépendants de votre volonté mais que vous provoquez peut être vous-même inconsciemment. Vous êtes parfois trop sensible aux différences qu'il y a entre votre idéal de perfection et votre vécu professionnel. Cela peut provoquer un dur sentiment d'insatisfaction ou d'imperfection.

# Scénario 2 : Saturne, votre juge, domine et Jupiter est rejeté ou mal intégré.

Si au contraire Saturne prédomine chez vous, vous avez besoin de sécurité et de concrétiser. Vous vous posez les questions essentielles. Vous prenez du recul pour réfléchir. Vous entreprenez une forme de recherche ou de quête de vérité.

Vous avez besoin de vous construire un avenir, d'effectuer un travail sur vous pour évoluer, de vous consacrez à votre carrière ou à vos ambitions, d'expérimenter pour découvrir, de vous organiser avec rigueur et précision pour atteindre un certain idéal de perfection, d'assumer des responsabilités, de poursuivre vos objectifs à long terme avec acharnement ou d'acquérir une certaine sérénité intérieure à travers une activité spirituelle.

Vous pouvez alors être facilement sensibilisé aux effets perturbateurs que peuvent causer tout élargissement de vos horizons à travers les voyages, la culture, l'influence de l'étranger et des étrangers, toute recherche philosophique ou spirituelle, le système administratif, éducatif, juridique ou médical, l'autorité et le paternalisme, vos activités professionnelles et la société en général avec ses obligations, ses lois, sa fiscalité, ses codes et ses normes.

Cela peut vous donner tendance à rejeter, à renier ou à critiquer froidement tout ou une partie de ce que représente Jupiter. Vous pouvez alors rejeter et mépriser l'aventure, l'exploration de nouveaux espaces, le système avec ses codes et ses règles, l'étranger et les étrangers, les lois et les gouvernements, toute philosophie, tout idéal religieux ou spirituel et toute forme de culture. Si vos lois et vos croyances profondes s'opposent aux lois du monde extérieur, cela peut vous causer quelques difficultés (obstacles, retards) avec les autorités, avec les représentants de l'état et vis à vis de tout ce qui concerne les diplômes ou les papiers administratifs.

Vous pouvez, lorsque vous assumez des responsabilités, lorsque vous faîtes des recherches, lorsqu'il s'agit de vous organiser et de construire ou quand vous cherchez la paix intérieure de l'âme, avoir des difficultés à faire preuve de bon sens et d'optimisme, de passion et d'enthousiasme, de chaleur humaine, de confiance en vous et de générosité, à percevoir les bons coté d'une situation, à évaluer les sacrifices nécessaires par rapport aux bénéfices pouvant être escomptés, à tenir compte des conséquences de vos comportements sociaux sur l'entourage.

Vous pouvez également avoir du mal à vous donner les moyens de réaliser vos ambitions, à tenir compte des codes, des normes, des consignes et des lois extérieures en vigueur, à faire preuve d'autorité ou à accepter l'autorité, à donner un sens et une utilité à vos expériences, à vous sentir utile et à faire profiter aux autres ce que vous avez acquis.

Peut-être que vos recherches, vos principes, vos réflexions et spéculations, vos ambitions à long terme ne sont pas couronnées de succès parce qu'elles ne sont pas ordonnées avec bon sens ou parce qu'ils ne tiennent pas assez compte des réalités environnantes, des faits concrets, des opportunités, du contexte général, des demandes du groupe, des contraintes de votre situation ou de vos propres moyens? D'où parfois des erreurs de jugement ou un manque apparent de chance. Votre juge moral, votre idéal de perfection, vos ambitions, votre besoin de contrôler et d'assumer des responsabilités ou votre besoin de construire ne sont pas toujours influencés, canalisés, gérés et pris en main par une volonté d'insertion professionnelle, par un idéal culturel, philosophique, religieux ou spirituel, ou alors pas comme il le faudrait pour obtenir des résultats constructifs.

Peut-être êtes-vous trop pris par votre recherche, votre carrière, vos responsabilités, vos réflexions ou ce que vous construisez pour avoir le temps de vivre ? Peut-être que vos réflexions, votre morale, vos recherches, vos responsabilités d'ordre professionnelles et votre tendance à tout vouloir contrôler sont un moyen pour vous, d'éviter de faire preuve d'autorité ou de faire face à certaines réalités de la vie?

Peut-être voudriez-vous être reconnu sans faire d'efforts, sans franchir les obstacles inévitables et sans passer par les étapes nécessaires? Votre statut social ne correspond alors pas forcément à vos mérites ou à votre qualité ?

Peut-être restez-vous silencieux quand il faudrait communiquer et peut être vous imposez-vous bruyamment et excessivement et quand il faudrait vous mettre en retrait? Peut-être alternez-vous entre des moments où vous êtes euphorique, optimiste et enthousiaste sans être assez réaliste et d'autres moments où rien ne va plus et où vous déprimez? Vous pouvez alors être insatisfait au plus profond de vous-même parce que vous avez l'impression de ne pas réellement être épanoui, que votre existence est monotone, qu'il ne se passe rien, que vous ne servez à rien, qu'il vous manque cette part de vie et d'action, d'utilité, d'ouverture d'esprit, de reconnaissance officielle, d'envergure, de confort et d'aisance matérielle. Peut-être avez-vous l'impression de ne jamais être en règle ou la peur permanente de ne pas être en règle ?

# Scénario 3 : Votre besoin d'espace et de vie extérieure est en excès

Lorsque vous êtes identifié à Jupiter, vous pouvez l'être excessivement. Vous pouvez alors avoir tendance à faire preuve d'un besoin exagéré d'être à l'extérieur, d'être reconnu, utile, écouté, accepté, complimenté et récompensé, de vous conformer aux conventions, aux normes, aux valeurs culturelles et aux lois de votre société.

Vous pouvez être trop optimiste ou trop facilement satisfait. Une tendance à être autoritaire, à vouloir toujours faire la loi, à donner sans cesse des conseils et à vouloir détenir le pouvoir peut vous prédisposer à l'usurpation de pouvoir, à être tapageur, bruyant, envahissant, étouffant et colonialiste. Vous en faites alors trop ou vous surestimez. Vous pouvez parfois devenir affreusement prétentieux, conformiste et bourgeois dans le sens péjoratif du terme, comme s'il vous fallait absolument être honorable, respectable et normal, au point de vous empêcher d'exprimer votre personnalité profonde. L'influence excessive de Jupiter peut vous donner une tendance à l'exagération systématique, une tendance à trop vivre en fonction des circonstances extérieures et des opportunités du moment et à dépendre du monde extérieur pour vous indiquer le chemin à suivre, une tendance aux généralisations abusives, une tendance à amplifier des difficultés sans importances, une tendance à tenir les discours qui servent vos intérêts personnels, une tendance à abuser de la confiance d'autrui, une tendance à l'hypocrisie, une tendance à être gonflé et sans gêne, une tendance au gaspillage, à la démesure et aux excès de toutes sortes.

# Scénario 4 : Votre juge et votre besoin d'ordre et de structures sont en excès

L'influence excessive de Saturne peut se traduire par un manque de confiance en vous, par une tendance à vivre dans la peur du jugement, dans la peur de l'avenir, dans la peur de manquer, dans un état d'insécurité ou d'inquiétude, par une tendance à douter de votre autorité, à dresser ou à imaginer des murs et des obstacles qui vous freinent dans vos initiatives ou à être trop sur la défensive.

Vous pouvez avoir tendance à entretenir une morale rigide, des angoisses inutiles, une mentalité fataliste, sectaire ou dogmatique, une philosophie archaïque, une étroitesse d'esprit, des préjugés et une inaccessibilité qui freine votre expansion et votre épanouissement. Une tendance à vouloir tout analyser, intellectualiser, théoriser, comprendre, expliquer, justifier, contrôler et maîtriser, à ruminer, à vous poser trop de questions avant d'agir, à être égoïste dans la vie professionnelle, à être trop sévère, dur, exigent envers vous-même ou envers autrui et à vous rendre la vie compliquée.

Vous avez peut être tendance à croire dur comme fer dans une attitude pessimiste et défaitiste, et donc d'échec, que ce que vous faites ne durera pas. Vous pouvez ainsi passer à coté d'opportunités parce que vous résistez aux événements et à la chance, avoir tendance à sélectionner ou trier de façon excessive ce qui vous semble bon à vivre en écartant systématiquement tout ce qui est extérieur à la situation et à considérablement limiter le champs de votre vécu. Une sensibilité excessive à ce qui ne va pas dans les situations, aux imperfections et à ce qui reste à faire ainsi qu'un sens critique puissant peuvent parfois vous pousser à la révolte. Des attitudes moralisatrices, culpabilisantes et un besoin excessif de tout maîtriser peuvent étouffer toute expression spontanée de vos élans, de votre dynamisme, de votre optimisme, de votre besoin de faire la fête et de votre désir d'expansion.

 Peut-être ne vous sentez-vous confortable que dans des situations rigides où tout est prévu, géré, structuré, organisé et contrôlé ? Peut-être êtes-vous tellement en train de construire, de chercher, de vous poser des questions existentielles, de vous découvrir et de prévoir l'avenir que vous ne savez pas profiter de cette courte vie terrestre ou chercher d'autres opportunités ?

L'influence de Saturne peut aussi se traduire par un détachement excessif de la vie, par une difficulté à vous orienter professionnellement, par un refus de participer au monde extérieur considéré comme immoral, par un repli sur vous-même dans vos mondes intérieurs, par une tendance à l'ascétisme, par des excès de prudence, de lenteur, de lourdeur, d'arrivisme, d'ambition et de sécheresse de cœur.

Une impression de culpabilité parce que vous n'en avez pas assez fait ou d'être très difficilement satisfait de la qualité de ce que vous faites peut parfois vous donner tendance à vouloir tout assumer, à vouloir porter la Terre sur vos épaules, comme Atlas dans la mythologie Grecque, et vous pousser aux excès de travail.

## Expression positive consciente et naturelle : Lorsque vous apprenez à maîtriser cette partie de votre personnalité et à utiliser toute sa richesse et lorsque vous avez fait le chemin pour exprimer cette relation en pleine conscience et d'une manière positive.

Pour transformer la relation Jupiter-Saturne dissociée en relation consciente et dynamique, il peut être utile d'effectuer un travail sur le rôle que doivent avoir dans votre vie l'expansion, l'autorité et le pouvoir, le monde extérieur, le système et la société mais aussi sur le rôle que doivent avoir dans votre vie et au sein de votre personnalité votre juge moral, le développement spirituel, les structures, l'effort, le silence, la sécurité, la gestion du temps et l'évolution, la valeur que vous avez et la paix intérieure.

Cette facette de votre personnalité peut être gérée et canalisée en oscillant entre les deux fonctions psychologiques qui sont vécues dans des états d'esprit très différents de façon telle que chaque fonction rectifie l'autre au moindre excès et sans que l'une des fonctions psychologiques gène l'expression de l'autre.

Il y a d'un coté votre rôle social, votre vie professionnelle où vous êtes à la fois conscient des sacrifices à effectuer et des récompenses que vous obtenez. Vous avez alors des moments où vous êtes optimiste, enthousiaste, généreux et opportuniste. Vous savez alors laisser vos croyances profondes et votre besoin de solitude pour assumer vos obligations et vos responsabilités. Vous pouvez ensuite vivre d'autres moments où vous savez-vous discipliner, réfléchir en profondeur, voir les choses à long terme, prendre du recul, prendre votre temps, vous consacrer à une forme de recherche, vous posez des questions existentielles, faire face aux problèmes et vous organiser, sans être dérangé par l'extérieur.

Vous savez que la vie extérieure est le champ d'exercice nécessaire à l'âme pour se structurer et pour évoluer, ce qui vous permet de vous affirmer à l'extérieur, mais vous savez que des moments de retraite sont également nécessaires et vous avez vos périodes de solitude. Vous savez qu'il y a des périodes de restriction et des périodes d'abondance, des portes ouvertes et des portes fermées, des joies et des peines et vous savez-vous adapter en étant philosophe.

Vous savez que la perfection n'existe pas mais vous savez utiliser vos insatisfactions pour évoluer. Vous savez laisser vos craintes, votre morale et vos insatisfactions pour être dans le monde extérieur, sachant que vous retrouverez votre monastère, votre tour d'ivoire et votre vie intérieure où vous pourrez totalement laisser de coté votre travail et vous consacrez à vous-même et à votre développement personnel.

Bien maîtrisée, la relation Jupiter-Saturne peut vous conférer un ensemble d'aptitudes qui sont alors vécues d'une façon très consciente et dynamique. Cela peut par exemple se traduire, pour ce qui concerne pour ce qui concerne Jupiter par des aptitudes à faire des affaires et à produire des richesses, à assumer un pouvoir et des responsabilités, à incarner l'ordre et la loi, à vous cultiver et à enseigner qui sont hors du commun et qui peuvent vous permettre d'atteindre une position sociale élevée.

Pour ce qui concerne Saturne par une exceptionnelle maîtrise de votre énergie, et de votre autorité, par un sang froid, une objectivité, une solidité, un sens de la construction et une puissance de travail hors du commun, par une aptitude à assumer de grosses responsabilités, par une capacité à travailler sur votre personnalité afin de tendre vers la perfection, à appliquer les lois éternelles qui régissent l'univers et par la possibilité d'acquérir un puissant éveil spirituel.

Quand la relation Jupiter-Saturne est vécue en conscience, explorer le monde et élargir vos horizons tend à être pour vous synonyme d'apprentissage, de recherche, de découverte, de perfectionnement ou d'évolution vers une maîtrise de votre être, de votre corps et de votre vie. Ces différentes activités peuvent vous enthousiasmer. Vous pouvez avoir tendance à envisager votre vie extérieure comme un perpétuel chantier, comme un cheminement où domine une part d'inconnu, comme une continuelle évolution, comme une œuvre en construction ou comme une vaste école de formation.

Dès lors qu'il s'agit d'élargir vos horizons ou d'acquérir un certain confort matériel, lorsqu'il s'agit d'exploiter une opportunité ou de provoquer la chance, lorsqu'il s'agit de légiférer, de représenter, de coordonner, de gérer, d'administrer, de distribuer, d'éduquer, de conseiller, de guider, de faire des affaires ou de vous rendre utile, de conquérir votre place dans la société, d'occuper l'espace, d'exercer une activité professionnelle, de vous intégrer dans un groupe ayant des objectifs communs, de comprendre votre environnement social avec ses codes et sa culture ou de faire des affaires ; alors vous savez prendre de la distance et du recul, analyser la structure de la situation avec objectivité, observer avec détail et précision, voir les problèmes en face et faire le nécessaire pour les surmonter, procéder par étapes et prendre le temps nécessaire, éviter les excès, les exagérations et les généralisations abusives, faire preuve de prudence, tirer des leçons, des principes ou une morale des événements, vous organiser avec rigueur et pragmatisme, vous discipliner et travailler avec acharnement jusqu'à ce que votre objectif soit atteint et votre œuvre réalisée.


Vous êtes sensible aux difficultés présentes ou à vos limites, aux insuffisances et aux imperfections existantes, à ce qui ne va pas dans la situation, à ce qui reste à faire et à vos lacunes éventuelles.
Vous savez poser les questions qui s'imposent et remettre les choses en question lorsque cela est nécessaire. Vous savez utiliser le langage avec

précision, en trouvant les mots justes mais vous connaissez aussi la valeur du silence. Vous avez besoin de comprendre le sens de la vie ou de votre vie, mais aussi d'organiser et de contrôler votre vie ou votre destinée. Vous avez de la suite dans les idées.

Vous savez-vous fixer des objectifs à long terme, élaborer des plans d'action ou de formation et des méthodes d'exécution, vous fixer les étapes à franchir, vous discipliner en fonction de vos objectifs professionnels, vous organiser de façon à construire, fournir une quantité importante d'efforts et de travail, persévérer avec acharnement et détermination, œuvrer de façon organisée, méthodique voire stratégique, être ambitieux et assumer de grosses responsabilités.

Vous accordez beaucoup d'importance à la qualité du travail, tendez à être sérieux, honnête, droit, intègre, responsable et digne de confiance. Vous avez une conscience professionnelle développée. Votre désir d'insertion professionnelle, d'élargir vos horizons ou de faire la loi en affirmant votre autorité est souvent motivé par un besoin de sécurité et de sérénité.

 Cela vous prédispose parfois à vous orienter professionnellement vers les administrations et vers l'état où vous pouvez avoir la sécurité de l'emploi. Cela peut également vous conférer un coté classique, conservateur et attachant une certaine importance aux valeurs traditionnelles.

Votre juge moral tend à être très développé et vous pouvez avoir tendance à vous servir de votre autorité morale pour faire la loi. Vous voulez que votre vie extérieure corresponde à votre idéal de perfection et à vos ambitions, ce qui vous rend exigeant et pas facilement satisfait. Vous avez un respect inné de l'ordre, des lois et des symboles d'autorité, ou inversement, vous pouvez avoir tendance à aborder le monde avec un sens critique et avec détachement.

 Votre profondeur de conscience vous faisant constater à quel point le monde manque de vertu, de morale, de sagesse et de valeurs authentiques, vous êtes parfois tenté de vous détacher du monde extérieur pour faire cavalier seul.

Vous prenez alors du recul vis à vis des valeurs socioculturelles, des influences de votre entourage et les lois extérieures régissant votre cadre de vie.

Cela peut vous permettre de sortir des sentiers battus en faisant vos propres expériences, vous donne quelquefois la tendance à vivre votre propre vie à l'écart du monde ou vous permet le plus souvent d'avoir une vision profonde du monde qui vous entoure. Vous pouvez avoir tendance à résister aux événements, ce qui ne vous rend plus ou moins réceptif aux opportunités et à croire que toute opportunité est avant tout le résultat de longs efforts et la récompense du mérite. Vous savez par contre résister aux pressions et conditionnements véhiculés par votre système. De même toute récompense, toute promotion, toute décoration, tout pouvoir social ou toute richesse extérieure doit d'après vous être fondé sur la valeur et le mérite personnel, sur le travail, sur l'effort et sur des preuves concrètes et solides. Vous n'êtes pas une personne que l'on peut acheter et n'acceptez en général que ce que vous croyez mériter.

Vous avez besoin, pour vous insérer socialement, pour élargir vos horizons, pour vous épanouir ou pour affirmer votre autorité de sécurité, de bases solides, d'ordre, d'organisation, de structure, de stabilité, de temps, de responsabilités et d'avoir la conscience tranquille. Cela peut vous donner des aptitudes ou des prédispositions à effectuer de longues études. Vous êtes parfois lent à démarrer dans la vie parce qu'il vous faut analyser, réfléchir, vous structurer, assurer vos arrières et acquérir vos bases. Vous savez prendre votre temps, éviter les excès de travail et trouver un équilibre entre les moments où vous travailler et les moments où vous vivez. Cet équilibre vous permet d'éviter des états dépressifs.

Vous pouvez trouver un sentiment d'épanouissement en construisant quelque chose, en travaillant sur des chantiers, en effectuant une forme de recherche, en assumant des responsabilités, en œuvrant au sein d'une structure mais aussi à travers l'introspection, le travail sur soi, la méditation et le développement personnel. Epanouissement et sécurité, sagesse, sérénité vont chez vous ensemble. La recherche, l'exploration de l'inconnu, la quête des vérités universelles et l'expérimentation peuvent vous passionner et contribuer à votre épanouissement. Vous pouvez être attiré par les connaissances spirituelles, métaphysiques ou religieuses.

Où vous pouvez avoir tendance à envisager votre vie extérieure comme une recherche de soi même ou comme un cheminement où domine une certaine part d'inconnu, comme si votre vie était une œuvre en construction ou une vaste école de formation. Si Jupiter Saturne peut indiquer des débuts difficiles dans l'insertion socioprofessionnelle, il vous permet de vous élever, lentement mais sûrement, et le plus souvent par étapes, au niveau matériel, socioprofessionnel, culturel ou spirituel suivant l'orientation que vous avez donnée à votre vie.

Votre insertion professionnelle et votre intégration au monde extérieur peuvent se faire tardivement ou après de longues études, mais peut aboutir à une situation solide et durable.

Cet aspect vous prédispose à vous réaliser et à vous épanouir en général après la trentaine. Il prédispose quelquefois à une vie calme, campagnarde, solitaire ou bien réglée. Vous pouvez avec le travail et l'effort, développer votre confiance en vos facultés de gestion, d'organisation, de construction et d'auto discipline, en vos systèmes de défenses et en vos principes moraux. Vous pouvez ainsi développer une puissante autorité morale. Votre philosophie de vie peut être fondée sur les valeurs de travail, de discipline, de rigueur, de self contrôle et de travail sur soi.

Vos principes moraux et vos convictions peuvent être, au fur et à mesure que les années passent, fondées sur les valeurs d'optimiste, de générosité, de confiance, d'opportunisme, d'expansion, d'élargissement des horizons, d'affirmation de votre autorité, d'aisance, de confort ou sur une recherche du pouvoir. Plus vous prenez de l'âge et plus vous devenez confiant, expansif, optimiste et généreux.

Toute découverte, toute recherche, tout approfondissement, toute forme d'organisation et tout principe tendent chez vous à être influencés, canalisés et pris en main par des normes sociales, par le monde extérieur et par un idéal philosophique, religieux ou spirituel. Vous pouvez être capable de gérer constructivement et avec sagesse le pouvoir ou les responsabilités qui vous sont données, ce qui facilité votre évolution.

Lorsque vous assumez vos responsabilités, lorsque vous vous organisez ou construisez quelque chose, lorsque vous élaborez des plans ou des projets à long terme, lorsque vous effectuez des recherches ou des découvertes, lorsque vous êtes dans une dynamique d'introspection, lorsque vous faites face à des difficultés ou à des obstacles, lorsque vous recherchez la paix intérieure ou lorsque vous élaborez une morale faite de principes, vous pouvez avoir le besoin et la capacité de tenir compte des circonstances extérieures et du contexte général, des opportunités, des avantages et contraintes de la situation mais aussi des moyens à votre disposition.

Vous avez aussi le besoin et la capacité de donner un sens à la situation, d'être utile, de vous faire conseiller judicieusement lorsque cela vous parait profitable, d'évaluer les concessions nécessaires par rapport aux bénéfices pouvant être escomptés, de trouver les moyens dont vous avez besoin pour réaliser vos plans ou vos ambitions, de rentabiliser, d'optimiser et de faire profiter aux autres les résultats obtenus ou les fruits de vos expériences.
Cela vous rend très réaliste, vous confère un sens aigu de l'utilitaire et de puissantes aptitudes réalisatrices. Vous savez également faire preuve d'autorité et de maturité, de bon sens et d'un bon jugement, d'une capacité à comparer ce qui est comparable avec les normes ou avec ce qui se fait ailleurs de façon semblable ou différente.

La relation Jupiter-Saturne peut parfois donner la tendance rechercher la paix intérieure ou la sécurité uniquement dans le monde extérieur ou dans la spéculation philosophique alors que le monde extérieur et l'intellect ne peuvent, à eux seuls, apporter la paix de l'âme. La tendance à confondre intérieur et extérieur ou à cherchez dans le monde extérieur ce qu'on ne peut trouver qu'au plus profond de soi même peut gêner votre évolution intérieure.

Jupiter-Saturne peut limiter le nombre de voyages mais peut indiquer un séjour prolongé à l'étranger. Les voyages effectués, l'étranger et les étrangers peuvent faire mûrir, contribuer à l'évolution intérieure, permettre d'acquérir une meilleure connaissance des lois et structures de la vie. Vous pouvez avoir une certaine chance en ce qui concerne l'évolution intérieure, l'acquisition d'une sagesse, le bâtiment, l'immobilier et les personnes âgées. Vous pouvez avoir des goûts, des aptitudes et des talents naturels pour structurer, bâtir, construire, pour gérer une organisation, organiser, contrôler, veiller à la bonne qualité, analyser, prohiber, fixer des limites, administrer, réfléchir, chercher, gérer le temps et tenir compte du temps, travailler la terre ou la pierre, pour créer des formes ou des objets et pour apporter sagesse et vérité.

Cela peut vous permettre d'exercer une activité professionnelle en lien avec le droit, l'histoire, l'archéologie, la religion et l'ésotérisme, la politique, la pédagogie, la formation et l'enseignement, la recherche, les sciences et techniques, les mathématiques, l'architecture, l'économie, la comptabilité, la gestion, la logistique, l'encadrement, l'administration, l'organisation d'activités culturelles ou de voyages, l'immobilier, les travaux publiques et les métiers du bâtiment, l'agriculture, la recherche, les métiers du froid, les professions en rapport avec la montagne et les activités en rapport avec la sécurité et la qualité.

## ASPECT HARMONIQUE JUPITER-URANUS

Il y a dans votre thème astral une relation permanente, continue et symbiotique entre Jupiter et Uranus qui s'expriment en vous comme deux partenaires. Dans la mesure où vous êtes sensible aux effets positifs que chacune des fonctions à sur l'autre et où vous tendez à croire que lorsque vous vivez l'une des fonctions, alors l'autre viendra systématiquement la soutenir, vous tendez à récolter le meilleur de chacune de ces deux fonctions psychologiques et des expériences qui y sont associées. Lorsque vous vivez votre fonction psychologique Jupiter, vous exercez votre activité professionnelle, vous faites preuve d'optimisme, d'opportunisme et de disponibilité. Vous négociez, affirmez votre autorité et vous vous insérez dans un groupe ayant des objectifs communs.

Vous participez à un travail d'équipe ou à un mouvement général d'ordre collectif. Vous propagez une culture, un idéal, des valeurs religieuses ou spirituelles. Vous faites des affaires, vous légiférez ou faites la loi, jugez, organisez, coordonnez, éduquez, conseillez ou vous rendez utile. Vous êtes alors, dans ces situations, très capable d'affirmer vos convictions, vos exigences, votre spécificité et votre puissance, d'être autonome et de rester indépendant.

Si vous êtes détaché intérieurement des conditionnements socioculturels et des influences de votre passé, vous entendez cependant participer activement au monde extérieur et focaliser vos énergies dans une activité professionnelle. Vos idées, vos conceptions et votre philosophie de vie sont claires, nettes et précises et elles débouchent le plus souvent sur une participation plus active à la société. Vous savez ce que vous voulez et savez-vous donner les moyens d'atteindre vos ambitieux objectifs.

Vous êtes logique et remarquablement organisé. Votre sens de la discipline vous permet de vous maîtriser et de maîtriser des situations complexes. Optimiste et positif vous savez voir l'aspect prometteur et bénéfique d'une situation, faire naître l'espoir autour de vous et trouver des solutions qui servent l'intérêt général. Vous avez des facilités pour redresser des situations en difficulté, pour vous dépasser afin de progresser, pour innover et pour faire des découvertes, pour utiliser votre sens psychologique, pour devenir un spécialiste ou pour vous faire des amis. Jupiter-Uranus, parce qu'il vous confère un pouvoir puissant et la capacité de gérer le pouvoir, peut vous permettre d'accéder à une haute position sociale.

Vous pouvez, en particulier dans votre cadre professionnel, avoir des facilités pour vous affirmer, pour affirmer vos convictions et votre spécificité, pour vous organiser et vous discipliner, pour vous maîtriser ou pour maîtriser la situation. Vous faites des projets ou vous vous projetez dans l'avenir, vous exprimez votre idéal, votre idéologie ou vos valeurs spirituelles. Lorsque vous vivez votre fonction psychologique Uranus, Vous participez à une grande entreprise collective ou internationale, à une cause impersonnelle, à une association ou à une action visant à aider autrui. Vous inventez, vous innovez ou vous faites des découvertes. Vous cherchez à évoluer psychologiquement ou spirituellement afin de vous libérer de ce qui vous entrave, vous vous faites des amis et vous faites face à l'imprévu ou à la nouveauté.

Vous savez alors faire preuve d'autorité, de bon sens et d'un bon jugement mais aussi tenir compte des circonstances extérieures et du contexte général, des normes, des codes, des lois et des coutumes en vigueur, des opportunités et contraintes de la situation et des moyens à votre disposition.

Vous avez le besoin et la capacité de donner un sens à la situation, d'être utile, de vous faire conseiller judicieusement lorsque cela vous parait profitable, d'évaluer les sacrifices nécessaires par rapport aux bénéfices pouvant être escomptés, de trouver les moyens dont vous avez besoin, d'être optimiste et opportuniste, de rentabiliser et d'optimiser et de faire profiter aux autres les résultats obtenus.

Cela peut vous permettre de généraliser tout en étant précis, de concilier fermeté et sens de la négociation, d'être à la fois réaliste ou à l'aise sur le terrain et d'être un excellent théoricien, d'avoir une grande emprise sur votre vie et sur les événements. Vous pouvez être doué pour poursuivre vos objectifs professionnels sans vous laisser détourner de votre voie par d'éventuelles pressions extérieures, pour vous imposer avec énergie et détermination, pour gérer le pouvoir, pour assumer de grosses responsabilités, pour vous adapter au monde moderne et pour réussir dans votre domaine professionnel.

Et c'est à travers les voyages ou des expéditions, à travers la vie et l'action, à travers une activité de groupe et des responsabilités professionnelles, à travers l'exercice du pouvoir ou à travers une recherche spirituelle que vous découvrirez votre individualité et que vous vous libérerez. La relation Jupiter-Uranus vous apporte la générosité, un sens du partage et de la coopération, un coté altruiste, humain, humaniste, philanthrope, fraternel et universel, une mentalité progressiste et novatrice, un sens démocratique ainsi qu'une excellente compréhension des mécanismes sociaux, psychologiques, économiques et politiques qui régissent l'être humain et les sociétés. Il peut vous conférer une exceptionnelle ouverture d'esprit, une envergure intellectuelle, philosophique, culturelle ou spirituelle et la capacité à situer votre vie dans un cadre de référence universel.

L'amitié est pour vous un moyen d'épanouissement, et votre vie tend à être jalonnée par de nombreuses relations amicales ou sociales. Vous pouvez être attiré en amitié par des personnes chez qui la fonction psychologique Jupiter est très présente. Ces relations peuvent vous aider à vous insérer professionnellement, à vous enrichir ou à élargir vos horizons matériels, intellectuels, culturels ou spirituels. Votre autorité, vos jugements, votre pouvoir professionnel, votre besoin d'expansion et votre vie extérieure tendent à être influencées par des énergies cosmiques à haute tension venant de l'inconscient collectif. Cet apport d'énergie a pour but de vous faire participer au progrès collectif technique, psychologique ou social de votre société, de vous permettre de trouver des solutions et de faire évoluer les choses dans une situation donnée. Il peut vous permettre d'être un canal entre l'univers ou les forces de progrès et l'humanité. Vous pouvez ainsi avoir un grand réservoir de magnétisme et d'électricité.

Vous êtes très dynamique, parfois survolté, tendu, électrique, brusque et imprévisible dans vos comportements. Votre magnétisme peut dans certains cas vous permettre de soulager la souffrance d'autrui et de guérir la maladie.

Vous pouvez être remarquablement doué pour convaincre tant vous êtes vous-même convaincu, et assumez parfois un rôle de sauveur, de Saint Bernard, de libérateur ou d'ange gardien, en vous positionnant en dominant tendant votre main fraternelle à ceux qui en ont besoin.

Vous pouvez par contre avoir tendance à vous occuper exclusivement des autres ou d'affaires extérieures à votre intimité au point de vous dépersonnaliser, avoir tendance à ne pas assez vous occupez de vous-même ou de vos proches, avoir des difficultés pour situer vos limites, avoir tendance à croire que tout est possible et parfois à vous prendre pour un dieu. Là où Jupiter vous permet de développer une relation avec votre guide et avec la chance, Uranus vous rend sensible aux signes du ciel, aux hasards, aux coïncidences, aux synchronicités et à la source de la chance, c'est à dire à la présence des Anges. Vous pouvez avoir l'impression qu'il existe dans un autre monde la communauté des Anges, qui contribue par l'intermédiaire des Hommes de bonne volonté à apaiser les maux de la Terre, communauté où règne Amour, Harmonie, Lumière et Paix. De cette impression peuvent naître en vous une vaste source d'espoir, une bonne dose d'idéalisme et parfois des idées utopiques ou irréalisables sur Terre.

La relation Jupiter-Uranus peut vous permettre de comprendre le sens et la cause des événements, de saisir comment ce que chacun porte à l'intérieur de son être engendre les événements équivalents dans le monde extérieur, de croire en l'influence d'être supérieurs et d'avoir la conviction que le ciel vous aidera si vous vous aidez vous-même. Vous pouvez ainsi vous sentir responsable de ce qui vous arrive, rendre autrui responsable de ce qui leur arrive, être convaincu que rien n'arrive " par hasard "et faire preuve d'une autorité inflexible envers vous-même et envers autrui.

 Tout pour vous tend à avoir un sens et vous pouvez avoir des difficultés à vous affirmez si vous n'êtes pas convaincu ou si ce que vous faites n'a pas de sens apparent. Vous pouvez avoir une conscience aiguë du nécessaire, savoir être au bon moment au bon endroit et être capable de vivre en harmonie avec l'univers, avec l'humanité ou avec votre propre nécessité.
Jupiter-Uranus peut indiquer une chance insolite, des coups de chance inattendus et des protections puissantes. Votre vie peut être paradoxale parce que d'un coté, vous semblez être sur de ce que vous voulez faire dans votre vie, avoir une vocation bien définie et cheminer sur les rails de votre destinée alors que d'un autre coté vous avez besoin pur vous

épanouir de nouveauté, d'imprévus, de surprises mais parfois aussi d'espace et d'aventure.

Une existence monotone, routinière et répétitive ne vous convient donc pas. Vous pouvez avoir des goûts, des aptitudes et des talents naturels pour travailler en groupe, pour organiser des projets ou pour faire de la logistique, pour les sciences, les techniques et les télécommunications, pour gérer un réseau, pour coopérer, réformer, nettoyer, être à l'avant-garde, pour vous consacrer à une cause universelle, pour trouver des solutions, pour les métiers d'aide et de conseils, pour soulager des maux physiques et moraux, pour participer au progrès collectif et à la vie moderne, pour vous spécialiser, pour innover ou inventer, pour participer à un mouvement humanitaire, à une grande société ou à une association.

## ASPECT DISSONANT/DYNAMIQUE JUPITER-URANUS

Il y a dans votre thème astral une relation permanente, mais discontinue, dissociée, duelle, tendue et conflictuelle, entre Jupiter (votre relation à l'espace et à la société) et Uranus (votre besoin de liberté, votre intelligence psychologique et technologique), car ces deux planètes vibrent en vous à deux fréquences totalement différentes. Chaque planète veut s'exprimer, à sa façon, à travers vous et tend à considérer l'autre comme une rivale ou comme une perturbatrice. Vous avez alors tendance, soit à exprimer l'une puis l'autre des planètes d'une façon excessive, soit à vivre l'une des planètes et à rejeter l'autre parce que vous la considérez comme perturbatrice, parce que vous voyez son côté sombre plus que son côté lumineux.

Tant que vous nourrissez ce conflit à l'intérieur de vous, vous récoltez le moins bon de chacune des deux fonctions psychologiques et des expériences qui y sont associées. La solution, que vous verrez plus bas dans le texte, est de vivre chaque fonction en pleine conscience et de savoir alterner rapidement et consciemment, entre chacune des deux fonctions psychologiques représentées par la planète. Vous transformez ainsi une relation conflictuelle en une grande force et vous vivez cette relation de façon consciente et dynamique.

Cette partie de votre personnalité peut engendrer, lorsqu'elle n'est pas maîtrisée, des difficultés dans la vie active, dans les rapports humains à cause d'une tendance à entrer en conflit avec l'autorité, des difficultés au niveau de l'évolution psychologique, des difficultés à vous affirmer dans la vie de façon autonome et indépendante, des difficultés à vivre libre mais aussi des difficultés à trouver votre place dans le monde et à acquérir les savoirs nécessaires pour travailler, à être reconnu socialement, à exprimer

votre autorité, à être en règle avec la loi de par un conflit ou une dissociation entre par exemple votre besoin d'exprimer votre spécificité et votre besoin de vie professionnelle, votre besoin de vivre libre et les contraintes imposées par la société, entre votre besoin d'ouverture et votre besoin de spécialisation, entre votre besoin de découvrir les lois universelles et la nécessité de respecter les lois du monde extérieur.
Vous avez alors tendance à incarner plusieurs scénarios, en alternant parfois de l'un à l'autre.

## Scénario 1 : Jupiter domine et Uranus est rejeté ou mal intégré à votre personnalité.

Quand Jupiter domine chez vous, vous avez besoin de vous insérer dans votre société, d'être utile et reconnu à travers une activité professionnelle, de confort et d'épanouissement, d'aventure, de vie et d'action, de faire la fête, de coopérer au sein d'un groupe ayant des objectifs communs, d'élargir vos horizons à travers des voyages ou à travers une activité culturelle, philosophique, religieuse ou spirituelle, d'affirmer votre autorité, d'exercer un pouvoir et de faire la loi. Vous avez alors tendance, le plus souvent inconsciemment, à percevoir le coté négatif de ce que représente Uranus, sa face obscure et ses défauts.

 Vous pouvez ainsi être très sensible aux effets perturbateurs que peuvent causer toute idéologie, toute projection dans l'avenir, toute affirmation personnalisée de votre personnalité, toute relation amicale, toute recherche spirituelle, tout travail de développement personnel, toute obligation et responsabilité, le progrès, les technologies nouvelles et la société moderne, toute indépendance et autonomie, tout imprévu et tout événement indépendant de votre volonté dans votre vie. Cela peut vous inciter à rejeter et refouler tout ou une partie de ce que représente Uranus. Cela peut alors vous donner des difficultés à être en phase et en synchronicité, à utiliser vos antennes, à vous imposer, à focaliser toutes vos énergies vers un but spécifique, à faire preuve de logique, à vous spécialiser, à être réellement autonome, indépendant et maître de votre destinée, à vous organiser de façon logique, à structurer et à maîtriser, à discipliner et à encadrer votre vie professionnelle, vos voyages ou vos comportements de groupe.

Peut-être avez-vous l'impression de perdre votre identité personnelle, votre indépendance ou votre originalité lorsque vous vous intégrez dans un groupe? Ou peut-être avez-vous trop facilement l'impression d'être hors la loi lorsque vous affirmez vos convictions, votre spécificité et votre besoin de liberté ?

Vous pouvez avoir des difficultés à affirmer votre différence, à être sociable, humain et fraternel, à vous affranchir des conditionnements socioculturels, à évoluer psychologiquement en vous libérant de vos peurs et de vos croyances, à trouver des solutions aux difficultés éventuelles ou à redresser des situations en difficulté, à aider autrui à allez mieux ou à accepter l'aide d'autrui, à adhérer à un groupe, à un mouvement idéologique ou syndical, à faire des projets et à vous projeter dans l'avenir, à vous utiliser les technologies modernes, à vous adapter au monde moderne, à la nouveauté et à l'imprévu, à supporter la tension et à créer ou entretenir des relations amicales.

Vous pouvez également avoir des difficultés à ressentir le plan divin, les vérités cosmiques ou les lois éternelles, à trouver votre vocation, à être en harmonie avec les lois cosmiques et à percevoir les signes du ciel ou du hasard, à avoir de l'espoir et à être sensible à tout ce qui est synonyme d'espoir, à entrevoir un monde nouveau et meilleur, à être en avance sur votre époque par manque de sensibilité aux courants de progrès, à voir l'avenir, à ressentir les états psychologiques des personnes qui font partie de la situation.

 Vous êtes très sensible aux différences qu'il y a entre les lois cosmiques et les lois de la société. Vous pouvez avoir l'impression que votre vécu extérieur  ou votre vie professionnelle ne correspond pas à vos valeurs spirituelles, à vos principes, à votre idéologie, à ce que vous aviez prévu de vivre où à votre vocation.

Vous pouvez être insatisfait dans votre vie parce que vous avez l'impression de ne pas pouvoir vous exprimer librement, de ne pas être réellement libre et indépendant, de ne pas évoluer et progresser, de ne pas réellement maîtriser votre trajectoire, que les gens autour de vous manquent de maturité psychologique, ou parce que vous avez l'impression qu'il vous manque ce que vous refoulez et ce que vous avez peur d'exprimer. Cela peut engendrer de violentes réactions de compensation.

## Scénario 2 : Uranus, votre besoin de liberté, domine et Jupiter est rejeté ou mal intégré.

Quand vous vivez votre Uranus, vous avez besoin d'être libre et autonome, de vous affirmer dans le monde moderne, d'affirmer votre spécificité et vos convictions, d'utiliser les sciences, les techniques et les outils modernes de communication. Vous cherchez à évoluer psychologiquement, à aider autrui pour qu'ils évoluent psychologiquement en les libérant de leurs peurs et de leurs croyances.

Vous participez à un mouvement idéologique, à un mouvement syndical ou à une action de groupe. Vous vivez en groupe ou vous partagez du temps avec vos amis. Vous vous disciplinez et vous  focalisez toutes vos énergies vers un but spécifique, vous faites des projets et vivez intensément.

Vous pouvez alors être sensibilisé effets perturbateurs que peuvent avoir les contraintes de la vie professionnelle et de la société, tout élargissement de vos horizons à travers les voyages, la culture, la religion, la philosophie ou l'ésotérisme, tout confort ou toute aventure, l'étranger et l'influence de l'étranger, la société avec ses normes, ses codes et règles; le système administratif, éducatif, juridique ou médical; les différences de nationalité ou de culture ainsi que l'autorité et le paternalisme.

Sans doute percevez-vous tout cela comme étant pesant, rigide et contraire à votre besoin d'indépendance. Vous pouvez alors rejeter et mépriser le système social, l'étranger et les étrangers, les lois et les gouvernements, toute philosophie, tout idéal religieux ou spirituel et toute forme de culture. Vos croyances spirituelles, vos convictions profondes ou votre idéologie s'opposent aux lois du monde extérieur, ce qui peut vous causer quelques difficultés (imprévus, événements apparemment indépendants de votre volonté) avec les autorités, avec les représentants de l'état et vis à vis de tout ce qui concerne les diplômes ou les papiers administratifs.

Vous pouvez alors, lorsque vous voulez être libre, quand vous partagez du temps avec vos amis, quand vous vous adaptez à la vie moderne ou quand vous cherchez à évoluer psychologiquement, avoir des difficultés à faire preuve de bon sens, de passion et d'enthousiasme, de chaleur humaine, de confiance en vous et de générosité, à percevoir les bons coté d'une situation, à évaluer les sacrifices nécessaires par rapport aux bénéfices pouvant être escomptés, à tenir compte des conséquences de vos comportements sociaux sur l'entourage, à vous donner les moyens de réaliser vos ambitions et vos projets, à tenir compte des codes, des normes, des consignes et des lois extérieures en vigueur, à faire preuve d'autorité ou à accepter l'autorité, à donner un sens et une utilité à vos expériences, à vous sentir utile et à faire profiter aux autres ce que vous avez acquis.

Peut-être que des principes et comportements rigides vous font passer à cotés d'opportunités? Peut-être que vos recherches, vos principes, vos projets, vos ambitions à long terme, vos inventions et innovations, vos qualités techniques ou psychologiques, votre besoin d'être aidé ou d'aider autrui ne sont pas couronnées de succès parce qu'ils ne tiennent pas assez compte des réalités environnantes, des faits concrets, des opportunités, du contexte général, des contraintes de votre situation ou de vos propres moyens ?

Ou peut-être qu'ils sont excessifs et démesurés ? D'où parfois un manque apparent de chance. Peut-être trouvez-vous que le progrès et la liberté coûtent trop chers ou demandent un trop grand investissement d'énergie? Vos projets, votre vision de l'avenir, votre volonté de puissance, vos idéologies ne sont pas toujours influencés, canalisés, gérés et pris en main par une volonté d'insertion professionnelle, par un idéal culturel, philosophique, religieux ou spirituel, ou alors pas comme il le faudrait pour obtenir des résultats constructifs. Vous pouvez ainsi avoir du mal à gérer votre puissance, votre pouvoir et vos responsabilités.

## Scénario 3 : Jupiter s'exprime d'une façon excessive où à travers ces défauts.

Lorsque vous êtes identifié à Jupiter, vous pouvez avoir tendance à l'être excessivement. Vous avez alors peut-être tendance à faire preuve d'un besoin exagéré d'être reconnu, utile, écouté, accepté, complimenté et récompensé, de vous conformer aux conventions, aux normes, aux valeurs culturelles et aux lois de votre société. Peut-être est-ce parce que vous avez-vous l'impression de ne jamais être en règle ou une peur de ne pas être en règle? Une tendance à être autoritaire, à vouloir toujours faire la loi, à donner sans cesse des conseils et à vouloir détenir le pouvoir peut vous prédisposer à l'usurpation de pouvoir, à être tapageur, bruyant, envahissant et étouffant.

Vous en faites alors trop ou vous surestimez. Vous pouvez parfois devenir prétentieux, conformiste et bourgeois, comme s'il vous fallait absolument être honorable, respectable et normal, au point de vous empêcher d'exprimer votre spécificité. L'influence excessive de Jupiter peut vous donner une tendance à l'exagération systématique, une difficulté à intégrer la notion de limites, une tendance à trop vivre en fonction des circonstances extérieures ou des opportunités du moment et à dépendre du monde extérieur pour vous indiquer le chemin à suivre, une tendance aux généralisations abusives, une tendance à tenir les discours qui servent vos intérêts personnels; une tendance à abuser de la confiance d'autrui, une tendance à l'hypocrisie ainsi qu'une tendance à être gonflé et sans gêne, une tendance au gaspillage, à la démesure et aux excès de toutes sortes.

## Scénario 4 : Votre système nerveux surchauffe et votre besoin de liberté domine en excès.

L'influence excessive d'Uranus peut se traduire par un besoin excessif de liberté et d'indépendance dans votre vie professionnelle au point que vous supportez difficilement les contraintes d'une existence régulière, les pressions extérieures et les ordres et par une tendance à vous révolter contre le pouvoir en place ou contre la société. Vous pouvez être victime du fantôme de la liberté qui vous incite à adopter une fausse image de la liberté. Peut être êtes vous tellement sur et convaincu de vos jugements, de votre légitimité et de vos opinions que vous n'en faites qu'à votre tête ?

Vous pouvez alors être complètement imperméable aux circonstances, faire preuve d'un individualisme exacerbé, avoir une tendance à vouloir systématiquement sortir des sentiers battus en ne faisant jamais comme les autres et à vivre en marge des autres, des normes et des conventions.

Vous pouvez avoir tendance à vous accrocher à vos idéologies, à vos convictions et à vos certitudes même si elles ne vous mènent nulle part ou une tendance à être complètement sourd aux dires et aux opinions d'autrui.

Votre originalité tourne parfois à l'excentricité. Une tendance à planer au-dessus des réalités concrètes, une tendance à être utopiste, un besoin excessif de tout intellectualiser, schématiser et conceptualiser ou une tendance à ne vivre que dans le projet ou dans le virtuel peut vous donner des difficultés d'adaptation pratique à la réalité.

Vous pouvez avoir tendance à vouloir tout le temps passer à quelque chose de nouveau dès que vous avez une impression de déjà vu ou dès que vous avez une impression d'avoir fait le tour de la situation. Cela peut être synonyme d'instabilité. La discipline et les exigences que vous vous imposez, les contraintes ou obligations auxquelles vous avez à faire face peuvent en retour vous empêcher d'exprimer votre nature instinctive, votre dynamisme, votre enthousiasme et votre générosité. Vous pouvez avoir tendance à tellement vouloir tout maîtriser dans votre vie que vous vous comportez comme un dictateur, ce qui ne facilite pas les relations avec autrui.

Des idées fixes, un fanatisme idéologique, une mentalité sectaire, rigide et élitiste ou une tendance à être excessivement spécialisé peut gêner votre capacité d'adaptation au monde extérieur. Vous pouvez parfois avoir tendance à être rigide quand il faudrait négocier et à vous relâcher quand il faudrait être inflexible. Une tendance à revendiquer brutalement vos droits à une vie meilleure (salaires, horaires, avantages sociaux) peut irriter vos supérieurs. Votre vie extérieure obéie parfois à une logique tellement personnelle ou complexe qu'elle peut être difficilement partageable ou compréhensible par autrui.

Votre autorité, vos jugements, votre pouvoir professionnel, votre besoin d'expansion et votre vie extérieure tendent à être influencées par des énergies cosmiques à haute tension venant de l'inconscient collectif mais sans que vous maîtrisiez forcément très bien cette influence. Cela peut se traduire par une surtension nerveuse mal contrôlée ou par une tendance à surchauffer, par une tendance à être facilement irritable, intolérant et à avoir des sautes d'humeurs, par une tendance à être survolté, électrique, brusque, imprévisible, foudroyant, déstabilisant, incontrôlable et parfois violent, par un goût pour les situations explosives ou par une tendance à vivre comme un avion à réaction.

**Expression positive consciente et naturelle :** Lorsque vous apprenez à maîtriser cette partie de votre personnalité et à utiliser toute sa richesse et lorsque vous avez fait le chemin pour exprimer cette relation en pleine conscience et d'une manière positive.

Pour transformer la relation Jupiter-Uranus dissociée en relation consciente et dynamique, il peut être utile d'effectuer un travail sur le rôle que doivent avoir la société avec ses règles et ses lois, la formation professionnelle, le monde extérieur, les voyages, l'optimisme et la confiance en soi et aussi sur le rôle que doivent avoir au sein de votre personnalité et dans votre vie la société moderne, la nouveauté, les projets, la virtualité et les ordinateurs, le groupe, les ami(e)s, l'autonomie, la liberté, la relation à l'univers, le progrès, l'aide reçue et donnée, sur ce qui fait votre originalité et votre spécificité et le développement personnel.

Les deux planètes peuvent être vécues dans des états d'esprit, dans des lieux ou à des moments très différents, de façon à ce que chacune rectifie l'autre au moindre excès. Vous savez qu'il y a des moments pour être dans le système, pour jouer votre rôle dans le monde, pour tenir compte des règles humaines et pour assumer vos obligations professionnelles, pour profiter des opportunités circonstancielles, pour faire des concessions et pour obtenir des récompenses, pour être ouvert et disponible.
Mais vous savez aussi vivre d'autres moments où vous affirmez votre spécificité et votre différence, ou vous vivez librement en fonction de vos projets personnels, où vous vous consacrez à votre développement personnel, où vous faites preuve d'originalité et où vous vivez selon certains principes universels. Vous savez obéir à l'autorité quand celle ci est légitime mais vous savez aussi, dans le cas contraire, prendre votre indépendance, détrôner les usurpateurs et renverser le régime en place s'il le faut.

Bien maîtrisée, la relation Jupiter-Uranus peut vous conférer un ensemble d'aptitudes qui sont alors vécues d'une façon très consciente et dynamique. Vous pouvez alors avoir une compréhension ultra rapide des mécanismes économiques, technologiques et psychologiques qui régissent l'univers visible et invisible et de ce qui se passe dans votre environnement, une intelligence exceptionnelle capable de révolutionner les modes de pensée, des dons d'inventeurs, une capacité à libérer autrui, un sens de l'adaptation et de la communication hors du commun, une maîtrise exceptionnelle de votre autorité ou de votre sens des affaires, un pouvoir personnel hors du commun vous permettant d'assumer de grosses responsabilités ainsi qu'une capacité à maîtriser les technologies modernes et à exploiter des systèmes d'informations très complexes.

Vous pouvez avoir une exceptionnelle maîtrise sur les événements et maîtriser votre vie en tenant compte de votre besoin d'évolution et des lois de l'univers. Vous pouvez devenir un agent au service du progrès et contribuer à créer un monde meilleur. Lorsque la relation Jupiter-Uranus est vécue en conscience, vous êtes logique, intuitif et remarquablement organisé. Votre sens de la discipline vous permet de vous maîtriser et de maîtriser des situations complexes.

Optimiste et positif, vous savez voir l'aspect prometteur et bénéfique d'une situation, faire naître l'espoir autour de vous et trouver des solutions qui servent l'intérêt général. Vous avez des facilités pour redresser des situations en difficulté, pour vous dépasser afin de progresser, pour innover et pour faire des découvertes, pour utiliser votre sens psychologique, pour devenir un spécialiste ou pour vous faire des amis.

 Jupiter-Uranus, parce qu'il vous confère un pouvoir puissant et la capacité de gérer le pouvoir, peut vous permettre d'accéder à une haute position sociale. Vous pouvez, en particulier dans votre cadre professionnel, avoir des facilités pour vous affirmer, pour affirmer vos convictions et vos spécificités, pour vous organiser et vous discipliner, pour vous maîtriser ou pour maîtriser la situation. Vous faites des projets ou vous vous projetez dans l'avenir, vous exprimez votre idéal, votre idéologie ou vos valeurs spirituelles. Lorsque vous vivez votre fonction psychologique Uranus, vous participez à une grande entreprise collective ou internationale, à une cause impersonnelle, à une association ou à une action visant à aider autrui. Vous inventez, vous innovez ou vous faites des découvertes.

Vous cherchez à évoluer psychologiquement ou spirituellement afin de vous libérer de ce qui vous entrave, vous vous faites des amis et vous faites face à l'imprévu ou à la nouveauté. Vous savez alors faire preuve d'autorité, de bon sens et d'un bon jugement mais aussi tenir compte des circonstances extérieures et du contexte général, des normes, des codes, des lois et des coutumes en vigueur, des opportunités et contraintes de la situation et des moyens à votre disposition. Vous avez le besoin et la capacité de donner un sens à la situation, d'être utile, de vous faire conseiller judicieusement lorsque cela vous parait profitable, d'évaluer les sacrifices nécessaires par rapport aux bénéfices pouvant être escomptés, de trouver les moyens dont vous avez besoin, d'être optimiste et opportuniste, de rentabiliser et d'optimiser et de faire profiter aux autres les résultats obtenus.

Cela peut vous permettre de généraliser tout en étant précis, de concilier fermeté et sens de la négociation, d'être à la fois réaliste ou à l'aise sur le terrain et d'être un excellent théoricien, d'avoir une grande emprise sur votre vie et sur les événements. Vous pouvez être doué pour poursuivre vos objectifs professionnels sans vous laisser détourner de votre voie par d'éventuelles pressions extérieures, pour vous imposer avec énergie et détermination, pour gérer le pouvoir, pour assumer de grosses responsabilités, pour vous adapter au monde moderne et pour réussir dans votre domaine professionnel.

Et c'est à travers les voyages ou des expéditions, à travers la vie et l'action, à travers une activité de groupe et des responsabilités professionnelles, à travers l'exercice du pouvoir ou à travers une recherche spirituelle que vous découvrirez votre individualité et que vous vous libérerez.

La relation Jupiter-Uranus vous apporte la générosité, un sens du partage et de la coopération, un coté altruiste, humain, humaniste, philanthrope, fraternel et universel, une mentalité progressiste et novatrice, un sens démocratique ainsi qu'une excellente compréhension des mécanismes sociaux, psychologiques, économiques et politiques qui régissent l'être humain et les sociétés. Il peut vous conférer une exceptionnelle ouverture d'esprit, une envergure intellectuelle, philosophique, culturelle ou spirituelle et la capacité à situer votre vie dans un cadre de référence universel. L'amitié est pour vous un moyen d'épanouissement, et votre vie tend à être jalonnée par de nombreuses relations amicales ou sociales.

Vous pouvez être attiré en amitié par des personnes chez qui la fonction psychologique Jupiter est très présente. Ces relations peuvent vous aider à vous insérer professionnellement, à vous enrichir ou à élargir vos horizons matériels, intellectuels, culturels ou spirituels. Votre autorité, vos jugements, votre pouvoir professionnel, votre besoin d'expansion et votre vie extérieure tendent à être influencées par des énergies cosmiques à haute tension venant de l'inconscient collectif.

Cet apport d'énergie a pour but de vous faire participer au progrès collectif technique, psychologique ou social de votre société, de vous permettre de trouver des solutions et de faire évoluer les choses dans une situation donnée.

Il peut vous permettre d'être un canal entre l'univers ou les forces de progrès et l'humanité. Vous pouvez ainsi avoir un grand réservoir de magnétisme et d'électricité. Vous êtes très dynamique, parfois survolté, tendu, électrique, brusque et imprévisible dans vos comportements. Votre magnétisme peut dans certains cas vous permettre de soulager la souffrance d'autrui et de guérir la maladie. Vous pouvez être remarquablement doué pour convaincre tant vous êtes vous-même convaincu, et assumez parfois un rôle de sauveur, de Saint Bernard, de libérateur ou d'ange gardien, en vous positionnant en dominant tendant votre main fraternelle à ceux qui en ont besoin.

Vous pouvez par contre avoir tendance à vous occuper exclusivement des autres ou d'affaires extérieures à votre intimité au point de vous dépersonnaliser, avoir tendance à ne pas assez vous occupez de vous-même ou de vos proches, avoir des difficultés pour situer vos limites, avoir tendance à croire que tout est possible et parfois à vous prendre pour un dieu. Là où Jupiter vous permet de développer une relation avec votre guide et avec la chance, Uranus vous rend sensible aux signes du ciel, aux hasards, aux coïncidences, aux synchronicités et à la source de la chance, c'est à dire à la présence des Anges.

Vous pouvez avoir l'impression qu'il existe dans un autre monde la communauté des Anges, qui contribue par l'intermédiaire des Hommes de bonne volonté à apaiser les maux de la Terre, communauté où règnent Amour, Harmonie, Lumière et Paix.

De cette impression peut naître en vous une vaste source d'espoir, une bonne dose d'idéalisme et parfois des idées utopiques ou irréalisables sur Terre. La relation Jupiter-Uranus peut vous permettre de comprendre le sens et la cause des événements, de saisir comment ce que chacun porte à l'intérieur de son être engendre les événements équivalents dans le monde extérieur, de croire en l'influence d'êtres supérieurs et d'avoir la conviction que le ciel vous aidera si vous vous aidez vous-même.

Vous pouvez ainsi vous sentir responsable de ce qui vous arrive, rendre autrui responsable de ce qui leur arrive, être convaincu que rien n'arrive " par hasard "et faire preuve d'une autorité inflexible envers vous-même et envers autrui.

Tout pour vous tend à avoir un sens et vous pouvez avoir des difficultés à vous affirmez si vous n'êtes pas convaincu ou si ce que vous faites n'a pas de sens apparent. Vous pouvez avoir une conscience aiguë du nécessaire, savoir être au bon moment au bon endroit et être capable de vivre en harmonie avec l'univers, avec l'humanité ou avec votre propre nécessité. Jupiter-Uranus peut indiquer une chance insolite, des coups de chance inattendus et des protections puissantes.

Votre vie peut être paradoxale parce que d'un coté, vous semblez être sur de ce que vous voulez faire dans votre vie, avoir une vocation bien définie et cheminer sur les rails de votre destinée alors que d'un autre coté vous avez besoin pur vous épanouir de nouveauté, d'imprévus, de surprises mais parfois aussi d'espace et d'aventure. Une existence monotone, routinière et répétitive ne vous convient donc pas. D'un point de vue professionnel, Jupiter-Uranus peut vous conférer des aptitudes pour les postes de direction, pour les professions libérales et indépendantes ayant une clientèle, pour les activités en rapport avec les grandes entreprises, les multinationales, les partis politiques, les syndicats, les organisations humanitaires, les associations et tous les métiers nouveaux.

Vous pouvez vous spécialiser ou exercer une profession en rapport avec les techniques modernes de communication (informatique, réseaux, radio, télévision, médias et multimédias, cinéma, téléphonie, marketing, bureautique), avec les transports rapides (TGV, aviation, automobile, espace), avec les métiers d'aide et de conseil, c'est à dire les disciplines permettant d'éveiller, de réveiller et de libérer l'être humain des chaînes qui l'entravent (psychologie, sociologie, astrologie, psychothérapie, rebirth), avec les sciences et techniques (électronique, appareils et machines modernes, informatique, météorologie, logistique), l'économie, la bourse ou en rapport avec le nettoyage, la réparation et le redressement de situations qui étaient apparemment sans espoir.

## ASPECT HARMONIQUE JUPITER-NEPTUNE

Il y a dans votre thème astral une relation permanente, continue et symbiotique entre Jupiter et Neptune qui s'expriment en vous comme deux partenaires. Dans la mesure où vous êtes sensible aux effets positifs que chacune des fonctions à sur l'autre et où vous tendez à croire que lorsque vous vivez l'une des fonctions, alors l'autre viendra systématiquement la soutenir, vous tendez à récolter le meilleur de chacune de ces deux fonctions psychologiques et des expériences qui y sont associées.

La relation Jupiter Neptune  permet d'incarner et d'exprimer la puissance de la foi et elle facilite la réalisation, dans le monde extérieur, de vos rêves parce que vous savez adapter vos rêves à vos moyens et vous donner les moyens de réaliser vos rêves.  Vous savez avoir la foi et vous laisser porter par votre intuition et vos inspirations lorsque vous avez besoin d'élargir vos horizons ou d'acquérir un certain confort matériel, lorsqu'il s'agit d'exploiter une opportunité ou de provoquer la chance ou lorsqu'il s'agit de légiférer, de représenter, d'organiser, de coordonner, de gérer, d'administrer, de distribuer, d'éduquer, de conseiller, de guider, de faire des affaires ou de vous rendre utile.

La foi et le sentiment de contribuer à soulager les souffrances et misères du monde vous motivent dans la lutte pour la réussite professionnelle. Et parce que vous avez la foi, parce que vous connaissez la force de la foi, parce que vous croyez que tout est possible et que vous ne faîtes pas vraiment la différence entre le possible et le rêve, vous pouvez remuer des montagnes et obtenir des résultats surprenants, incroyables voire miraculeux, comme si les événements se produisaient d'eux même sans démarche consciente de votre part. Vos puissantes inspirations vous permettent de faire ce qu'il faut, comme il faut ou et quand il faut. La foi soulève des montagnes et engendre des actes magiques quand on sait s'en servir. Il peut être bénéfique pour vous de cultiver l'énergie de la foi.

Vous utilisez votre idéal philosophique, religieux, culturel ou spirituel et une prise de conscience des conséquences de vos actes sur l'entourage pour développer votre foi et un sentiment de communion avec la vie, avec le grand tout, avec l'univers. Vous avez tendance à aborder la culture, les conceptions philosophiques, les idéaux sociaux, les aspirations religieuses (si vous en avez) et les enseignements comme un moyen de rêve et d'évasion, en fonction des émotions suscitées en vous.

La relation Jupiter Neptune vous permet d'élargir votre champs de conscience au-delà des réalités matérielles, sans toutefois renier celles ci, d'évoluer spirituellement, de vivre votre quotidien par rapport à votre vie éternelle, d'intégrer dans votre vie active une dimension collective et les influences de l'inconscient collectif ou de participer activement à un groupe, à un mouvement, à une collectivité ou à une entreprise représentative d'un ensemble plus vaste. Grâce à Neptune, vous pouvez être relié à des énergies ou des informations venant de l'inconscient collectif, de l'astral ou de l'invisible.

Cette capacité à vous brancher sur l'inconscient collectif peut se traduire par une grande ouverture d'esprit, par une conscience développée des différents types de comportements collectifs, par des pressentiments qui se révèlent justes, parfois par la faculté d'être télépathe ou clairvoyant, par la capacité à ressentir les vérités spirituelles et par une hypersensibilité à ce qui se passe autour de vous, c'est à dire aux rumeurs, à l'énergie vibratoire d'un lieu, à l'ambiance ou au climat social d'une entreprise, d'une organisation, d'une ville ou d'un pays, aux émotions et désirs collectifs, aux modes et aux différents courants qui sont véhiculés dans votre espace temps.

Vous pouvez être doué pour saisir le sens caché des événements, pour saisir intuitivement les mécanismes et les lois économiques, psychologiques ou sociales qui font tourner le monde. Votre ouverture de conscience et votre envergure d'esprit vous permet d'organiser votre vie, de vous épanouir et de satisfaire vos besoins en tenant compte des besoins et désirs collectifs et en respectant l'intérêt général.

Cela peut faciliter votre intégration dans la société. Vous pouvez avoir des facilités vis à vis de tout ce qui touche aux sciences occultes ou psychiques, à la psychologie et à la sociologie, à la religion, à l'âme humaine et au travail de groupe. Vous pouvez ainsi acquérir, notamment à partir de la quarantaine, une certaine envergure sociale, culturelle, métaphysique ou spirituelle.  Vous êtes parfois conscient que votre vie terrestre n'est qu'une toute petite partie de votre existence éternelle. Vous pouvez être apte à percevoir les vies antérieures de votre âme et avoir l'impression d'avoir déjà vécu à d'autres époques, sous l'habit d 'autres personnages.

Cela peut vous permettre de situer votre vie dans un cadre de référence au-delà de la moyenne. Vous pouvez avoir des facilités pour vivre, pour extérioriser, pour exprimer mais surtout pour gérer la fonction psychologique Neptune, c'est à dire par exemple votre sensibilité, vos émotions, votre foi et votre besoin d'évasion. Humain et souvent philanthrope, vous savez-vous imposer pour soulager les souffrances d'autrui, négocier pour promouvoir le bien être social, et œuvrer pour des causes charitables. Votre hypersensibilité tend à être influencée, canalisée, gérée et prise en main par votre bon sens, par un idéal philosophique, culturel, religieux ou spirituel, par des normes sociales et par un besoin d'insertion professionnelle, par un besoin d'aventure, par un besoin d'expansion, par votre autorité et par un besoin d'être utile.

Cela peut vous permettre d'exploiter vos émotions, votre sensibilité ou votre besoin de participer à une entreprise collective, de leur donner vie, d'en tirer profit et de les utiliser constructivement dans un cadre socioprofessionnel. Cela peut aussi vous permettre d'expliquer, de représenter, de légiférer, d'organiser, d'enseigner ou de faire partager des désirs ou émotions collectives, votre ressenti, votre foi, une discipline occulte ou tout ce qui concerne l'invisible. Vous avez parfois besoin d'un certain désordre pour vous exprimer mais vous pouvez cependant être doué pour gérer le désordre. Vous pouvez être à l'aise dans toutes les professions où des rapports humains ou des rapports de groupe sont en jeu. Votre foi peut vous apporter une protection et une chance providentielle qui fait rarement défaut dans les moments difficiles.

Il y a souvent à la base de cette foi et de cette chance des croyances religieuses, une capacité à capter les secrets de l'univers, une certaine connaissance des lois qui régissent l'univers ainsi qu'une capacité à vivre en harmonie avec la loi cosmique et avec votre propre destinée. Vous pouvez être sensible à des signes imperceptibles, aux coïncidences ou à un plan divin qui vous guide dans votre vie extérieure.

Lorsque vous vous insérez dans votre système socioculturel, lorsque vous exercez votre activité professionnelle, lorsque vous voyagez, lorsque vous affirmez votre autorité ou faites la loi, lorsque vous êtes en groupe et lorsque vous vivez votre vie extérieure, vous savez-vous laisser guider par vos aspirations secrètes et par votre intuition, être inspiré, avoir la foi et vous laissez porter par le hasard. Il peut cependant être important pour vous de ne pas donner trop d'importance au hasard, de ne pas toujours subir les événements et de ne pas toujours compter sur la providence pour arranger les choses.

Le hasard peut jouer un rôle important dans votre vie ou vous pouvez avoir besoin que votre insertion professionnelle, vos activités ou vos voyages soient soutenues, confirmées et bénites par le hasard, par les dieux, par le cosmos, par ce en quoi vous croyez, par les personnes présentes dans votre vie ou dans contexte socioprofessionnel ou qu'ils vous laissent les ouvertures nécessaires pour que le hasard puisse intervenir.

Votre activité professionnelle peut prendre la forme d'une mission sacrée envers laquelle vous vous dévouez corps et âme, comme si vous étiez l'instrument d'une volonté collective ou d'une puissance cachée agissant à travers vous, et vous avez souvent besoin de donner un sens aux événements. Vous savez également vous imprégner des énergies ambiantes ce qui vous permet d'être en communion totale ou en symbiose parfaite avec le mouvement général et avec le courant des événements.

Vous pouvez ainsi vous effacer pour fondre dans l'ensemble et être comme une fourmi dans la fourmilière. Il peut cependant être important pour vous, dans la mesure où vous êtes très sensible à ce qui se passe dans votre environnement, de bien faire la différence entre les besoins ou désirs collectifs qui sont extérieurs à vous et vos besoins ou désirs personnels afin de ne pas vous dépersonnaliser.

Vous pouvez donner, vu de l'extérieur, l'apparence d'une personne secrète, difficile à cerner, mystérieuse, étrange, parfois irrationnelle ou qui tout en étant présente est souvent absente. Votre autorité ne s'exerce pas toujours au grand jour ni forcément sous le feu des projecteurs mais d'une façon discrète, secrète, subtile invisible et parfois dans l'isolement. Vous pouvez quelquefois avoir des difficultés à extérioriser, à exprimez ou à prendre conscience de votre potentiel, de votre autorité ou de votre puissance ou avoir des difficultés à définir des objectifs professionnels clairs.

Votre parcours professionnel peut également paraître étrange, irrationnel ou obéir à une logique particulière, peut-être parce qu'il est influencé par vos mémoires ancestrales ou par vos vies passées. Votre besoin de vous insérer dans la société ou d'élargir vos horizons tendent en effet à s'exprimer en fonction d'une logique qui vous est propre, d'une logique qui n'est pas facile à définir ni à communiquer parce qu'elle est irrationnelle et bien au-delà des mots et parce qu'elle fait intervenir d'autres dimensions.

 Ainsi, le fait que vous soyez enthousiaste pour vous engager dépendra de l'effet vibratoire de la situation, de l'énergie qui en émane, des émotions qu'elle suscite au plus profond de vous-même, de ce que vous ressentez à ce moment précis, du temps qu'il fait, ou d'autres raisons très personnelles et quelques fois inconscientes, par exemple parce que la situation évoque une impression de déjà vu, un souvenir d'un lointain passé ou d'une vie antérieure, ou parce qu'elle est en résonance avec une mémoire généalogique.

Et vous pouvez être amené à revisiter des pays et des situations que vous avez déjà connues « dans d'autres vies »". Votre vision du monde ou de l'autorité est parfois floue. Votre activité professionnelle peut être entourée de secret et d'un certain mystère, ou votre vie peut être liée à des événements collectifs (situation sociale, culturelle, politique ou économique). La culture, la philosophie, la religion et les voyages peuvent être pour vous un moyen de transcender les réalités matérielles concrètes et être synonyme d'évasion. Inversement l'ésotérisme, la spiritualité et le mysticisme, mais aussi la musique, le cinéma et les activités permettant de véhiculer des émotions peuvent être pour vous un moyen d'épanouissement.

Jupiter Neptune peut vous donner quelques difficultés à intégrer les notions de limites, une tendance à croire que tout est possible et une tendance à être idéaliste. Votre tendance à idéaliser ou à accorder trop de pouvoir à votre ressenti peut déboucher sur de grandes illusions.

Un besoin d'envergure, d'espace, d'infini, d'illimité, de gigantisme et parfois de démesure, d'être ailleurs et d'allez au-delà de vos horizons peut se traduire par des grands voyages au-delà des mers, parfois par l'exil ou par une difficulté à vous structurer. Les voyages peuvent être pour vous un excellent moyen d'évasion et lorsque vous voyagez, vous pouvez être très sensible non seulement à l'ambiance collective et aux souffrances qui peuvent exister là où vous allez mais aussi aux croyances religieuses ou spirituelles et à l'aspect mystique ou occulte de la culture.

Vous pouvez avoir des goûts, des aptitudes et des talents naturels pour explorer l'ailleurs, pour soulager et soigner les souffrances et misères du monde à travers une activité sociale, médicale ou paramédicale, pour utiliser votre foi et votre intuition, pour capter et ressentir ce qui se passe, pour inspirer et être inspiré(e), pour rêver et faire rêver, pour vous dévouer, pour utiliser un sens communautaire et humanitaire, pour relaxer et détendre, pour assister, pour explorer l'invisible et l'inconscient, pour sonder, pour participer à une entreprise collective, pour communier, pour faire de la magie à votre façon, pour vous évader et pour communiquer par l'image et les émotions.

## ASPECT DISSONANT/DYNAMIQUE JUPITER-NEPTUNE

Il y a dans votre thème astral une relation permanente, mais discontinue, dissociée, duelle, tendue et conflictuelle, entre Jupiter (votre relation à l'espace et à la société) et Neptune (votre foi, vos mémoires ancestrales et vos vies passées, votre besoin d'évasion et de transcendance), car ces deux planètes vibrent en vous à deux fréquences totalement différentes.
Chaque planète veut s'exprimer, à sa façon, à travers vous et tend à considérer l'autre comme une rivale ou comme une perturbatrice. Vous avez alors tendance, soit à exprimer l'une puis l'autre des planètes d'une façon excessive, soit à vivre l'une des planètes et à rejeter l'autre parce que vous la considérez comme perturbatrice, parce que vous voyez son côté sombre plus que son côté lumineux.

Tant que vous nourrissez ce conflit à l'intérieur de vous, vous récoltez le moins bon de chacune des deux fonctions psychologiques et des expériences qui y sont associées. La solution, que vous verrez plus bas dans le texte, est de vivre chaque fonction en pleine conscience et de savoir alterner rapidement et consciemment, entre chacune des deux fonctions psychologiques représentées par la planète. Vous transformez ainsi une relation conflictuelle en une grande force et vous vivez cette relation de façon consciente et dynamique.

Cette partie de votre personnalité peut engendrer, lorsqu'elle n'est pas maîtrisée, des difficultés des d'adaptation au monde extérieur, des difficultés à vous affirmer dans la vie de façon autonome et indépendante, des difficultés à trouver votre place dans le monde et à acquérir les savoirs nécessaires pour travailler, des difficultés à être reconnu socialement, à exprimer votre autorité, à être en règle avec la loi, mais aussi des déceptions et de la souffrance, des difficultés à avoir la Foi, à exprimer l'amour inconditionnel et à retrouver votre vraie nature Divine de par un conflit ou une dissociation entre par exemple votre besoin de vivre des expériences dans le monde et votre besoin d'éprouver des états seconds, de transcendance, de rêve et d'évasion, votre besoin de vivre selon vos inspirations et les contraintes imposées par la société, entre votre foi et votre autorité, entre vos mémoires généalogiques (ou vos vies passées) et votre besoin de vous intégrer dans la société, votre besoin d'organisation et votre besoin de laisser les choses se faire au hasard.

Vous avez alors tendance à incarner plusieurs scénarios, en alternant parfois de l'un à l'autre.

## Scénario 1 : Jupiter domine et Neptune est rejetée ou mal intégrée à votre personnalité.

Quand Jupiter domine chez vous, vous avez besoin de vous insérer dans votre société, d'être utile et reconnu à travers une activité professionnelle, de confort et d'épanouissement, d'aventure, de vie et d'action, de faire la fête, de coopérer au sein d'un groupe ayant des objectifs communs, d'élargir vos horizons à travers des voyages ou à travers une activité culturelle, philosophique, religieuse ou spirituelle, d'affirmer votre autorité, d'exercer un pouvoir, de faire des affaires et de faire la loi. Vous avez alors tendance, le plus souvent inconsciemment, à percevoir le coté négatif de ce que représente Neptune, sa face obscure et ses défauts. Vous pouvez ainsi être très sensible aux effets perturbateurs que peuvent causer votre hypersensibilité, le climat social ambiant, votre besoin de rêve et d'évasion, des expériences liées à la souffrance, le désordre et le chaos, un désir de religion et de transcendance, l'influence de l'invisible et de l'irrationnel, vos mémoires généalogiques ou les souvenirs d'une autre vie dès lors qu'il s'agit d'occuper votre place dans le monde, de partir à l'aventure explorer de nouveaux horizons, d'exprimer votre autorité et de vous épanouir.

Cela peut se traduire par une tendance à rejeter, à ne pas écouter ou à ne pas comprendre vos aspirations secrètes ou celles du groupe, vos intuitions et votre hypersensibilité, toute valeur religieuse ou toute aspiration spirituelle, le hasard, l'ordre invisible sous jacent à la vie, le climat social qui imbibe la situation, tout moment de rêve et d'évasion ou tout ce qui n'est pas visible, concret, pratique, rentable, officiel et légal.

Vous pouvez alors avoir du mal à donner du sens, à vous laissez allez, à lâcher prise, à vous laisser porter par le hasard des événements, à percevoir l'envers du décor, à sentir le sens des événements, à avoir vraiment la foi en ce que vous faites, à compatir vis à vis d'autrui, à être solidaire de la souffrance des autres ou à tenir compte de l'intérêt général lorsque vous vous exprimez professionnellement ou dans votre vie en général. Vous pouvez en apparence avoir un manque apparent de chance. Mais peut-être que votre philosophie de vie ne prend pas assez en compte certaines lois spirituelles qui régissent l'univers, certains signes imperceptibles ou certaines coïncidences qui essayent de vous guider.
Le hasard, l'ordre profond des choses ou votre côté irrationnel peuvent alors vous jouer des tours.

Vous pouvez avoir une impression que votre vie, la société ou votre activité professionnelle n'ont pas vraiment de sens, qu'ils ne correspondent pas à un certain idéal spirituel, à vos rêves ou à vos aspirations secrètes, que le hasard, la collectivité, les dieux, vos ancêtres ou ce en quoi vous croyez joue contre vous ou qu'il manque à votre vie une certaine dimension à laquelle vous aspirez.

Peut-être vivez-vous à tel point dans le concret, dans l'utilitaire et dans le face à face avec les réalités que cela vous empêche de vivre votre part de rêve et d'évasion, des moments de tranquillité, de relâchement et de laisser-aller ou d'élargir votre champs de conscience vers des horizons (spirituels) plus vastes ? Votre activité professionnelle, vos voyages ou votre tendance à vouloir tout comprendre ou tout expliquer sont peut être un moyen pour vous de fuir, de façon inconsciente, cette part de folie ou de magie qui frappe à votre porte et vous effraie. Peut-être trouvez-vous que vos rêves, vos moments d'évasion et vos aspirations profondes coûtent trop chers ou vous demandent un trop grand investissement d'énergie ?

## Scénario 2 : Neptune domine et Jupiter est rejeté ou mal intégré.

Si au contraire Neptune domine chez vous, vous vivez alors selon vos inspirations profondes et vos valeurs spirituelles, selon votre sensibilité et votre foi, selon la volonté de vos ancêtres, dans des rêves ou dans un état parfois second, en vous laissant porter par le courant des événements et en laissant beaucoup de choses se faire au hasard. Vous recherchez la communion et l'amour inconditionnel. Vous pouvez alors être sensibilisé aux difficultés et aux effets perturbateurs que peuvent causer toute activité professionnelle, tout élargissement de vos horizons à travers les voyages, la culture, la religion, la philosophie ou l'ésotérisme, tout confort ou toute aventure, l'étranger et l'influence de l'étranger, la société et ses normes, ses codes et systèmes de valeur, le système administratif, éducatif, juridique ou médical, les différences de nationalité ou de culture et toute manifestation d'autorité.

Peut-être avez-vous l'impression que le système économique et social dans lequel est en désaccord avec votre idéal ou avec vos valeurs spirituelles? Et peut-être vous servez-vous de vos croyances religieuses, mystiques ou spirituelles pour justifier votre absence d'engagement et votre manque d'activité dans le monde extérieur ?

Vous avez peut-être alors des difficultés à faire preuve de bon sens, de passion et d'enthousiasme, de chaleur humaine, de confiance en vous et de générosité, à percevoir les bons coté d'une situation, à évaluer les sacrifices nécessaires par rapport aux bénéfices pouvant être escomptés, à tenir compte des conséquences de vos comportements sociaux sur l'entourage.

Vous avez peut-être alors aussi des difficultés à vous donner les moyens de réaliser vos rêves, à tenir compte des codes, des normes, des consignes et des lois extérieures en vigueur, à faire preuve d'autorité ou à accepter l'autorité, à donner un sens et une utilité à vos expériences, à vous sentir utile et à faire profiter aux autres ce que vous avez acquis. Votre hypersensibilité, votre besoin d'évasion, vos aspirations profondes, vos émotions ne sont pas toujours influencés, canalisés, gérés et pris en main par une volonté d'insertion professionnelle, par une philosophique de vie saine, ou alors pas comme il le faudrait pour obtenir des résultats constructifs. Vous pouvez être insatisfait parce que vous avez l'impression qu'il vous manque une part de vie et d'action, de chance et de protection, d'utilité sociale, de reconnaissance officielle, d'ouverture d'esprit, de culture, d'aisance matérielle, de confort, d'épanouissement et de satisfaction.

Vous avez peut-être aussi trop facilement l'impression de ne jamais être en règle, de ne pas être compris ou de ne pas pouvoir partager votre foi, votre côté irrationnel ou vos aspirations secrètes.

## Scénario 3 : Jupiter s'exprime d'une façon excessive ou à travers ces défauts.

Lorsque vous êtes identifié à Jupiter, vous pouvez avoir tendance à l'être excessivement. Vous pouvez alors faire preuve d'un besoin exagéré d'être reconnu, utile, écouté, accepté, complimenté et récompensé, de vous conformer aux conventions, aux normes, aux valeurs culturelles et aux lois de votre société. Peut-être avez-vous l'impression de ne jamais être en règle ou une grande peur de ne pas être en règle ? Vous pouvez parfois devenir affreusement tapageur, bruyant, envahissant, étouffant, prétentieux et conformiste comme s'il vous fallait absolument être honorable, respectable et normal, au point de vous empêcher d'exprimer votre personnalité profonde et vos aspirations spirituelles. Vous en faites alors trop.

L'influence excessive de Jupiter peut vous donner une tendance à vous fuir dans le monde extérieur, une tendance aux généralisations abusives, une tendance aux emballements imaginatifs et à amplifier des faits sans importances, une tendance à tenir les discours qui ne servent vos intérêts personnels, une tendance à abuser de la confiance d'autrui, une tendance à l'hypocrisie, une tendance à être gonflé et sans gêne, une tendance au gaspillage, à la démesure et aux excès de toutes sortes.

## Scénario 4 : Neptune est dominante en excès.

L'influence excessive de Neptune peut se traduire par une tendance à démissionner, à vous désengager ou à fuir le monde extérieur, le face à face avec la réalité et la situation présente. Vous vivez alors dans l'euphorie, dans des débordements émotionnels, déconnecté de la réalité ou dans une fuite de l'engagement, des responsabilités, et du moment présent. Vous voulez toujours être ailleurs.

Cette fuite peut prendre la forme d'une recherche de sensations enivrantes qui ravagent et dissolvent la conscience, à travers l'alcool, des pratiques occultes malsaines, les paradis artificiels (drogues, érotisme), les sectes, le tabac ou les médicaments. Elle peut se traduire par une tendance à vivre dans le brouillard, sur un nuage, à coté de la réalité, dans un état de somnambulisme ou dans un monde à part, dans un monde imaginaire construit sur des illusions.

Une tendance au défaitisme, une tendance à croire que la vie n'est que souffrance et une tendance à l'auto-apitoiement et à vous plaindre sans arrêt peuvent engendrer des difficultés à faire face aux réalités concrètes. Plus couramment, vous pouvez donner l'impression qu'il y a des moments où vous êtes ailleurs et distrait. Ces tendances peuvent parfois vous empêcher de vivre pleinement votre vie et de vous épanouir.

Mais cette hypersensibilité à ce qui se passe autour de vous, aux gens, aux vibrations ambiantes et aux événements peut être vécue comme perturbatrice et mal gérée, mal contrôlée. Vous captez tout tel un radar, vous imprégniez des énergies ambiantes comme une éponge et pouvez être facilement influençable par les désirs ou groupe ou par les autres au point parfois de perdre le nord.

Vous vous sentez parfois trop facilement concerné, affecté, impliqué, envahi voir débordé au moindre événement, et vous laissez parfois emporter par votre pôle irrationnel. Dans certains cas, cette difficulté à gérer ou à contrôler votre énergie et votre hypersensibilité associée à des excès peut se traduire par une confusion intérieure, par un manque de clarté, par des états de fatigue pouvant perturber votre expansion. La façon dont sera vécue la relation Jupiter-Neptune dépendra de la façon dont vous gérez votre hypersensibilité, votre idéalisme, vos élans de charité, vos mémoires ancestrales et votre besoin d'évasion.

Votre façon de vous intégrer dans la société se manifeste parfois en fonction d'une logique qui vous est propre, une logique irrationnelle, floue, indéfinie et difficilement explicable. Vos besoins professionnels peuvent également être flous, mal définis ou irréalistes. Vous pouvez alors avoir tendance à vous embarquer dans des voies professionnelles qui ne vous mènent nulle part.

Vous vous extériorisez en fonction d'aspirations, de pressentiments, de façon inconsciente, au feeling, au pif, à la boussole, au radar et pouvez avoir tendance à vous engager dans une affaire en idéalisant la situation, avec une foi et un dévouement aveugle, parce que vous y croyez à fond ou parce que cela vous fait rêver. Mais vos aspirations profondes, vos rêves, vos émotions et vos élans d'idéalisme ne tiennent pas toujours assez compte des faits concrets, des limites, des contraintes et des possibilités réelles de la situation, des réalités environnantes, des faits concrets, des opportunités, du contexte général de vos propres moyens.

Ou peut-être qu'ils sont excessifs, trop onéreux ou démesurés? Votre naïveté et votre tendance à trop facilement faire confiance à votre prochain peuvent vous exposer à des abus de confiance, à des trahisons ou à des déceptions, en affaires par exemple. Vous avez parfois tendance à agir, à vous extériorisez ou à faire des affaires de façon désordonnée, incohérente, confuse, anarchique et compliquée, en cherchant à obtenir des résultats par des moyens détournés ou par la fraude, de façon secrète et subtile. Vous avez peut être trop tendance à laisser les choses se faire au hasard, en attendant que les événements arrivent tout seul, sans prendre les décisions et les initiatives qui seraient nécessaires.

Certains peuvent être doués pour tromper leur monde en faisant croire ce qui les arrange, pour bluffer, pour se comporter en martyr, pour profiter de la générosité d'autrui, pour abuser de la confiance d'autrui ou pour vivre dans la dépendance, l'assistanat ou le parasitisme. D'autres sont doués pour provoquer chez autrui des émotions collectives de nature quasi religieuse, pour galvaniser et entraîner les foules ou le groupe dans une action collective, pour faire du prosélytisme, pour s'embourber dans des affaires pas claires, pour s'enliser dans des sectes ou pour se comporter en illuminé sans que les résultats soient toujours positifs par manque de jugement ou de réalisme.

L'influence excessive de Neptune peut parfois vous empêcher, par manque de sens pratique, de réalisme, et de dynamisme, ou parce que vous êtes submergé par vos émotions et votre sensibilité, de vous adapter aux réalités du monde qui vous entoure, de vous orienter dans la vie, de prendre votre vie en main ou d'assumer vos responsabilités, et vous exposer à tourner en rond dans la vie, à vagabonder, à errer, à vivre des périodes de galère et de non-activité, d'égarement dans de mauvaises directions, de déceptions et de désillusions, de revers de situation, d'affaires qui partent en fumée et parfois de scandales. Cette influence peut vous causer quelques difficultés avec les autorités, avec les représentants de l'état et vis à vis de tout ce qui concerne les diplômes, les documents officiels ou les papiers administratifs. Vous avez tendance à accepter la fatalité sans réagir ou à accordez trop de pouvoir à la souffrance, à l'irrationnel et aux hasards.

## Expression positive consciente et naturelle : Lorsque vous apprenez à maîtriser cette partie de votre personnalité et à utiliser toute sa richesse et lorsque vous avez fait le chemin pour exprimer cette relation en pleine conscience et d'une manière positive.

Pour transformer la relation Jupiter-Neptune dissociée en relation consciente et dynamique, il peut être utile d'effectuer un travail sur le rôle que doivent avoir la société avec ses règles et ses lois, la formation professionnelle, le monde extérieur, les voyages, l'optimisme et la confiance en soi et aussi sur le rôle que doivent avoir au sein de votre personnalité et dans votre vie les mémoires ancestrales et les vies antérieures, la spiritualité, le développement personnel, la joie et la souffrance, l'évasion et la transcendance, le hasard, l'inconscient collectif et les facultés de voyance. Un travail sur l'arbre généalogique et les chants sacrés peuvent vous faire le plus grand bien.

Les deux planètes peuvent être vécues dans des états d'esprit, dans des lieux ou à des moments très différents, de façon à ce que chacune rectifie l'autre au moindre excès. Vous savez qu'il y a des moments pour être dans le système, pour jouer votre rôle dans le monde, pour tenir compte des règles et pour assumer vos obligations professionnelles, pour profiter des opportunités, pour faire des concessions et pour obtenir des récompenses, pour être ouvert et disponible, pour faire preuve de bon sens et pour être adapté. Puis vous pouvez vivre, dans un autre état d'esprit, à d'autres moments, votre besoin de transcendance et d'évasion, vos convictions religieuses, vos aspirations secrètes et votre vie intérieure, des moments de détente ou vous pouvez laisser allez en fonction de vos humeurs, de vos aspirations secrètes, de l'air du temps et du hasard, même si cela n'est pas toujours rentable. Votre vie professionnelle ne vous empêche alors pas de rêver et vos rêves ne vous empêchent pas d'être réaliste et d'assumer vos responsabilités professionnelles.

Bien maîtrisée, la relation Jupiter-Neptune peut vous conférer un ensemble d'aptitudes qui sont alors vécues d'une façon très consciente et dynamique. Cela peut se traduire, en ce qui concerne Jupiter, par une exceptionnelle maîtrise de votre vie professionnelle, par des capacités pédagogiques, une générosité, un sens des affaires, une culture qui sont hors du commun et pour ce qui concerne Neptune par une foi, un amour inconditionnel, une capacité à soulager les souffrances et les misères du monde, une capacité à faire rêver autrui, par une clairvoyance et par un éveil spirituel qui sont très au-dessus de la moyenne.

Vous pouvez alors être très doué pour gérer les émotions présentes dans toute situation, pour représenter des valeurs et des demandes collectives, pour saisir l'ordre universel sous jacent à toute vie extérieure et pour incarner dans votre vie les connaissances spirituelles que vous avez acquises. Il y a alors en vous une fée ou un magicien capable de faire des miracles grâce à la force de votre amour. .

Lorsque la relation Jupiter-Neptune est vécue en conscience, la foi et le sentiment de contribuer à soulager les souffrances et misères du monde vous motivent dans la lutte pour la réussite professionnelle.

Et parce que vous avez la foi, parce que vous connaissez la force de la foi, parce que vous croyez que tout est possible et que vous ne faîtes pas vraiment la différence entre le possible et le rêve, vous pouvez remuer des montagnes et obtenir des résultats surprenants, incroyables voire miraculeux, comme si les événements se produisaient d'eux même sans démarche consciente de votre part.

Vos puissantes inspirations vous permettent de faire ce qu'il faut, comme il faut ou et quand il faut. La foi soulève des montagnes et engendre des actes magiques quand on sait s'en servir. Il peut être bénéfique pour vous de cultiver l'énergie de la foi. Vous utilisez votre idéal philosophique, religieux, culturel ou spirituel et une prise de conscience des conséquences de vos actes sur l'entourage pour développer votre foi et un sentiment de communion avec la vie, avec le grand tout, avec l'univers. Vous avez tendance à aborder la culture, les conceptions philosophiques, les idéaux sociaux, les aspirations religieuses (si vous en avez) et les enseignements comme un moyen de rêve et d'évasion, en fonction des émotions suscitées en vous.

La relation Jupiter-Neptune vous permet d'élargir votre champ de conscience au-delà des réalités matérielles, sans toutefois renier celles ci, d'évoluer spirituellement, de vivre votre quotidien par rapport à votre vie éternelle, d'intégrer dans votre vie active une dimension collective et les influences de l'inconscient collectif ou de participer activement à un groupe, à un mouvement, à une collectivité ou à une entreprise représentative d'un ensemble plus vaste. Grâce à Neptune, vous pouvez être relié à des énergies ou des informations venant de l'inconscient collectif, de l'astral ou de l'invisible. Cette capacité à vous brancher sur l'inconscient collectif peut se traduire par une grande ouverture d'esprit, par une conscience développée des différents types de comportements collectifs, par des pressentiments qui se révèlent justes, parfois par la faculté d'être télépathe ou clairvoyant, par la capacité à ressentir les vérités spirituelles et par une hypersensibilité à ce qui se passe autour de vous, c'est à dire aux rumeurs, à l'énergie vibratoire d'un lieu, à l'ambiance ou au climat social d'une entreprise, d'une organisation, d'une ville ou d'un pays, aux émotions et désirs collectifs, aux modes et aux différents courants qui sont véhiculés dans votre espace temps.

Vous pouvez être doué pour saisir le sens caché des événements, pour saisir intuitivement les mécanismes et les lois économiques, psychologiques ou sociales qui font tourner le monde. Votre ouverture de conscience et votre envergure d'esprit vous permet d'organiser votre vie, de vous épanouir et de satisfaire vos besoins en tenant compte des besoins et désirs collectifs et en respectant l'intérêt général.

Cela peut faciliter votre intégration dans la société. Vous pouvez avoir des facilités vis à vis de tout ce qui touche aux sciences occultes ou psychiques, à la psychologie et à la sociologie, à la religion, à l'âme humaine et au travail de groupe. Vous pouvez ainsi acquérir, notamment à partir de la quarantaine, une certaine envergure sociale, culturelle, métaphysique ou spirituelle.

Vous êtes parfois conscient que votre vie terrestre n'est qu'une toute petite partie de votre existence éternelle. Vous pouvez être apte à percevoir les vies antérieures de votre âme et avoir l'impression d'avoir déjà vécu à d'autres époques, sous l'habit d'autres personnages. Cela peut vous permettre de situer votre vie dans un cadre de référence au-delà de la moyenne. Vous pouvez avoir des facilités pour vivre, pour extérioriser, pour exprimer mais surtout pour gérer la fonction psychologique Neptune, c'est à dire par exemple votre sensibilité, vos émotions, votre foi et votre besoin d'évasion. Humain et souvent philanthrope, vous savez-vous imposer pour soulager les souffrances d'autrui, négocier pour promouvoir le bien être social, et œuvrer pour des causes charitables.
Votre hypersensibilité tend à être influencée, canalisée, gérée et prise en main par votre bon sens, par un idéal philosophique, culturel, religieux ou spirituel, par des normes sociales et par un besoin d'insertion professionnelle, par un besoin d'aventure, par un besoin d'expansion, par votre autorité et par un besoin d'être utile.

 Cela peut vous permettre d'exploiter vos émotions, votre sensibilité ou votre besoin de participer à une entreprise collective, de leur donner vie, d'en tirer profit et de les utiliser constructivement dans un cadre socioprofessionnel. Cela peut aussi vous permettre d'expliquer, de représenter, de légiférer, d'organiser, d'enseigner ou de faire partager des désirs ou émotions collectives, votre ressenti, votre foi, une discipline occulte ou tout ce qui concerne l'invisible.

Vous avez parfois besoin d'un certain désordre pour vous exprimer mais vous pouvez cependant être doué pour gérer le désordre. Vous pouvez être à l'aise dans toutes les professions où des rapports humains ou des rapports de groupe sont en jeu. Votre foi peut vous apporter une protection et une chance providentielle qui fait rarement défaut dans les moments difficiles.

Il y a souvent à la base de cette foi et de cette chance des croyances religieuses, une capacité à capter les secrets de l'univers, une certaine connaissance des lois qui régissent l'univers ainsi qu'une capacité à vivre en harmonie avec la loi cosmique et avec votre propre destinée.

Vous pouvez être sensible à des signes imperceptibles, aux coïncidences ou à un plan divin qui vous guide dans votre vie extérieure.

Lorsque vous vous insérez dans votre système socioculturel, lorsque vous exercez votre activité professionnelle, lorsque vous voyagez, lorsque vous affirmez votre autorité ou faites la loi, lorsque vous êtes en groupe et lorsque vous vivez votre vie extérieure, vous savez-vous laisser guider par vos aspirations secrètes et par votre intuition, être inspiré, avoir la foi et vous laissez porter par le hasard. Le hasard peut jouer un rôle important dans votre vie ou vous pouvez avoir besoin que votre insertion professionnelle, vos activités ou vos voyages soient soutenues, confirmées et bénites par le hasard, par les dieux, par le cosmos, par ce en quoi vous croyez, par les personnes présentes dans votre vie ou dans contexte socioprofessionnel ou qu'ils vous laissent les ouvertures nécessaires pour que le hasard puisse intervenir.

Votre activité professionnelle peut prendre la forme d'une mission sacrée envers laquelle vous vous dévouez corps et âme, comme si vous étiez l'instrument d'une volonté collective ou d'une puissance cachée agissant à travers vous, et vous avez souvent besoin de donner un sens aux événements. Vous savez également vous imprégner des énergies ambiantes ce qui vous permet d'être en communion totale ou en symbiose parfaite avec le mouvement général et avec le courant des événements.
Vous pouvez ainsi vous effacer pour fondre dans l'ensemble et être comme une fourmi dans la fourmilière. Il peut cependant être important pour vous, dans la mesure où vous êtes très sensible à ce qui se passe dans votre environnement, de bien faire la différence entre les besoins ou désirs collectifs qui sont extérieurs à vous et vos besoins ou désirs personnels afin de ne pas vous dépersonnaliser.

Vous pouvez donner, vu de l'extérieur, l'apparence d'une personne secrète, difficile à cerner, mystérieuse, étrange, parfois irrationnelle ou qui tout en étant présente est souvent absente. Votre autorité ne s'exerce pas toujours au grand jour ni forcément sous le feu des projecteurs mais d'une façon discrète, secrète, subtile invisible et parfois dans l'isolement.

Votre parcours professionnel peut également paraître étrange, irrationnel ou obéir à une logique particulière, peut-être parce qu'il est influencé par vos mémoires ancestrales ou par vos vies passées. Votre besoin de vous insérer dans la société ou d'élargir vos horizons tendent en effet à s'exprimer en fonction d'une logique qui vous est propre, d'une logique qui n'est pas facile à définir ni à communiquer parce qu'elle est irrationnelle et bien au-delà des mots et parce qu'elle fait intervenir d'autres dimensions.

Ainsi, le fait que vous soyez enthousiaste pour vous engager dépendra de l'effet vibratoire de la situation, de l'énergie qui en émane, des émotions qu'elle suscite au plus profond de vous-même, de ce que vous ressentez à ce moment précis, du temps qu'il fait, ou d'autres raisons très personnelles et quelques fois inconscientes, par exemple parce que la situation évoque une impression de déjà vu, un souvenir d'un lointain passé ou d'une vie antérieure, ou parce qu'elle est en résonance avec une mémoire généalogique. Et vous pouvez être amené à revisiter des pays et des situations que vous avez déjà connues " dans d'autres vies ".

Votre vision du monde ou de l'autorité est parfois floue. Votre activité professionnelle peut être entourée de secret et d'un certain mystère, ou votre vie peut être liée à des événements collectifs (situation sociale, culturelle, politique ou économique). La culture, la philosophie, la religion et les voyages peuvent être pour vous un moyen de transcender les réalités matérielles concrètes et être synonyme d'évasion. Inversement l'ésotérisme, la spiritualité et le mysticisme, mais aussi la musique, le cinéma et les activités permettant de véhiculer des émotions peuvent être pour vous un moyen d'épanouissement.

Jupiter-Neptune peut vous donner quelques difficultés à intégrer les notions de limites, une tendance à croire que tout est possible et une tendance à être idéaliste. Votre tendance à idéaliser ou à accorder trop de pouvoir à votre ressenti peut déboucher sur de grandes illusions.

Les voyages peuvent être pour vous un excellent moyen d'évasion et lorsque vous voyagez, vous pouvez être très sensible non seulement à l'ambiance collective et aux souffrances qui peuvent exister là où vous allez mais aussi aux croyances religieuses ou spirituelles et à l'aspect mystique ou occulte de la culture.

Vous pouvez avoir la capacité d'exercer dans des activités à vocation sociale, médicale ou paramédicale (travail en hôpital, en orphelinat, à la croix rouge ou dans une ONG, ambulancier, infirmier, pompier, secouriste et assistante sociale). Vous pouvez vous orienter vers des organisations, des entreprises, des partis politiques ayant une dimension collective, nationale ou internationale, vers les métiers de la mer ou impliquant l'utilisation de produits marins (thalassothérapie, pêche, marine), vers le commerce de boissons, de tabac, de chaussures, de pétrole ou de matériaux synthétiques dérivés du pétrole, vers les métiers d'assistance, vers tout ce qui permet de communiquer au plus grand nombre par l'image et l'émotion, vers les sondages, le cinéma, la publicité, vers les ressources humaines, vers la sociologie, la psychiatrie et l'éducation spécialisée, vers les services secrets ou les métiers en rapport avec les prisons et les cliniques, vers les métiers en rapport avec le rêve et l'évasion (tourisme, prestidigitation) ou en rapport avec l'astronomie, l'astrologie, l'occulte, le paranormal, la religion ou l'ésotérisme. La natation et les activités aquatiques peuvent être pour vous un moyen d'expression et d'épanouissement.

## ASPECT HARMONIQUE JUPITER-PLUTON

Il y a dans votre thème astral une relation permanente, continue et symbiotique entre Jupiter et Pluton qui s'expriment en vous comme deux partenaires. Dans la mesure où vous êtes sensible aux effets positifs que chacune des fonctions à sur l'autre et où vous tendez à croire que lorsque vous vivez l'une des fonctions, alors l'autre viendra systématiquement la soutenir, vous tendez à récolter le meilleur de chacune de ces deux fonctions psychologiques et des expériences qui y sont associées.

Lorsque vous vivez Jupiter, vous vous insérez dans votre système socioculturel en exerçant votre activité professionnelle. Vous faites preuve d'optimisme, d'opportunisme et de disponibilité. Vous vous imposez. Vous négociez. Vous vous insérez dans un groupe ayant des objectifs communs et vous participez à un travail d'équipe ou un mouvement général d'ordre collectif. Vous propagez une culture, un idéal, des valeurs religieuses ou spirituelles. Vous faites des affaires. Vous légiférez ou faites la loi. Vous utilisez un langage social, des codes et des normes admises par un grand nombre. Vous jugez, organisez, gérez, coordonnez, éduquez, conseillez ou vous rendez utile. Vous savez dans ces circonstances faire appel à votre Pluton.

Vous avez alors des facilités pour pressentir les non dits, les émotions et les craintes non exprimées, pour flairer les rapports de forces, les dangers et les enjeux présent dans la situation, pour déceler les tentatives de manipulations et ceux qui tirent les ficelles, pour décoder les signes et les symboles, pour comprendre le langage de la nature ou la justice divine, pour capter les indices subtils, pour focaliser sur des détails que personne n'avait remarqués et pour tirer des conclusions à partir du moindre indice.

Vous pouvez ainsi être très lucide, avoir un sens de la justice développé et vivre une sorte d'échange médiumnique avec votre milieu, notamment votre milieu professionnel. Cette lucidité et cette ouverture sur l'invisible peuvent vous rendre apte à voir derrière les formes et les apparences, à saisir le sens caché ou les causes occultes des événements, à cerner ce qui se passe dans les coulisses ou dans les profondeurs de votre inconscient, à élucider les mystères, à percer les secrets de la vie ou de la mort, à faire face à l'inconnu et à utiliser vos instincts ou des forces occultes ou de franchir les différentes étapes de l'initiation.

Et vous avez surtout besoin, dans ces situations jupitériennes, de transformer et d'être transformé. Vous pouvez avoir des facilités pour exprimer votre sexualité, votre volonté profonde ou vos pulsions inconscientes, pour faire face aux difficultés, aux crises, aux bouleversements, aux obstacles, aux manipulations insidieuses ou aux magouilles qui se présentent, pour exercer une pression sur autrui ou pour résister à des pressions extérieures, pour survivre dans des conditions extrêmes, pour vivre en temps de guerre, pour faire face à l'ennemi, pour profiter des erreurs de vos adversaires et pour vous régénérer après avoir vécu des expériences intenses ou difficiles. Vous pouvez être capable de lutter avec détermination et de travailler à un rythme très intense.

Vous êtes également capable de négocier, de faire des affaires ou d'imposer votre autorité d'une façon visible et officielle, sur les devants de la scène et parallèlement d'agir en coulisses et de tirer les ficelles dans l'ombre. Et bien souvent, vos discours officiels et vos démarches dans le monde extérieur sont prémédités en fonction d'un plan de bataille non dévoilé et font partie d'une manœuvre officieuse. Jupiter Pluton, parce qu'il vous confère un pouvoir puissant et la capacité de gérer le pouvoir, peut vous permettre d'accéder à une haute position sociale et constitue souvent un puissant facteur d'enrichissement personnel. Vous pouvez avoir besoin, dans votre vie professionnelle, lorsque vous vous insérez dans la société, lorsque vous voyagez ou lorsque vous élargissez vos horizons ou lorsque vous vous extériorisez, de vérité, de préserver votre authenticité, d'intensité, de tension, d'émotions fortes, de suspens, d'angoisse, de rapports de force, de mystères, de révélations et d'initiation, de difficultés, quelquefois de conflits, de crises et de problèmes.

Vous pouvez être un patron dur, exigeant et quelquefois infernal. Vous êtes parfois à l'aise ou confortable que lorsque vous exercez un pouvoir sur autrui ou que vous êtes vous-même assujetti au pouvoir d'autrui, que lorsque vous influencez subtilement le cours des événements, que lorsque vous tirez les ficelles et que lorsque vous exercez le pouvoir. La relation Jupiter-Pluton a un rôle initiatique dans le sens ou il a pour but de vous faire prendre conscience que votre vie terrestre n'est qu'une toute petite partie de votre vie éternelle, de vous enseigner les secrets de la vie et de la mort, de vous apprendre à prendre conscience et à gérer ce que vous avez à travailler pour évoluer, c'est à dire le pouvoir que vous avez sur vous-même et sur autrui, l'énergie sexuelle, les vieux démons et les déchets psychologiques qu'il faut purifier en vous puis évacuer, les problèmes qu'il vous faut résoudre, les failles qu'il vous faut combler, le vide qu'il vous faut remplir, les dettes karmiques qu'il vous faut payer et les pertes, sacrifices, dépossessions et transformations qui sont nécessaires à votre évolution.

Votre sensibilité médiumnique peut parfois vous donner l'impression qu'il existe dans des mondes invisibles qui échappent aux sens et à la logique, ou dans votre inconscient, des forces, des créatures, vos propres démons ou impuretés qui peuvent vous influencer voire vous manipuler de façon subtile mais implacable, en faisant entre autre ressortir vos coté négatifs et en vous incitant à croire des choses inexactes.

Si vous parvenez à gérer et à dominer votre personnalité, vos angoisses, vos pulsions et vos émotions, ou à acquérir une culture concernant les forces secrètes de la nature, vous pouvez développer un puissant magnétisme, être capable de produire des influences à distances tel un mage ou un sorcier et de manipuler les événements en influençant entre autre à travers les émotions les personnes présentes dans la situation.

Cet aspect peut alors déboucher sur une puissante évolution intérieure et vous pouvez être amené à initier d'autres personnes sur le chemin de la lumière, révéler à un groupe des secrets et des techniques inconnues ou assumer de grosses responsabilités.

Un lien étroit et une parfaire complicité entre d'une part votre besoin de vie et d'action, votre philosophie de vie, votre autorité, votre besoin d'insertion dans la société et d'autre part vos instincts primitifs, vos pulsions inconscientes, vos exigences personnelles et votre vérité profonde vous donne une tendance à vivre votre vie, votre profession ou vos voyages en fonction de motivations personnelles et parfois inconscientes, en fonction d'une logique secrète et indéfinissable que vous-même n'arrivez pas toujours à expliquer ou à partager.

Il faut que votre vie extérieure corresponde à votre réalité profonde ou à ce que vous êtes éternellement. Et vous vivez souvent ce que vous vivez parce que c'est plus fort que vous et parce vos pulsions ou votre nécessité intérieure, impérieuse, vous pousse à le vivre. Vous attirez ainsi, magiquement ou fatalement, certains événements dans votre vie. Cela peut vous permettre de vivre une vie authentique ou difficile, suivant la façon dont vous utilisez pulsions volcaniques qui bouillonnent aux tréfonds de votre inconscient. Lorsque vous utilisez votre fonction psychologique Pluton, vous savez alors dans ces situations faire preuve d'autorité, de bon sens, de bon jugement et de générosité.

Vous savez tenir compte des circonstances extérieures et du contexte général, des normes, codes, lois et coutumes en vigueur, des opportunités et contraintes de la situation, des moyens à votre disposition, avoir confiance en vous, solliciter des protections efficaces, vous protéger ou protéger autrui, et utiliser la loi en votre faveur.

La tradition parle de protection occulte. Vous pouvez être un spécialiste des combines, des machinations, et des grandes manœuvres. Vous pouvez aussi être doué pour détourner la loi, pour tirer partie des failles du système, pour trafiquer avec les lois, avec les règles ou avec les organismes officiels.

Vous pouvez être attiré par le travail au noir ou par l'économie souterraine. Mais vous pouvez aussi être capable de transformer les lois, les normes, les systèmes économiques de façon à les rendre plus authentiques. Votre rôle social peut alors être celui d'un agent de transformation.

Lorsque vous vivez Pluton, c'est à dire par exemple l'expérience de la transformation, du pouvoir, de l'initiation ou de la relation sexuelle, vous avez le besoin et la capacité de donner un sens à la situation, d'être utile, de vous faire conseiller judicieusement lorsque cela vous parait profitable, d'évaluer les concessions nécessaires par rapport aux bénéfices pouvant être escomptés, de trouver les moyens dont vous avez besoin, d'être optimiste et opportuniste, de rentabiliser et d'optimiser et de partager avec autrui les résultats obtenus.

Vous pouvez avoir tendance à prendre du recul vis à vis de votre vie, de la société et de ces cultures, des idées reçues et des gens, à voir votre propre vie de très loin, un peu comme une pièce de théâtre dont vous seriez l'auteur, le spectateur ou le pantin. Cela peut chez certaines personnes provoquer une crise d'identité sociale, une difficulté à s'investir dans un projet quelconque ou s'insérer dans la société et un sentiment d'exclusion. Où vous avez peut être tendance à ne vous sentir épanoui que lorsque vous êtes différent, exclu ou marginal et que lorsque vous prenez une certaine distance par rapport à la vie, aux événements et aux personnes qui vous entourent.

Vous supportez parfois difficilement toute pression sociale, toute interdiction ou toute contrainte ainsi que toute volonté extérieure cherchant à vous influencer. Vous pouvez avoir tendance à n'admettre que vos propres lois, des lois souvent très personnelles et à fonctionner selon une logique qui vous est propre.

Vous pouvez être attiré par des groupes qui vivent en marge de la société, en fonction d'autres repères, d'autres lois et d'autres valeurs. Vous pouvez être très sensible à ce qui ne va pas, aux mauvais cotés des choses, aux problèmes de l'existence et à vos propres problèmes, aux pertes et aux sacrifices autant qu'aux gains et aux bénéfices, à tous les défauts potentiels de la nature humaine et aux manipulations, injustices, hypocrisies et lâchetés qui sévissent sur la planète Terre.

Si votre sensibilité vous permet de trouver les failles, les imperfections, les défaillances des gens autours de vous, des organisations, des pouvoirs en place et de la société en général, de localiser les gens susceptibles de menacer votre sécurité, ou de transpercer les masques et les cuirasses, elle peut aussi vous donner une tendance à dramatiser, à exagérer, à voir tout en noir, à grossir les difficultés et problèmes, à être parfois dégoûté de la vie, du pouvoir ou du système, ou plus couramment à être méfiant et sceptique. Vous êtes très sensible aux questions d'insécurité ou de sécurité, et vous savez assurer la sécurité dans votre vie.

Avec la relation Jupiter Pluton, vous pouvez finalement concilier vos engagements dans une activité professionnelle avec une passion que vous vivez en dehors de votre travail. Vous êtes également capable d'être dans les normes tout en gardant votre authenticité et sans allez contre votre vérité profonde.

Vous pouvez avoir des goûts, des aptitudes et des talents naturels pour diriger dans l'industrie, pour transformer, régénérer, de percer les secrets de la vie et de la mort, diagnostiquer, surveiller, garder, sécuriser et gérer les affaires de sécurité et d'assurance, utiliser des dons occultes ou des facultés psychiques, évacuer, pour gérer les crises et les conflits et pour vous occuper de difficultés ou de personnes en difficultés, pour les activités liées aux forges et métaux ( mécanique), où nécessitant un maniement d'outils ou d'armes et pour tout ce qui concerne les machines, pour les disciplines de combats (police et justice), les professions libérales et les métiers où il y a de l'indépendance et parfois pour certaines activités médicales qui nécessitent l'utilisation d'objets en métal ou de machines.

## ASPECT DISSONANT/DYNAMIQUE JUPITER-PLUTON

Il y a dans votre thème astral une relation permanente, mais discontinue, dissociée, duelle, tendue et conflictuelle, entre Jupiter (votre relation à l'espace et à la société) et Pluton (votre sexualité, votre besoin de transformation et d'initiation), car ces deux planètes vibrent en vous à deux fréquences totalement différentes.
Chaque planète veut s'exprimer, à sa façon, à travers vous et tend à considérer l'autre comme une rivale ou comme une perturbatrice. Vous avez alors tendance, soit à exprimer l'une puis l'autre des planètes d'une façon excessive, soit à vivre l'une des planètes et à rejeter l'autre parce que vous la considérez comme perturbatrice, parce que vous voyez son côté sombre plus que son côté lumineux.

Tant que vous nourrissez ce conflit à l'intérieur de vous, vous récoltez le moins bon de chacune des deux fonctions psychologiques et des expériences qui y sont associées. La solution, que vous verrez plus bas dans le texte, est de vivre chaque fonction en pleine conscience et de savoir alterner rapidement et consciemment, entre chacune des deux fonctions psychologiques représentées par la planète. Vous transformez ainsi une relation conflictuelle en une grande force et vous vivez cette relation de façon consciente et dynamique.

Cette partie de votre personnalité peut engendrer, lorsqu'elle n'est pas maîtrisée, des comportements et par conséquent des événements dans votre vie qui peuvent être une source de crises et de douleurs, de culpabilité et parfois d'autodestruction.

Vous pouvez ainsi être confronté à des difficultés des d'adaptation au monde extérieur, des difficultés à vous affirmer dans la vie de façon autonome et indépendante, des difficultés à trouver votre place dans le monde et à acquérir les savoirs nécessaires pour travailler, des difficultés à être reconnu socialement, à exprimer votre autorité, à être en règle avec la loi, mais aussi mais aussi des difficultés pour vous transformer, pour accéder à votre vérité, pour évoluer spirituellement et pour être en paix avec vous-même de par une dissociation, un conflit ou une contradiction, entre par exemple un besoin un besoin de vous intégrer dans la société et un besoin d'accéder à votre vérité profonde, entre un besoin d'agir dans le monde de la matière et un besoin de suivre le chemin de l'initiation vers l'évolution spirituelle, entre votre autorité et votre passion, entre un besoin de vivre selon vos pulsions et un besoin de respecter les règles et les contraintes imposées par la société, entre un besoin d'agir de façon officielle et un besoin d'agir dans les coulisses, entre un besoin d'organiser et un besoin de détruire, entre votre optimisme et votre fatalisme. Deux formes de pouvoir et de justice s'opposent en vous, l'un officiel et l'autre occulte. Vous avez alors tendance à incarner plusieurs scénarios, en alternant parfois de l'un à l'autre.

## Scénario 1 : Jupiter domine et Pluton est rejeté ou mal intégré à votre personnalité.

Quand Jupiter domine chez vous, vous avez besoin de vous insérer dans votre société, d'être utile et reconnu à travers une activité professionnelle, de confort et d'épanouissement, d'aventure, de vie et d'action, de faire la fête, de coopérer au sein d'un groupe ayant des objectifs communs, d'élargir vos horizons à travers des voyages ou à travers une activité culturelle, philosophique, religieuse ou spirituelle, d'affirmer votre autorité, d'exercer un pouvoir, de faire des affaires et de faire la loi.

Vous avez alors tendance, le plus souvent inconsciemment, à percevoir le coté négatif de ce que représente Pluton, sa face obscure et ses défauts. Vous pouvez ainsi être très sensible aux effets perturbateurs que peuvent causer une personne qui vous a mis sur le mauvais chemin, qui vous a dévalorisé, manipulé ou qui vous a fait menée une vie infernale, le décès d'une personne qui comptait pour vous, une expérience sexuelle malsaine, les effets pervers de la jalousie, de la haine, des conflits, des rapports de force, de la combine, de la guerre, de catastrophes naturelles ou de pratiques occultes malsaines, ou encore le néant, la fatalité et l'anarchie.

Cela peut se traduire par une peur que des influences mystérieuses, qu'une force occulte, que la fatalité, qu'une personne manipulatrice ou que vos propres démons viennent perturber ou démolir votre vie, vos affaires, votre épanouissement. Où peut-être avez-vous une peur bleue de la mort et des transformations? Vous avez alors tendance à nourrir vos propres angoisses et à rejeter tout où partie de ce que représente Pluton.

Peut-être avez-vous peur de votre propre pouvoir occulte? Ce rejet de Pluton peut engendrer des difficultés à être lucide, à voir derrière les formes et les apparences, à ressentir les non-dits, les craintes et les émotions non exprimées, à analyser les événements en profondeur, à comprendre le langage de la vie ou la justice divine, à préserver le secret de vos initiatives, à détecter les enjeux non exprimés, les tensions et les rapports de force sous-jacents, à deviner les besoins, les intentions et les motivations d'autrui dès lors que vous vous exprimez dans le monde. Vous pouvez avoir du mal à voir les problèmes en face, à accepter les crises et les transformations nécessaires à l'évolution de toute vie, à gérer les crises et les conflits, à vous régénérer après des moments difficiles, à percer les mystères de l'existence et à vivre l'expérience initiatique, à réagir aux pressions et aux manipulations, à influencer discrètement le cours des événements, à exprimer votre vérité ou à tenir compte de vos exigences profondes.

Si votre vie n'est pas tout à fait tel que vous le souhaiteriez, peut être en trouverez vous là la cause ? Peut-être refoulez-vous cette partie profonde de votre personnalité parce que vous avez peur d'être hors la loi, d'être sanctionné ou d'être exclu et marginalisé? Peut-être alors vous laisser-vous dominer, manipuler voire abuser par les événements, par la société ou par une personne plus subtile et plus sournoise présente dans votre situation?

Peut-être avez-vous une impression (qui peut correspondre à la réalité ou n'être qu'imaginaire) que votre personnalité sociale ou votre vie en général n'est pas authentique ou qu'elle ne correspond pas à votre réalité intérieure, à vos aspirations secrètes, à vos instincts primitifs, à vos pulsions inconscientes, à votre karma, à votre vérité et à vos besoins profonds?

Peut-être avez-vous l'impression, même si votre vie est bien remplie, qu'il vous manque toujours quelque chose pour que vous soyez satisfait et pour combler un vide angoissant?

Cela peut déclencher de violentes réactions de compensation. A force de nier ou de refouler vos pulsions profondes ou ce qui se cache dans votre inconscient, votre authenticité, les vérités universelles qui sous tendent toute destinée individuelle, vous risquez alors d'accumuler des déchets psychologiques toxiques qui proviennent d'angoisses, de colères ou de pulsions non exprimées et de vivre de temps à autre des grosses crises.

Il peut donc être important pour vous d'apprendre à faire remonter à la surface puis à évacuer vos toxines intérieures, par exemple en faisant un travail sur le corps ou une analyse.

## Scénario 2 : Pluton domine et Jupiter est rejeté ou mal intégré.

Quand Pluton prédomine chez vous, vous avez besoin de vivre selon votre vérité, d'exercer un pouvoir, d'être détaché de tout en vivant les choses de très loin, d'être sexuellement épanoui, de développer votre instinct de survie et de résistance à de fortes pressions, d'être lucide, de vivre intensément et de suivre votre voie personnelle sans rien devoir à personne, d'initiation, de percer les secrets de la vie, d'expérimenter le développement personnel et d'effectuer une recherche spirituelle.

Vous faites face à l'inconnu, au mystère, à des révélations, à la mort, à de fortes pressions, à des tentations, à des tentatives d'influence et de manipulation ou à des crises et problèmes. Vous expérimentez le changement et les transformations. Vous exorcisez vos impuretés ou celles des autres et vous influencez le cours des événements. Vous pouvez alors être sensibilisé aux difficultés et aux effets perturbateurs que peuvent causer la société avec ses lois, ses normes, ses codes, ses systèmes de valeur, ses organismes officiels et les concessions qu'elle impose ; l'intégration sociale et la vie professionnelle; tout élargissement de vos horizons à travers les voyages, la culture, la religion, la philosophie ou l'ésotérisme, tout confort ou toute aventure, l'étranger et l'influence de l'étranger; le système administratif, éducatif, juridique ou médical, les différences de nationalité ou de culture et toute manifestation d'autorité. Cela peut vous donner tendance à les renier. Ces réactions de rejet peuvent parfois provenir de conflits avec l'autorité (parents, éducateurs, patrons, représentants de l'état ou des forces de l'ordre).

Peut-être que vous vous êtes senti dévalorisé, manipulé, rejeté ou exclu par une personne représentant l'autorité ? Vous ressentez peut-être alors des difficultés à faire preuve de bon sens, de passion et d'enthousiasme, de chaleur humaine, de confiance en vous et de générosité, à percevoir les bons coté d'une situation, à évaluer les sacrifices nécessaires par rapport aux bénéfices pouvant être escomptés, à tenir compte des conséquences de vos comportements sociaux sur l'entourage, à vous donner les moyens de réaliser vos ambitions et vos projets, à tenir compte des codes, des normes, des consignes et des lois extérieures en vigueur, à faire preuve d'autorité, à donner un sens et une utilité à vos expériences, à vous sentir utile et à faire profiter aux autres ce que vous avez acquis.

Votre réalité intérieure, votre lucidité, votre besoin d'initiation, votre recherche de pouvoir, vos aspirations secrètes, vos instincts primitifs, vos pulsions inconscientes, votre karma, votre vérité personnelles et vos exigences profondes ne sont pas toujours influencés, canalisés, gérés et pris en main par une volonté d'insertion professionnelle, par une philosophie saine, ou alors pas comme il le faudrait pour obtenir des résultats constructifs. A force de refouler tout ou une partie de ce que représente Jupiter, vous pouvez être insatisfait parce que vous avez l'impression qu'il vous manque une part de vie et d'action, de chance et de protection, d'utilité sociale, de reconnaissance officielle, d'ouverture d'esprit, de culture, d'aisance matérielle, de confort et surtout d'épanouissement et de satisfaction. Cela peut déclencher de violentes réactions de compensation.

# Scénario 3 : Jupiter s'exprime d'une façon excessive ou à travers ces défauts.

Lorsque vous êtes identifié à Jupiter, vous pouvez alors avoir tendance à l'être excessivement. Vous pouvez alors faire preuve d'un besoin exagéré d'être reconnu, utile, écouté, accepté, complimenté et récompensé, de vous conformer aux conventions, aux normes, aux valeurs culturelles et aux lois de votre société. Peut-être avez-vous l'impression ou la peur de ne jamais être en règle ? Vous pouvez parfois devenir affreusement tapageur, bruyant, envahissant, étouffant, prétentieux et conformiste comme s'il vous fallait absolument être honorable, respectable et normal, au point de vous empêcher d'exprimer votre personnalité profonde et vos aspirations spirituelles. Vous en faites alors trop.

L'influence excessive de Jupiter peut vous donner une tendance à vous fuir dans le monde extérieur, une tendance aux généralisations abusives, une tendance aux emballements imaginatifs et à amplifier des faits sans importances, une tendance à tenir les discours qui ne servent vos intérêts personnels, une tendance à abuser de la confiance d'autrui, une tendance à l'hypocrisie, une tendance à être gonflé et sans gêne, une tendance au gaspillage, à la démesure et aux excès de toutes sortes.

## Scénario 4 : Pluton est dominant en excès.

Lorsque vous êtes identifié à Pluton, vous pouvez avoir tendance à l'être excessivement. Vous risquez alors de démonter ou d'anéantir votre situation professionnelle, votre place dans le groupe, votre expansion par une tendance excessive à vouloir vivre votre part d'intensité, de combat, de suspens, à force de laisser libre cour à vos pulsions, à force de laisser d'autre prendre le pouvoir que vous ne voulez pas assumer ou à force de rejeter autrui en vrac, de piquer des crises et de tout détruire.

L'influence excessive de Pluton peut se traduire par une tendance à vouloir systématiquement tirer les ficelles, à utiliser toutes sortes de combines, de machinations, de manœuvres ou de trafic d'influence pour parvenir à vos fins, à corrompre ou à être victime de corruption, à détourner la loi ou à trafiquer avec les règles, à manipuler votre entourage ou à vous laisser manipulé, à influencer les événements, à dominer, à transformer et parfois à détruire tout ce qui vous tombe sous la main en imposant vos décisions de façon tyrannique et en laissant rarement le choix aux autres.

Certaines personnes peuvent ainsi contribuer à la désintégration, à la destruction et à l'anéantissement d'une personnalité, d'un groupe ou d'une société. D'autres auront tendance à faire monter la pression, la tension, le suspens et l'angoisse quand les événements leur paraissent trop calmes, à se laisser dominer par leurs pulsions ou à vouloir systématiquement fasciner, influencer, impressionner ou envoûter pour mieux dominer et exercer le pouvoir. Et lorsque votre autorité n'est pas reconnue ou obéie, c'est parfois l'ultimatum, le drame, le chantage, la crise, les explosions de colère, la négation et le rejet en bloc. Rien ne va plus ! Vous n'êtes alors pas très tolérant.

Peut-être faites-vous preuve d'une mentalité policière, culpabilisante et punitive dès qu'il y a chez vous ou chez autrui une manifestation spontanée de vie, d'autorité, d'optimisme ou de jovialité. Des crises dans la vie professionnelle peuvent provenir de votre caractère difficile, d'un tempérament volcanique, d'un sale caractère comme dirait certains, et d'une franchise trop brutale.

Si votre sensibilité et votre très grande lucidité peut vous permettre de voir les failles, les imperfections, les défaillances de la société et de tout enseignement, les gens susceptibles de menacer votre sécurité, ou de transpercer les masques et les cuirasses, elle peut aussi vous donner une tendance à être trop sensible à ce qui ne va pas, aux différences qu'il y a entre vous et les autres, aux mauvais cotés des choses, aux problèmes de l'existence et à vos propres problèmes, aux pertes et aux sacrifices plutôt qu'aux gains et aux bénéfices, à tous les défauts potentiels de la nature humaine, de la société ou du pouvoir, à l'aveuglement, à l'ignorance, à l'égoïsme et à la médiocrité des masses et aux manipulations, injustices, hypocrisies et lâchetés qui sévissent sur la planète Terre.

Cela peut vous donner tendance à dramatiser, à voir tout en noir, à croire que le pire va toujours arriver, à entretenir des images négatives, à être assujetti par certaines croyances, à être tout le temps en train de critiquer, de râler, de vous plaindre, de gémir et de grogner, à être parfois dégoûté de la vie au point d'avoir du mal à vous engager dans quoi que ce soit, à vous enfermer dans un univers triste et sombre, à rejeter les autres en vrac.

Cela peut vous causer des difficultés à créer des liens sociaux ou à vous insérer dans un groupe et peut vous faire vivre comme un vieux loup solitaire. Votre haine vis à vis de la société ou du pouvoir peut parfois se traduire par des problèmes de foie. Une sensibilité excessive à l'envers du décor ou à des détails subtils qui passent inaperçu aux autres fait qu'un événement, qu'un conflit, qu'un problème ou qu'un incident mineur peut prendre des proportions démesurées.

Cela peut vous rendre méfiant et vous donner tendance à vous compliquer la vie. Vous pouvez être tellement sensible aux questions d'insécurité ou de sécurité que vous vivez dans un état de guerre et de vigilance permanent qui peut vous empêcher de vivre libre et heureux.

Certains ne se sentent exister, satisfait ou épanoui que dans des situations infernales, que lorsqu'ils prennent des risques insensés, que lorsque qu'ils défient la mort ou la provoque, qu'en compagnie de gens pas clairs, que lorsqu'ils ont de gros problèmes, que dans des luttes perpétuelles pour le pouvoir ou dans des rapports de force, que dans un climat d'intensité extrême, de tourmente, de conflit, d'excès et de crise, que lorsqu'ils sont différents, exclus ou marginalisés, que lorsqu'ils prennent une certaine distance par rapport à la vie, aux événements et aux personnes qui les entourent, que dans le rejet, le silence ou l'indifférence.

Cette recherche d'initiation, d'intensité voire de violence se traduit parfois par un attrait pour la guerre, pour les stupéfiants, pour des expériences sexuelles occultes dangereuses et par une tendance à l'auto destruction, ou plus couramment par un besoin d'une très grande intensité dans votre vie professionnelle.

Certaines personnes auront tendance à n'en faire qu'à leur tête en refusant d'écouter les sages conseils d'autrui, à suivre leur voie personnelle de façon égoïste et individualiste en méprisant le reste du monde, à imposer leur pouvoir sans tenir compte des autres ni du contexte, à fonctionner selon une logique tellement différente de la logique commune que cela les marginalise, à se rebeller systématiquement contre le système et contre toute forme d'autorité, à dénigrer les codes, les modèles et les idéaux admis dans leur environnement ou à se révolter contre eux. Vous pouvez être attiré par les exclus, par des groupes en désintégration comprenant des gens perturbés ou qui vivent en marge de la société, en fonction d'autres repères, d'autres lois et d'autres valeurs.

 Une tendance excessive à prendre de la distance par rapport aux événements, à les comparer de façon très critique à l'éternité, à l'au-delà ou à l'ensemble de votre existence peut vous donner l'impression que toute forme de reconnaissance, que tout profit, que toute activité professionnelle n'est qu'illusoire, temporelle, accidentelle et dérisoire, que la vie terrestre est inutile ou absurde parce que vous n'avez pas su donner un sens à votre vie, de ne vous sentir chez vous nul part sur Terre, de ne pas arriver à pouvoir vous définir ou à vous sentir épanoui à travers ce qu'il y a autour de vous et d'être comme un étranger sur une terre étrange.

Cela peut provoquer une crise d'identité sociale, une difficulté à vous investir dans un projet quelconque, à coopérer, à participer à une action de groupe, un sentiment de vide et de néant, d'ennui et d'inutilité, un sentiment d'exclusion, une difficulté à d'adhérer à la vie, un état général d'indifférence, de rejet, mais aussi de peur, de vide et d'ennui. « On est peu de chose » dites-vous alors.

Mais peut être vous servez-vous mal de votre lucidité? Peut être qu'à force de ne rien faire parce ce que les autres ou les circonstances risquent d'anéantir vos efforts, vous n'obtenez naturellement pas les résultats voulus dans votre vie ? Et vos attitudes de rejet, de détachement et de négation ne sont t'elles pas un prétexte pour ne pas affronter la vie, pour ne pas faire face aux réalités présentes, pour ne pas vous insérer socialement, pour ne pas être hors-la-loi ?

Un sentiment d'indifférence vis à vis des conséquences de vos actes peut vous donner tendance à vous croire tout permis et à vivre n'importe quoi n'importe comment, en ne respectant ni les lois sociales, ni les droits de l'homme, ni les sentiments d'autrui, ni la morale. Le risque est de s'embourber dans une recherche malsaine de violences sexuelles et de sensations fortes au point de brûler la chandelle par les deux bouts et de détruire votre vie et votre épanouissement.

## Expression positive consciente et naturelle : Lorsque vous apprenez à maîtriser cette partie de votre personnalité et à utiliser toute sa richesse et lorsque vous avez fait le chemin pour exprimer cette relation en pleine conscience et d'une manière positive.

Pour transformer la relation Jupiter-Pluton dissociée en relation consciente et dynamique, il peut être utile d'effectuer un travail sur le rôle que doivent avoir la société avec ses règles et ses lois, la formation professionnelle, le monde extérieur, les voyages, l'optimisme et la confiance en soi mais aussi sur le rôle que doivent avoir dans votre vie et au sein de votre personnalité les notions de purification et de transformation, les pulsions instinctives, la sexualité, l'au-delà et les voyages astraux (sorties hors de corps), les forces secrètes de la nature ainsi que l'initiation aux vérités spirituelles et à votre vérité profonde. Un travail sur la conscience corporelle ( Tai-Chi, Tantrisme), la pratique d'un art martial et un peu de sport peuvent vous faire le plus grand bien.

Les deux planètes peuvent être vécues dans des états d'esprit, dans des lieux ou à des moments très différents, de façon à ce que chacune rectifie l'autre au moindre excès. Vous savez qu'il y a des moments pour être dans le système, pour jouer votre rôle dans le monde, pour tenir compte des règles et pour assumer vos obligations professionnelles, pour profiter des opportunités, pour faire des concessions et pour obtenir des récompenses, pour être ouvert et disponible, pour faire preuve de bon sens et pour être adapté. Même si votre vie professionnelle peut vous paraître monotone, cela ne vous empêche pas de la vivre et de vous rattraper sur d'autres expériences qui vous permettent de vivre cette part d'intensité, de mystère, de subtilité et d'exploration de l'inconnu dont vous avez également besoin.

Sachant qu'il existe au-delà des réalités concrètes du terrain une partie de votre personnalité plus profonde, plus lucide, plus authentique et plus exigeante qui demande à s'exprimer à travers vous, vous pouvez vivre d'autres moments ou vous vous investissez dans une forme d'investigation ou de recherche spirituelle, où vous allez au-delà du monde des apparences.

Vous pouvez alors vivre des expériences intenses qui correspondent à une vérité plus profonde que celles offertes par la société, en sachant éviter les excès dès que vous sentez votre équilibre menacé. Vous pouvez maîtriser l'art de dédramatiser sans pour autant renier. Vous pouvez aussi être capable de tempérer votre violence intérieure et de la canaliser dans une activité productive. Bien maîtrisée, la relation Jupiter-Pluton peut vous conférer un ensemble d'aptitudes qui sont alors vécues d'une façon très consciente et dynamique. Cela peut par exemple se traduire, pour ce qui concerne Jupiter, par une exceptionnelle maîtrise de votre vie professionnelle, par des capacités pédagogiques, une générosité, un sens des affaires, une culture qui sont hors du commun et qui peuvent vous permettre d'atteindre une position sociale élevée et pour ce qui concerne Pluton par une capacité à faire face aux crises et aux difficultés, à lutter contre la bêtise humaine, l'injustice, la corruption, la fatalité, les « magouilles », à affronter des situations complexes, à être initié les secrets de la vie et de la mort, à manier des énergies subtiles, à vous transformer et à infléchir le cours des événements qui est au-dessus de la moyenne.

Tel l'aigle volant en hauteur, vous savez garder vos distances, observer avec lucidité, puis agir avec autorité quand cela est nécessaire. Votre lucidité vous permet du lutter pour des causes justes et parce que vous savez que l'on récolte ce que l'on sème, vous employez votre agressivité et votre énergie constructivement. Vous êtes capable de vous opposer à ce qu'il y a de corrompu dans la société et pouvez devenir un agent de transformation au sein de la société pour la rendre meilleure.

Lorsque la relation Jupiter-Pluton est vécue en conscience, vous avez alors des facilités pour pressentir les non dits, les émotions et les craintes non exprimées, pour flairer les rapports de forces, les dangers et les enjeux présent dans la situation, pour déceler les tentatives de manipulations et ceux qui tirent les ficelles, pour décoder les signes et les symboles, pour comprendre le langage de la nature ou la justice divine, pour capter les indices subtils, pour focaliser sur des détails que personne n'avait remarqués et pour tirer des conclusions à partir du moindre indice.

Vous pouvez ainsi être très lucide, avoir un sens de la justice développé et vivre une sorte d'échange médiumnique avec votre milieu, notamment votre milieu professionnel. Cette lucidité et cette ouverture sur l'invisible peuvent vous rendre apte à voir derrière les formes et les apparences, à saisir le sens caché ou les causes occultes des événements, à cerner ce qui se passe dans les coulisses ou dans les profondeurs de votre inconscient, à élucider les mystères, à percer les secrets de la vie ou de la mort, à faire face à l'inconnu et à utiliser vos instincts ou des forces occultes ou de franchir les différentes étapes de l'initiation.

Vous êtes également capable de négocier, de faire des affaires ou d'imposer votre autorité d'une façon visible et officielle, sur les devants de la scène et parallèlement d'agir en coulisses et de tirer les ficelles dans l'ombre. Et bien souvent, vos discours officiels et vos démarches dans le monde extérieur sont prémédités en fonction d'un plan de bataille non dévoilé et font partie d'une manœuvre officieuse. Jupiter Pluton, parce qu'il vous confère un pouvoir puissant et la capacité de gérer le pouvoir, peut vous permettre d'accéder à une haute position sociale et constitue souvent un puissant facteur d'enrichissement personnel.

Vous pouvez avoir besoin, dans votre vie professionnelle, lorsque vous vous insérez dans la société, lorsque vous voyagez ou lorsque vous élargissez vos horizons ou lorsque vous vous extériorisez, de vérité, de préserver votre authenticité, d'intensité, de tension, d'émotions fortes, de suspens, d'angoisse, de rapports de force, de mystères, de révélations et d'initiation, de difficultés, quelquefois de conflits, de crises et de problèmes. Vous pouvez être un patron dur, exigeant et quelquefois infernal. Vous êtes parfois à l'aise ou confortable que lorsque vous exercez un pouvoir sur autrui ou que vous êtes vous-même assujetti au pouvoir d'autrui, que lorsque vous influencez subtilement le cours des événements, que lorsque vous tirez les ficelles et que lorsque vous exercez le pouvoir.

La relation Jupiter Pluton a un rôle initiatique dans le sens ou elle a pour but de vous faire prendre conscience que votre vie terrestre n'est qu'une toute petite partie de votre vie éternelle, de vous enseigner les secrets de la vie et de la mort, de vous apprendre à prendre conscience et à gérer ce que vous avez à travailler pour évoluer, c'est à dire le pouvoir que vous avez sur vous-même et sur autrui, l'énergie sexuelle, les vieux démons et les déchets psychologiques qu'il faut purifier en vous puis évacuer, les problèmes qu'il vous faut résoudre, les failles qu'il vous faut combler, le vide qu'il vous faut remplir, les dettes karmiques qu'il vous faut payer et les pertes, sacrifices, dépossessions et transformations qui sont nécessaires à votre évolution. Votre sensibilité médiumnique peut parfois vous donner l'impression qu'il existe dans des mondes invisibles qui échappent aux sens et à la logique, ou dans votre inconscient, des forces, des créatures, vos propres démons ou impuretés qui peuvent vous influencer voire vous manipuler de façon subtile mais implacable, en faisant entre autre ressortir vos coté négatifs et en vous incitant à croire des choses inexactes. Si vous parvenez à gérer et à dominer votre personnalité, vos angoisses, vos pulsions et vos émotions, ou à acquérir une culture concernant les forces secrètes de la nature, vous pouvez développer un puissant magnétisme, être capable de produire des influences à distances tel un mage ou un sorcier et de manipuler les événements en influençant entre autre à travers les émotions les personnes présentes dans la situation.

Cela peut alors déboucher sur une puissante évolution intérieure et vous pouvez être amené à initier d'autres personnes sur le chemin de la lumière, révéler à un groupe des secrets et des techniques inconnues ou assumer de grosses responsabilités.  Un lien étroit et une parfaire complicité entre d'une part votre besoin de vie et d'action, votre philosophie de vie, votre autorité, votre besoin d'insertion dans la société et d'autre part vos instincts primitifs, vos pulsions inconscientes, vos exigences personnelles et votre vérité profonde vous donne une tendance à vivre votre vie, votre profession ou vos voyages en fonction de motivations personnelles et parfois inconscientes, en fonction d'une logique secrète et indéfinissable que vous-même n'arrivez pas toujours à expliquer ou à partager.

Il faut que votre vie extérieure corresponde à votre réalité profonde ou à ce que vous êtes éternellement. Et vous vivez souvent ce que vous vivez parce que c'est plus fort que vous et parce vos pulsions ou votre nécessité intérieure, impérieuse, vous pousse à le vivre. Vous attirez ainsi, magiquement ou fatalement, certains événements dans votre vie. Cela peut vous permettre de vivre une vie authentique ou difficile, suivant la façon dont vous utilisez pulsions volcaniques qui bouillonnent aux tréfonds de votre inconscient.

Jupiter-Pluton peut vous permettre de travailler dans des activités en lien avec les mines, les métaux ou l'énergie nucléaire, les sciences occultes, les mystères et l'initiation (voyance, tarologie, radiesthésie, magnétisme, parapsychologie), l'astrologie, la psychanalyse ou la psychiatrie, les arts martiaux, la sexualité (sage femme, gynécologue), la spéléologie et les forages, en rapport avec certains domaines paramédicaux (stérilisation, chimie, alchimie, dentiste, chirurgie, virologie, acupuncture, génétique) la mort et les sinistres (assurances, pompes funèbres, suivi de deuil ).

Il peut être canalisé par des activités en rapport avec les exclus, les marginaux, les gens qui ont des problèmes ou qui sont classés problématiques par la société (métiers sociaux), en rapport avec la sécurité et la lutte contre les gens manipulés par leurs propres démons (police, armée, agents secrets, criminologues, agents de sécurité et de surveillance, gardiennage), en rapport avec l'investigation, le sondage et l'enquête (détective ou enquêteur), en rapport avec l'abattage, la boucherie et la charcuterie, en rapport avec l'évacuation des ordures ménagères, en rapport avec la transformation des métaux ou d'autres matières, ou en rapport avec la justice, la répression des fraudes et le contrôle.

# ASPECTS A SATURNE

## ASPECT HARMONIQUE SATURNE-URANUS

Il y a dans votre thème astral une relation permanente, continue et symbiotique entre Saturne et Uranus qui s'expriment en vous comme deux partenaires. Dans la mesure où vous êtes sensible aux effets positifs que chacune des fonctions à sur l'autre et où vous tendez à croire que lorsque vous vivez l'une des fonctions, alors l'autre viendra systématiquement la soutenir, vous tendez à récolter le meilleur de chacune de ces deux fonctions psychologiques et des expériences qui y sont associées.

La relation Saturne-Uranus confère de très grandes capacités d'organisation. Vous trouvez votre sécurité, vous vous organisez et construisez, vous évoluez, et trouvez la paix intérieure en vous libérant psychologiquement des conditionnements sociaux, des mémoires du passé, et des croyances limitantes, en développant un sentiment de liberté, en prenant conscience de l'ordre universel, des coïncidences et des synchronicités, en affirmant vos convictions et votre spécificité, en devenant autonome et indépendant, en vous constituant un réseau d'aide et de soutien, en gérant des projets, en développant une activité apportant une aide et un progrès aux membres de l'humanité qui en ont besoin et en incarnant des valeurs humaines et spirituelles.

Dès lors qu'il s'agit de prendre du recul, d'élaborer une stratégie à long terme, de faire des recherches, de faire preuve de pragmatisme et de réalisme, de vous organiser, de vous discipliner et de travailler avec acharnement alors vous êtes très capable d'utiliser les moyens modernes de communication, de faire preuve d'intelligence et d'humanité, d'être optimiste et positif, de voir l'aspect prometteur et bénéfique d'une situation, de faire naître l'espoir autour de vous, de trouver des solutions qui servent l'intérêt général, d'affirmer votre spécificité et vos convictions, de vous organisez et vous disciplinez pour vous maîtriser ou pour maîtriser la situation, de faire des projets ou de vous projeter dans l'avenir, d'inventer, d'innover et de faire des découvertes, d'exprimez votre idéal, votre idéologie, vos valeurs humaines ou spirituelles.

Vous êtes très capable de prendre du recul, d'élaborer une stratégie à long terme, de faire des recherches, de faire preuve de pragmatisme et de réalisme, de vous organiser, de vous discipliner et de travailler avec acharnement lorsqu'il s'agit lorsqu'il s'agit de faire des projets, de vivre des expériences inconnues ou d'explorer de nouveaux horizons ou lorsqu'il s'agit de faire des réformes visant à améliorer les situations.

Vous savez également vous organiser pour vous affranchir des contraintes sociales, des pressions extérieures, des tentatives d'accaparement ou de manipulation de votre personnalité, pour vous vous détacher intérieurement des mythes, des préjugés, des rumeurs, des influences de l'entourage et du passé mais aussi pour aider autrui.

Votre capacité à intellectualiser les événements et les structures, à comprendre leur cause et leur sens, à saisir comment ce que chacun porte à l'intérieur de son être engendre les événements équivalents dans le monde extérieur ne vous font en général guère croire au hasard. Vous tendez à avoir la certitude que le ciel vous aidera si vous vous aidez vous-même.  Et souvent, vos initiatives peuvent être secondées par des appuis, par des relations amicales et par des personnes rencontrées sur le chemin de la vie. Vous vous sentez néanmoins responsable de ce qui vous arrive et rendez facilement responsable autrui de ce qui leur arrive. Cela vous rend parfois dur, exigent et intransigeant tant envers vous-même qu'envers autrui. Vous avez souvent une façon très personnelle de vous organiser.

Vous aimez sortir des sentiers battus, suivre votre voie personnelle et ne pas faire comme les autres. Un paradoxe chez vous est que, malgré votre individualisme, votre sens de l'organisation s'exprime plus facilement à travers des causes impersonnelles dont puisse profiter l'ensemble de l'humanité, au sein d'un groupe, d'une association, d'une grande entreprise voire d'une multinationale qu'à travers des initiatives égoïstes et individuelles. L'espoir est une énergie qui vous sécurise.
Vous pouvez vous sentir en sécurité lorsqu'il s'agit de provoquer chez autrui l'espoir, lorsque vous défendez des valeurs humanitaires ou démocratiques, une idéologie, les droits de l'homme ou les droits du travail et lorsque vous aidez autrui en leur apportant une vie meilleure ou en les libérant de leurs difficultés.

Vous assumez parfois un rôle de sauveur, de St Bernard, de Zorro, de libérateur ou d'Ange-gardien, en vous positionnant en dominant tendant la main au dominé. Vous pouvez croire aux Anges parce que vous avez des preuves concrètes suite à vos expériences vécues et parce que vous vivez leur influence dans votre existence.  Vous pouvez cependant avoir tendance à vouloir aider les autres et à ne pas assez vous occupez de vous-même et de votre vie privée. Votre vie intérieure tend à être influencée voire dictée par des idées, par une idéologie, par des valeurs spirituelles, par des intuitions claires, par des certitudes, des convictions et par un besoin d'évolution, de nouveauté et de progrès.

Vous êtes très capable de vous battre, de vous motiver, de déployer les grands moyens dans une recherche de résultats, d'être offensif voir agressif lorsqu'il s'agit d'assumer des responsabilités, lorsque l'essentiel est en jeu, lorsqu'il s'agit d'acquérir ou de préserver une certaine sécurité, lorsque vous êtes face à des difficultés, lorsqu'il s'agit de mettre de l'ordre ou de vous imposer une certaine discipline, lorsque vous abordez l'inconnu ou entreprenez une recherche, une quête ou une étude mais aussi lorsqu'il s'agit de parcourir les différentes étapes de l'évolution spirituelle.

Votre sens de l'organisation et de la précision, des systèmes et des structures, votre sens de l'effort et vos capacités à construire, votre sens pratique, votre réalisme, votre logique et votre sens de l'expérimentation peuvent vous conférer de puissantes aptitudes réalisatrices. Vous pouvez être à la fois un excellent théoricien parce que pratique et fonctionnel et un excellent homme de terrain de part votre bon sens, votre pragmatisme organisé, votre rigueur et votre sérieux.

Vous pouvez être doué pour saisir le fonctionnement des théories, des hypothèses, des structures et des systèmes organisés, pour manier des chiffres, des plans et des schémas, pour trouver des applications concrètes et une utilité pratique à toute théorie, à toute recherche, à toute formule mathématique ou à toute découverte. Inversement, toute recherche, toute théorie, toute découverte, toute organisation ou tout principe doit fournir la preuve de sa validité par l'expérience vécue, servir à quelque chose et permettre d'obtenir des résultats. Vous croyez donc avant tout ce que vous vivez, éprouvez, voyez et pouvez vérifier.
Lorsque votre vie est orientée vers l'évolution intérieure, cette relation planétaire, grâce au travail que vous pouvez faire pour évoluer et pour vous structurer, peut vous permettre d'acquérir une certaine sagesse, une vision profonde de la vie et une force morale ou spirituelle.

## ASPECT DISSONANT/DYNAMIQUESATURNE-URANUS

Il y a dans votre thème astral une relation permanente, mais discontinue, dissociée, duelle, tendue et conflictuelle, entre Saturne (votre juge, votre relation aux structures) et Uranus (votre besoin de liberté, votre intelligence psychologique et technologique), car ces deux planètes vibrent en vous à deux fréquences totalement différentes. Chaque planète veut s'exprimer, à sa façon, à travers vous et tend à considérer l'autre comme une rivale ou comme une perturbatrice. Vous avez alors tendance, soit à exprimer l'une puis l'autre des planètes d'une façon excessive, soit à vivre l'une des planètes et à rejeter l'autre parce que vous la considérez comme perturbatrice, parce que vous voyez son côté sombre plus que son côté lumineux.

Tant que vous nourrissez ce conflit à l'intérieur de vous, vous récoltez le moins bon de chacune des deux fonctions psychologiques et des expériences qui y sont associées. La solution, que vous verrez plus bas dans le texte, est de vivre chaque fonction en pleine conscience et de savoir alterner rapidement et consciemment, entre chacune des deux fonctions psychologiques représentées par la planète. Vous transformez ainsi une relation conflictuelle en une grande force et vous vivez cette relation de façon consciente et dynamique.

Cette facette de votre personnalité peut initialement engendrer, lorsqu'elle n'est pas maîtrisée, des difficultés dans la gestion de votre existence, des difficultés pour vous structurer, pour construire, pour être ordonné, respectueux et responsable, pour évoluer et pour trouver la paix intérieure mais aussi des difficultés à vous affirmer dans la vie de façon autonome et indépendante et des difficultés à vivre libre de part un conflit ou une dissociation entre un besoin de sécurité et un besoin de liberté et d'aventure, entre un besoin de tenir compte du temps et un besoin d'être hors du temps, entre un attachement au passé et une tendance à se tourner vers l'avenir, entre un besoin de simplicité et un besoin de complexité, entre un besoin de solitude et un besoin de relations amicales, entre l'ordre établi et la nouveauté, entre le virtuel et le concret, entre les traditions et la modernité, entre les doutes et les certitudes. Vous avez alors tendance à incarner plusieurs scénarios, en alternant parfois de l'un à l'autre.

# Scénario 1 : Saturne domine (le juge, les structures) et Uranus est rejeté ou mal intégré à votre personnalité.

Si Saturne prédomine chez vous, vous avez besoin de sécurité et de concrétiser. Vous vous posez les questions essentielles. Vous prenez du recul pour réfléchir. Vous entreprenez une forme de recherche ou de quête de vérité. Vous avez besoin de vous construire un avenir, d'effectuer un travail sur vous pour évoluer, de vous consacrez à votre carrière ou à vos ambitions, d'expérimenter pour découvrir, de vous organiser avec rigueur et précision pour atteindre un certain idéal de perfection, d'assumer des responsabilités, de poursuivre vos objectifs à long terme avec acharnement ou d'acquérir une certaine sérénité intérieure à travers une activité spirituelle.

Vous pouvez alors être facilement sensibilisé aux effets perturbateurs que peuvent causer toute nouveauté, toute aide, toute idéologie, toute projection dans l'avenir, toute affirmation personnalisée de votre personnalité, toute relation amicale, toute recherche spirituelle, tout travail de développement personnel, toute obligation et responsabilité, le progrès, les technologies nouvelles et la société moderne, toute indépendance et autonomie, tout imprévu et tout événement indépendant de votre volonté dans votre vie.

Cela peut vous inciter à rejeter et refouler tout ou une partie de ce que représente Uranus. Vous pouvez alors avoir des difficultés, à vous imposer, à focaliser toutes vos énergies vers un but spécifique, à faire preuve de logique, à vous spécialiser, à être réellement autonome, indépendant et maître de votre destinée, à vous organiser de façon logique, à structurer et à maîtriser, à discipliner et à encadrer votre vie, votre carrière, votre organisation et votre évolution.

Peut-être avez-vous l'impression de perdre votre identité personnelle, votre indépendance ou votre originalité lorsque vous intégrez une organisation, une structure? Ou peut-être avez-vous trop facilement l'impression de perdre toute sécurité lorsque vous affirmez vos convictions, votre spécificité et votre besoin de liberté, ou lorsque quelque chose de nouveau et d'imprévu se présente ?

Vous pouvez avoir des difficultés à affirmer votre différence, à être sociable, humain et fraternel, à vous affranchir des conditionnements socioculturels, à évoluer psychologiquement en vous libérant de vos peurs et de vos croyances, à trouver des solutions aux difficultés éventuelles ou à redresser des situations en difficulté, à aider autrui à allez mieux ou à accepter l'aide d'autrui, à adhérer à un groupe, à un mouvement idéologique ou syndical, à faire des projets et à vous projeter dans l'avenir, à vous utiliser les technologies modernes, à vous adapter au monde moderne, à la nouveauté et à l'imprévu, à supporter la tension et à créer ou entretenir des relations amicales.

Vous pouvez également avoir des difficultés à ressentir le plan divin, les vérités cosmiques ou les lois éternelles, à trouver votre vocation, à être en harmonie avec les lois cosmiques et à percevoir les signes du ciel ou du hasard, à avoir de l'espoir et à être sensible à tout ce qui est synonyme d'espoir, à entrevoir un monde nouveau et meilleur, à être en avance sur votre époque par manque de sensibilité aux courants de progrès, à voir l'avenir, à ressentir les états psychologiques des personnes qui font parti de la situation.

Vous êtes très sensible aux différences qu'il y a entre les lois cosmiques et les traditions du passé. Vous pouvez avoir l'impression que ce qui concerne l'état et les structures ne correspondent pas à vos valeurs spirituelles, à vos principes, à votre idéologie, à ce que vous aviez prévu de vivre ou à votre vocation.

Vous pouvez être insatisfait dans votre vie parce que vous avez l'impression de ne pas pouvoir vous exprimer librement, de ne pas être réellement libre et indépendant, de ne pas évoluer et progresser, de ne pas réellement maîtriser votre trajectoire, que les gens autour de vous manquent de maturité psychologique, ou parce que vous avez l'impression qu'il vous manque ce que vous refoulez et ce que vous avez peur d'exprimer. Cela peut engendrer de violentes réactions de compensation.

## Scénario 2 : Uranus, votre besoin de liberté, domine et Saturne est rejeté ou mal intégré.

Quand vous vivez votre Uranus, vous avez besoin d'être libre et autonome, de vous affirmer dans le monde moderne, d'affirmer votre spécificité et vos convictions, d'utiliser les sciences, les techniques et les outils modernes de communication. Vous cherchez à évoluer psychologiquement, à aider autrui pour qu'ils évoluent psychologiquement en les libérant de leurs peurs et de leurs croyances. Vous participez à un mouvement idéologique, à un mouvement syndical ou à une action de groupe. Vous vivez en groupe ou vous partagez du temps avec vos amis. Vous vous disciplinez et vous focalisez toutes vos énergies vers un but spécifique, vous faites des projets et vivez intensément.

Vous pouvez alors être sensibilisé effets perturbateurs que peuvent avoir ou causer les obligations, les contraintes et les responsabilités professionnelles, les structures, l'ordre et la nécessité de se fixer des limites, les effets du temps et les traditions, un idéal de perfection, une morale ou des jugements moraux culpabilisants, la réflexion, l'isolement, la recherche ou un besoin d'introspection et de développement personnel. Vous pouvez être très sensible aux efforts à fournir et aux difficultés à vaincre pour exprimer votre spécificité, pour vivre libre et heureux, pour vous faire des amis ou pour vous adapter au monde moderne. Vous pouvez ainsi avoir tendance à refouler tout où une partie de ce que représente Saturne parce que vous la voyez sous son aspect négatif.

Ce refoulement peut se traduire par une difficulté à construire et à concrétiser vos projets, par une difficulté à passer du concept à la réalité, à analyser les événements d'une façon objective et réfléchie, à comprendre le sens et les causes profondes de la vie, à prendre du recul, à faire preuve de discernement, à vous poser les vrais questions et à cherchez les réponses, à vous remettre en question, à prendre conscience de vos limites ou de vos lacunes, à acquérir des bases solides et des principes constructeurs, à voir les problèmes en face et à réagir efficacement.

Vous pouvez aussi avoir du mal à être réaliste et pragmatique, à approfondir vos relations amicales ou vos projets, à construire ou à faire des efforts, à voir les choses à long terme et à tenir compte du temps, à gérer constructivement et avec sagesse les technologies modernes, à assumer ou à accepter les responsabilités, à vous fixer des étapes, à développer une stratégie ou une méthode, à faire preuve de la persévérance nécessaire dans vos projets, à fournir de gros efforts, à vous discipliner et à vous organiser de façon logique, à tenir compte des difficultés ou à accepter et faire face aux obstacles, ou à faire preuve de simplicité, de maturité, de sérieux, d'honnêteté, d'intégrité, de sagesse ou de moralité.

Vous pouvez avoir des difficultés à considérer la vie comme un cheminement ou comme une œuvre en construction, à évoluer intérieurement à travers un travail sur vous-même ou à évoluer tout court, et à acquérir une connaissance pratique des lois éternelles permettant d'acquérir la sérénité.

Votre besoin d'être libre n'est pas forcément motivé par un besoin de sécurité, de sérénité et d'ordre. Certaines personnes sont trop prises par leurs projets ou leurs relations amicales pour prendre le temps de se consacrer à des moments de réflexion et d'introspection, de recherche, de développement personnel ou de construction.
Peut-être vous fuyez-vous dans le virtuel, les projets ou les relations amicales pour ne pas avoir à faire face à une certaine fragilité morale, à vos doutes, aux milles questions existentielles qui vous tourmentent, pour ne pas être seul, pour ne pas vous occuper de votre évolution intérieure ou pour ne pas faire face à celles de vos obligations qui dépassent votre cadre professionnel ?

Vous pouvez néanmoins être insatisfait ou frustré dans votre vie parce que vous avez l'impression qu'il vous manque ce que vous refoulez. Ce peut être la sécurité, la possibilité de construire quelque chose à long terme (une œuvre, un couple, une famille ou autre), du temps, des bases solides, une structure organisée, une évolution positive, une compréhension profonde des événements, un réel contrôle de la situation ou un sentiment de sérénité, de tranquillité et de paix intérieure.  Il se peut que les valeurs de la société moderne ne correspondent pas à vos principes, à vos aspirations profondes, à la morale que vous prêchez ou à un certain idéal de perfection que vous vous imposez. Vous êtes parfois trop sensible aux différences qu'il y a entre votre idéal de perfection et le monde moderne.

## Scénario 3 : Votre juge et votre besoin d'ordre et de structures sont en excès.

L'influence excessive de Saturne peut se traduire par un manque de confiance en vous, par une tendance à vivre dans la peur du jugement, dans la peur de l'avenir, dans la peur de manquer, dans un état d'insécurité ou d'inquiétude, par une tendance à douter de votre autorité, à dresser ou à imaginer des murs et des obstacles qui vous freinent dans vos initiatives ou à être trop sur la défensive. Vous pouvez avoir tendance à entretenir une morale rigide, des angoisses inutiles, une mentalité fataliste, sectaire ou dogmatique, une philosophie archaïque, une étroitesse d'esprit, des préjugés et une inaccessibilité qui freine votre expansion et votre épanouissement. Une tendance à vouloir tout analyser, intellectualiser, théoriser, comprendre, expliquer, justifier, contrôler et maîtriser, à ruminer, à vous poser trop de questions avant d'agir, à être égoïste, à être trop sévère, dur, exigent envers vous-même ou envers autrui et à vous rendre la vie compliquée.

 Vous avez peut-être tendance à croire dur comme fer, dans une attitude pessimiste et défaitiste, et donc d'échec, que vos relations amicales ne dureront pas ou que vos projets n'aboutiront pas. Vous pouvez ainsi passer à coté d'opportunités d'aide parce que vous résistez aux événements et à la chance.

Des attitudes moralisatrices, culpabilisantes et un besoin excessif de tout maîtriser peuvent étouffer toute relation amicale. Peut-être ne vous sentez-vous libre que dans des situations rigides où tout est prévu, géré, structuré, organisé et contrôlé ? Peut-être êtes-vous tellement en train de construire, de chercher, de vous poser des questions existentielles, de vous découvrir et de prévoir l'avenir que vous vous empêcher d'être libre et heureux ou d'exprimer votre spécificité ?

## Scénario 4 : Votre système nerveux surchauffe et votre besoin de liberté domine en excès.

L'influence excessive d'Uranus peut se traduire par un besoin excessif de liberté et d'indépendance dans votre vie professionnelle au point que vous supportez difficilement les contraintes d'une existence régulière, les pressions extérieures et les ordres et par une tendance à vous révolter contre les structures en place ou contre l'état. Vous pouvez être victime du fantôme de la liberté qui vous incite à adopter une fausse image de la liberté. Peut-être êtes vous tellement sur et convaincu de vos principes moraux que vous n'en faites qu'à votre tête ?

Vous avez alors peut-être tendance à être complètement imperméable aux circonstances, à faire preuve d'un individualisme exacerbé, à vouloir systématiquement sortir des sentiers battus en ne faisant jamais comme les autres et à vivre en marge des autres et des structures existantes. Vous avez peut-être tendance à vous accrocher à vos idéologies, à vos convictions et à vos certitudes même si elles ne vous mènent nulle part ou une tendance à être complètement sourd aux dires et aux opinions d'autrui. Votre originalité tourne parfois à l'excentricité.

Une tendance à planer au-dessus des réalités concrètes, une tendance à être utopiste, un besoin excessif de tout intellectualiser, schématiser et conceptualiser ou une tendance à ne vivre que dans le projet ou dans le virtuel peut vous donner des difficultés d'adaptation pratique à la réalité. Vous pouvez avoir tendance à vouloir tout le temps passer à quelque chose de nouveau dès que vous avez une impression de déjà vu ou dès que vous avez une impression d'avoir fait le tour de la situation. Cela peut être synonyme d'instabilité.

Une tendance à revendiquer brutalement vos droits à une vie meilleure (salaires, horaires, avantages sociaux) peut irriter vos supérieurs. Votre vie extérieure obéie parfois à une logique tellement personnelle ou complexe qu'elle peut être difficilement partageable ou compréhensible par autrui.
Votre autorité, vos jugements, votre pouvoir professionnel, votre besoin d'expansion et votre vie extérieure tendent à être influencées par des énergies cosmiques à haute tension venant de l'inconscient collectif mais sans que vous maîtrisiez forcément très bien cette influence. Cela peut se traduire par une surtension nerveuse mal contrôlée ou par une tendance à surchauffer, par une tendance à être facilement irritable, intolérant et à avoir des sautes d'humeurs, par une tendance à être survolté, électrique, brusque, imprévisible, foudroyant, déstabilisant, incontrôlable et parfois violent, par un goût pour les situations explosives ou par une tendance à vivre comme un avion à réaction.

## Expression positive consciente et naturelle : Lorsque vous apprenez à maîtriser cette partie de votre personnalité et à utiliser toute sa richesse et lorsque vous avez fait le chemin pour exprimer cette relation en pleine conscience et d'une manière positive.

Pour transformer la relation Saturne-Uranus dissociée en relation consciente et dynamique, il peut être utile d'effectuer un travail sur le rôle que doivent avoir dans votre vie et au sein de votre personnalité votre juge moral, le développement spirituel, les structures, l'effort, le silence, la sécurité, la gestion du temps et l'évolution, la valeur que vous avez et la paix intérieure, et aussi sur le rôle que doivent avoir au sein de votre personnalité et dans votre vie la société moderne, la nouveauté, les projets, la virtualité et les ordinateurs, le groupe, les ami(e)s, l'autonomie, la liberté, la relation à l'univers, le progrès, l'aide reçue et donnée, sur ce qui fait votre originalité et votre spécificité et le développement personnel.

Cette facette de votre personnalité peut être gérée et canalisée en oscillant entre les deux fonctions psychologiques qui sont vécues dans des états d'esprit très différents de façon telle que chaque fonction rectifie l'autre au moindre excès et sans que l'une des fonctions psychologiques gène l'expression de l'autre.

Vous pouvez vivre des moments où vous savez-vous discipliner, réfléchir en profondeur, voir les choses à long terme, prendre du recul, prendre votre temps, vous consacrer à une forme de recherche, vous posez des questions existentielles, faire face aux problèmes, vous organiser et vous structurer. Vous savez que la vie est le champ d'exercice nécessaire à l'âme pour évoluer, ce qui vous permet de vous affirmer dans le monde moderne, mais vous savez que des moments de retraite sont également nécessaires et vous avez vos périodes de solitude.

Vous savez que la perfection n'existe pas mais vous savez utiliser vos insatisfactions pour évoluer. Vous savez laisser vos craintes, votre morale et vos insatisfactions pour vous adapter au monde moderne, sachant que vous retrouverez votre monastère, votre tour d'ivoire au moment opportun.

Puis vous savez aussi vivre d'autres moments où vous affirmez votre spécificité et votre différence, ou vous vivez librement en fonction de vos projets personnels, où vous vous consacrez à votre développement personnel, où vous faites preuve d'originalité et où vous vivez selon certains principes universels. Vous savez-vous intégrer dans une structure mais vous savez aussi, prendre votre indépendance.

Bien maîtrisée, la relation Saturne-Uranus peut vous conférer un ensemble d'aptitudes qui sont alors vécues d'une façon très consciente et dynamique.

 Cela peut par exemple se traduire, pour ce qui concerne pour ce qui concerne Saturne, par une exceptionnelle maîtrise de votre intelligence technique et psychologique, par un sang froid, une objectivité, une solidité, un sens de l'organisation et de la construction, par une puissance de travail, par une aptitude à assumer de grosses responsabilités, par une capacité à travailler sur votre personnalité afin de tendre vers la perfection, à appliquer les lois éternelles qui régissent l'univers et par la possibilité d'acquérir un éveil spirituel qui sont hors du commun.

Pour ce qui concerne Uranus, cela peut se traduire par une intelligence exceptionnelle capable de révolutionner les modes de pensée, par des dons d'inventeurs, par une capacité à libérer autrui, par un sens de l'adaptation et de la communication hors du commun, une maîtrise exceptionnelle de la sagesse et de la vérité, par un pouvoir personnel hors du commun vous permettant d'assumer de grosses responsabilités ainsi qu'une capacité à maîtriser les technologies modernes et à gérer des systèmes d'informations très complexes. Vous pouvez avoir une exceptionnelle maîtrise sur les événements et maîtriser votre vie en tenant compte de votre besoin d'évolution et des lois de l'univers. Vous pouvez devenir un agent au service du progrès et contribuer à créer un monde meilleur.

Quand la relation Saturne-Uranus est vécue en conscience, vous avez de très grandes capacités d'organisation. Vous trouvez votre sécurité, vous vous organisez et construisez, vous évoluez, et trouvez la paix intérieure en vous libérant psychologiquement des conditionnements sociaux, des mémoires du passé, et des croyances limitantes, en développant un sentiment de liberté, en prenant conscience de l'ordre universel, des coïncidences et des synchronicités, en affirmant vos convictions et votre spécificité, en devenant autonome et indépendant, en vous constituant un réseau d'aide et de soutien, en gérant des projets, en développant une activité apportant une aide et un progrès aux membres de l'humanité qui en ont besoin et en incarnant des valeurs humaines et spirituelles.

Dès lors qu'il s'agit de prendre du recul, d'élaborer une stratégie à long terme, de faire des recherches, de faire preuve de pragmatisme et de réalisme, de vous organiser, de vous discipliner et de travailler avec acharnement alors vous êtes très capable d'utiliser les moyens modernes de communication, de faire preuve d'intelligence et d'humanité, d'être optimiste et positif, de voir l'aspect prometteur et bénéfique d'une situation, de faire naître l'espoir autour de vous, de trouver des solutions qui servent l'intérêt général, d'affirmer votre spécificité et vos convictions, de vous organisez et vous disciplinez pour vous maîtriser ou pour maîtriser la situation, de faire des projets ou de vous projeter dans l'avenir, d'inventer, d'innover et de faire des découvertes, d'exprimez votre idéal, votre idéologie, vos valeurs humaines ou spirituelles.

Vous êtes très capable de prendre du recul, d'élaborer une stratégie à long terme, de faire des recherches, de faire preuve de pragmatisme et de réalisme, de vous organiser, de vous discipliner et de travailler avec acharnement lorsqu'il s'agit lorsqu'il s'agit de faire des projets, de vivre des expériences inconnues ou d'explorer de nouveaux horizons ou lorsqu'il s'agit de faire des réformes visant à améliorer les situations.

Vous savez également vous organiser pour vous affranchir des contraintes sociales, des pressions extérieures, des tentatives d'accaparement ou de manipulation de votre personnalité, pour vous vous détacher intérieurement des mythes, des préjugés, des rumeurs, des influences de l'entourage et du passé mais aussi pour aider autrui. Votre capacité à intellectualiser les événements et les structures, à comprendre leur cause et leur sens, à saisir comment ce que chacun porte à l'intérieur de son être engendre les événements équivalents dans le monde extérieur ne vous font en général guère croire au hasard. Vous tendez à avoir la certitude que le ciel vous aidera si vous vous aidez vous-même. Et souvent, vos initiatives peuvent être secondées par des appuis, par des relations amicales et par des personnes rencontrées sur le chemin de la vie.

Vous vous sentez néanmoins responsable de ce qui vous arrive et rendez facilement responsable autrui de ce qui leur arrive. Cela vous rend parfois dur, exigent et intransigeant tant envers vous-même qu'envers autrui. Vous avez souvent une façon très personnelle de vous organiser. Vous aimez sortir des sentiers battus, suivre votre voie personnelle et ne pas faire comme les autres. Un paradoxe chez vous est que, malgré votre individualisme, votre sens de l'organisation s'exprime plus facilement à travers des causes impersonnelles dont puissent profiter l'ensemble de l'humanité, au sein d'un groupe, d'une association, d'une grande entreprise voire d'une multinationale qu'à travers des initiatives égoïstes et individuelles.

L'espoir est une énergie qui vous sécurise. Vous pouvez vous sentir en sécurité lorsqu'il s'agit de provoquer chez autrui l'espoir, lorsque vous défendez des valeurs humanitaires ou démocratiques, une idéologie, les droits de l'homme ou les droits du travail et lorsque vous aidez autrui en leur apportant une vie meilleure ou en les libérant de leurs difficultés. Vous assumez parfois un rôle de sauveur, de St Bernard, de Zorro, de libérateur ou d'Ange gardien, en vous positionnant en dominant tendant la main au dominé.

Vous pouvez croire aux Anges parce que vous avez des preuves concrètes suite à vos expériences vécues et parce que vous vivez leur influence dans votre existence. Vous pouvez cependant avoir tendance à vouloir aider les autres et à ne pas assez vous occupez de vous-même et de votre vie privée. Votre vie intérieure tend à être influencées voire dictée par des idées, par une idéologie, par des valeurs spirituelles, par des intuitions claires, par des certitudes, des convictions et par un besoin d'évolution, de nouveauté et de progrès.

Vous êtes très capable de vous battre, de vous motiver, de déployer les grands moyens dans une recherche de résultats, d'être offensif voir agressif lorsqu'il s'agit d'assumer des responsabilités, lorsque l'essentiel est en jeu, lorsqu'il s'agit d'acquérir ou de préserver une certaine sécurité, lorsque vous êtes face à des difficultés, lorsqu'il s'agit de mettre de l'ordre ou de vous imposer une certaine discipline, lorsque vous abordez l'inconnu ou entreprenez une recherche, une quête ou une étude mais aussi lorsqu'il s'agit de parcourir les différentes étapes de l'évolution spirituelle.

Votre sens de l'organisation et de la précision, des systèmes et des structures, votre sens de l'effort et vos capacités à construire, votre sens pratique, votre réalisme, votre logique et votre sens de l'expérimentation peuvent vous conférer de puissantes aptitudes réalisatrices.

Vous pouvez être à la fois un excellent théoricien parce que pratique et fonctionnel et un excellent homme de terrain de part votre bon sens, votre pragmatisme organisé, votre rigueur et votre sérieux. Vous pouvez être doué pour saisir le fonctionnement des théories, des hypothèses, des structures et des systèmes organisés, pour manier des chiffres, des plans et des schémas, pour trouver des applications concrètes et une utilité pratique à toute théorie, à toute recherche, à toute formule mathématique ou à toute découverte. Inversement, toute recherche, toute théorie, toute découverte, toute organisation ou tout principe doit fournir la preuve de sa validité par l'expérience vécue, servir à quelque chose et permettre d'obtenir des résultats. Vous croyez donc avant tout ce que vous vivez, éprouvez, voyez et pouvez vérifier. Lorsque votre vie est orientée vers l'évolution intérieure, cet aspect, grâce au travail que vous pouvez faire pour évoluer et pour vous structurer, peut vous permettre d'acquérir une certaine sagesse, une vision profonde de la vie et une force morale ou spirituelle.

## ASPECT HARMONIQUE SATURNE-NEPTUNE

Il y a dans votre thème astral une relation permanente, continue et symbiotique entre Saturne et Neptune qui s'expriment en vous comme deux partenaires. Dans la mesure où vous êtes sensible aux effets positifs que chacune des fonctions à sur l'autre et où vous tendez à croire que lorsque vous vivez l'une des fonctions, alors l'autre viendra systématiquement la soutenir, vous tendez à récolter le meilleur de chacune de ces deux fonctions psychologiques et des expériences qui y sont associées.

Pour vivre pleinement cette relation, il est important de comprendre qu'elle correspond à une partie de votre personnalité qui vous demande voire vous impose d'élargir votre champs de conscience au-delà des réalités matérielles sans toutefois renier celles ci, d'évoluer spirituellement, de construire votre destinée par rapport à votre vie éternelle, à vos mémoires ancestrales ou à vos vies passées, d'intégrer dans votre organisation une dimension collective et les influences de l'inconscient collectif ou de participer activement à un groupe, à une collectivité ou à une entreprise représentative d'un ensemble plus vaste.

Vous êtes hypersensible, en profondeur, à ce qui se passe autour de vous, aux gens, aux vibrations ambiantes et aux événements qui composent votre présent. Il est important pour vous de bien faire la différence entre les désirs du groupe et vos désirs personnels afin de surmonter une tendance à la dépersonnalisation.

Votre capacité à ressentir les désirs du groupe peut cependant vous permettre d'assumer la responsabilité d'un groupe ou d'une collectivité. Vous pouvez avoir des facilités pour comprendre le sens caché des structures, de l'histoire et de l'ordre du monde, pour prendre conscience que votre existence terrestre n'est qu'une toute petite partie de votre existence éternelle et avoir l'impression de venir à l'origine d'un autre monde, d'un autre état de conscience, d'ailleurs.

Cela peut vous permettre de donner à votre destinée un sens plus vaste, une signification plus profonde et une dimension inhabituelle. Par contre, vous avez moins de facilité pour vous organiser et vous mobiliser si ce que vous faites n'a pas de sens, si " vous n'y croyez pas " ou si "vous ne le sentez pas ".

Vous êtes très capable de prendre du recul, d'élaborer une stratégie à long terme, de faire des recherches, de faire preuve de pragmatisme et de réalisme, de vous organiser, de vous discipliner et de travailler avec acharnement de vous fixer des objectifs à long terme, préparer longtemps à l'avance ce que vous voulez faire, définir des étapes, élaborer des plans d'action ou de formation et des méthodes d'exécution, d'agir de façon stratégique, méthodique, précise et en profondeur, de vous discipliner pour construire, de fournir des efforts prolongés, d'abattre une quantité parfois impressionnante de travail et de contrôler les situations auxquelles vous êtes confronté lorsqu'il s'agit de développer votre foi, lorsqu'il s'agit d'accéder à des niveaux de conscience plus élevés ou à des états mystiques, à des voyages astraux, à des vérités spirituelles, à des émotions quasi religieuses qui vous permettent de transcender, de dépasser mais parfois aussi de fuir les réalités quotidiennes, lorsqu'il s'agit de soulager les souffrances et les misères du monde, lorsqu'il s'agit de faire preuve de compassion, de charité et d'amour inconditionnel, lorsqu'il s'agit de gérer vos mémoires généalogiques ou vos vies passées ou lorsqu'il s'agit de participer à une organisation collective.

De même, vous savez avoir la foi et vous laisser porter par votre intuition et vos inspirations lorsqu'il vous faut vous organiser et assumer vos responsabilités. Et parce que vous avez la foi, parce que vous connaissez la force de la foi, parce que vous croyez que tout est possible tout en étant réaliste et pragmatique, vous pouvez remuer des montagnes et obtenir des résultats surprenants, incroyables voire miraculeux, comme si les événements se produisaient d'eux même sans démarche consciente de votre part. Vos puissantes inspirations vous permettent de faire ce qu'il faut, comme il faut ou et quand il faut. La foi soulève des montagnes et engendre des actes magiques quand on sait s'en servir. Il peut être bénéfique pour vous de travailler l'énergie de la foi.

Vos capacités d'organisation tendent s'exprimer en fonction d'une logique qui vous est propre, d'une logique qui n'est pas facile à définir ni à communiquer parce qu'elle est irrationnelle et bien au-delà des mots et parce qu'elle fait intervenir d'autres dimensions. Ainsi, le fait que vous soyez motivé pour vous organiser dépendra de l'effet vibratoire de la situation ou de votre Etre, de l'énergie qui en émane, des émotions qu'elle suscite au plus profond de vous-même, de ce que vous ressentez à ce moment précis, du temps qu'il fait, ou d'autres raisons très personnelles et quelques fois inconscientes, par exemple parce que la situation évoque une impression de déjà vu, un souvenir d'un lointain passé ou d'une vie antérieure, ou parce qu'elle est en résonance avec une mémoire généalogique.

Et vous pouvez être amené à revisiter des mémoires que vous avez déjà connues « dans d'autres vies ».

Tout ce qui concerne la vie intérieure est pour vous une question de feeling, de sensibilité et comme vous dites, cela ne s'explique pas. D'où votre coté irrationnel, insaisissable et parfois déroutant(e). Et vous êtes hyper sensible, captant tout ce qu'il y a dans l'air du temps, dans l'inconscient collectif et dans le cosmos. Vous avez facilement besoin que vos engagements, votre organisation, vos structures ou votre carrière correspondent à des aspirations spirituelles plus profondes ou qu'ils soient soutenus, confirmés, validés par une foi, par la volonté de vos ancêtres, par le hasard, par les Dieux ou par ce en quoi vous croyez. Votre vie est en tout cas très liée à vos mémoires ancestrales. Il peut être très important pour vous de faire votre arbre généalogique afin de ne pas reproduire les schémas ou les structures de vos ancêtres et surtout afin de vivre votre vie à vous!

Il est important pour vous de bien faire la différence entre les désirs du groupe et vos désirs personnels afin de surmonter une tendance à la dépersonnalisation. Votre capacité à ressentir les désirs du groupe peut cependant vous permettre de gérer un groupe ou d'une collectivité. Vous êtes sensible en profondeur aux souffrances des autres et la part de bonté, de charité, de dévouement, de sensibilité, de douceur toute maternelle et de sincérité désintéressée qu'il y a dans votre cœur peut vous inciter à porter secours, à soigner ou assister des personnes qui sont souffrantes ou malades, physiquement ou moralement, ou à vous occuper d'œuvres sociales et philanthropiques.

Vous pouvez développer, surtout dans la deuxième partie de votre vie, des aptitudes pour explorer l'ailleurs, pour soulager et soigner les souffrances et misères du monde à travers une activité sociale, médicale ou paramédicale, pour utiliser votre foi et votre intuition, pour capter et ressentir ce qui se passe, pour inspirer et être inspiré(e), pour rêver et faire rêver, pour vous dévouer, pour utiliser un sens communautaire et humanitaire, pour relaxer et détendre, pour assister, pour explorer l'invisible et l'inconscient, pour sonder, pour participer à une entreprise collective, pour communier, pour faire de la magie à votre façon, pour vous évader et pour communiquer par l'image et les émotions.

## ASPECT DISSONANT/DYNAMIQUE SATURNE-NEPTUNE

Il y a dans votre thème astral une relation permanente, mais discontinue, dissociée, duelle, tendue et conflictuelle, entre Saturne (votre juge, votre relation aux structures) et Neptune (votre foi, vos mémoires ancestrales et vos vies passées, votre besoin d'évasion et de transcendance), car ces deux planètes vibrent en vous à deux fréquences totalement différentes.

Chaque planète veut s'exprimer, à sa façon, à travers vous et tend à considérer l'autre comme une rivale ou comme une perturbatrice. Vous avez alors tendance, soit à exprimer l'une puis l'autre des planètes d'une façon excessive, soit à vivre l'une des planètes et à rejeter l'autre parce que vous la considérez comme perturbatrice, parce que vous voyez son côté sombre plus que son côté lumineux. Tant que vous nourrissez ce conflit à l'intérieur de vous, vous récoltez le moins bon de chacune des deux fonctions psychologiques et des expériences qui y sont associées. La solution, que vous verrez plus bas dans le texte, est de vivre chaque fonction en pleine conscience et de savoir alterner rapidement et consciemment, entre chacune des deux fonctions psychologiques représentées par la planète. Vous transformez ainsi une relation conflictuelle en une grande force et vous vivez cette relation de façon consciente et dynamique.

Cette facette de votre personnalité peut initialement engendrer, lorsqu'elle n'est pas maîtrisée, des difficultés dans la gestion de votre existence, des difficultés pour vous structurer, pour construire, pour être ordonné, respectueux et responsable, pour évoluer et pour trouver la paix intérieure mais aussi des difficultés mais aussi des déceptions et de la souffrance, des difficultés à avoir la Foi, à exprimer l'amour inconditionnel et à retrouver votre vraie nature Divine de part un conflit ou une dissociation entre un besoin de sécurité et un de transcendance et de spiritualité, entre un besoin de contrôle et un besoin de lâcher-prise, entre un besoin de détachement et un besoin de communion, entre un besoin de concrétiser et un besoin de rêve et d'évasion, entre un besoin d'ordre et un besoin de désordre, entre vos principes moraux et vos mémoires généalogiques, entre la sévérité et l'amour inconditionnel et la charité. Vous avez alors tendance à incarner plusieurs scénarios, en alternant parfois de l'un à l'autre.

## Scénario 1 : Saturne domine (le juge, les structures) et Neptune est rejeté ou mal intégré à votre personnalité.

Si Saturne prédomine chez vous, vous avez besoin de sécurité et de concrétiser. Vous vous posez les questions essentielles. Vous prenez du recul pour réfléchir. Vous entreprenez une forme de recherche ou de quête de vérité. Vous avez besoin de vous construire un avenir, d'effectuer un travail sur vous pour évoluer, de vous consacrez à votre carrière ou à vos ambitions, d'expérimenter pour découvrir, de vous organiser avec rigueur et précision pour atteindre un certain idéal de perfection, d'assumer des responsabilités, de poursuivre vos objectifs à long terme avec acharnement ou d'acquérir une certaine sérénité intérieure à travers une activité spirituelle.

Vous pouvez alors être facilement sensibilisé aux effets perturbateurs que peuvent causer votre hypersensibilité, le climat social ambiant, votre besoin de rêve et d'évasion, des expériences liées à la souffrance, le désordre et le chaos, un désir de religion et de transcendance, l'influence de l'invisible et de l'irrationnel, vos mémoires généalogiques ou les souvenirs d'une autre vie dès lors qu'il s'agit de vous organiser, de vous structurer, de vous sentir en sécurité et d'évoluer.

Cela peut se traduire par une tendance à rejeter, à ne pas écouter ou à ne pas comprendre vos aspirations secrètes ou celles du groupe, vos intuitions et votre hypersensibilité, toute valeur religieuse ou toute aspiration spirituelle, le hasard, l'ordre invisible sous jacent à la vie, le climat social qui imbibe la situation, tout moment de rêve et d'évasion ou tout ce qui n'est pas visible, concret, pratique, structuré et sécurisant. Vous pouvez alors avoir du mal à donner du sens, à vous laissez allez, à lâcher prise, à vous laisser porter par le hasard des événements, à percevoir l'envers du décor, à sentir le sens des événements, à avoir vraiment la foi en ce que vous faites, à compatir vis à vis d'autrui, à être solidaire de la souffrance des autres ou à tenir compte de l'intérêt général.

Peut-être que vos croyances profondes et vos valeurs orales ne prennent pas assez en compte certaines lois spirituelles qui régissent l'univers, certains signes imperceptibles ou certaines coïncidences qui essayent de vous guider. Le hasard, l'ordre profond des choses ou votre côté irrationnel peuvent alors vous jouer des tours. Vous pouvez avoir une impression que l'ordre, les structures, les principes moraux n'ont pas vraiment de sens, qu'ils ne correspondent pas à un certain idéal spirituel, à vos rêves ou à vos aspirations secrètes, que le hasard, la collectivité, les dieux, vos ancêtres ou ce en quoi vous croyez joue contre vous ou qu'il manque à votre vie une certaine dimension à laquelle vous aspirez.

Peut-être vivez-vous à tel point dans le concret, dans l'ordre et dans vos responsabilités que cela vous empêche de vivre votre part de rêve et d'évasion, des moments de tranquillité, de relâchement et de laisser-aller ou d'élargir votre champs de conscience vers des horizons (spirituels) plus vastes ? Votre carrière, votre organisation ou vos principes moraux sont peut être un moyen pour vous de fuir, de façon inconsciente, cette part de folie ou de magie, ou les mémoires généalogiques qui frappent à votre porte et vous effraient. Peut-être trouvez-vous que vos rêves, vos moments d'évasion et vos aspirations profondes vous déstructurent et vous insécurisent ?

## Scénario 2 : Neptune domine et Saturne est rejeté ou mal intégré.

Si au contraire Neptune domine chez vous, vous vivez alors selon vos inspirations profondes et vos valeurs spirituelles, selon votre sensibilité et votre foi, selon la volonté de vos ancêtres, dans des rêves ou dans un état parfois second, en vous laissant porter par le courant des événements et en laissant beaucoup de choses se faire au hasard.

Vous pouvez avoir besoin d'adhérer à un mouvement religieux ou de participer à une action collective, à une action de groupe. Vous recherchez la communion et l'amour inconditionnel. Vous pouvez alors être sensibilisé effets perturbateurs que peuvent causer les obligations, les contraintes et les responsabilités professionnelles, les structures, l'ordre et la nécessité de se fixer des limites, les effets du temps et les traditions, un idéal de perfection, une morale ou des jugements moraux culpabilisants, la réflexion, l'isolement, la recherche ou un besoin d'introspection et de développement personnel.

Vous pouvez être très sensible aux efforts à fournir et aux difficultés à vaincre pour vivre vos rêves, vos aspirations spirituelles, votre besoin de transcendance. Vous pouvez ainsi avoir tendance à refouler tout où une partie de ce que représente Saturne parce que vous la voyez sous son aspect négatif. Ce refoulement peut se traduire par une difficulté à construire et à concrétiser vos rêves, par une difficulté à passer du rêve à la réalité, à analyser les événements d'une façon objective et réfléchie, à comprendre le sens et les causes profondes de la vie, à prendre du recul, à faire preuve de discernement, à vous poser les vrais questions et à cherchez les réponses, à vous remettre en question, à prendre conscience de vos limites ou de vos lacunes, à acquérir des bases solides et des principes constructeurs, à voir les problèmes en face et à réagir efficacement.

Vous pouvez aussi avoir du mal à être réaliste et pragmatique, à approfondir, à construire ou à faire des efforts, à voir les choses à long terme et à tenir compte du temps, à gérer constructivement et avec sagesse, à assumer ou à accepter les responsabilités, à vous fixer des étapes, à développer une stratégie ou une méthode, à faire preuve de la persévérance nécessaire, à fournir de gros efforts, à vous discipliner et à vous organiser de façon logique, à tenir compte des difficultés ou à accepter et faire face aux obstacles, ou à faire preuve de simplicité, de maturité, de sérieux, d'honnêteté, d'intégrité, de sagesse ou de moralité.

Vous pouvez avoir des difficultés à considérer la vie comme un cheminement ou comme une œuvre en construction, à évoluer intérieurement à travers un travail sur vous-même ou à évoluer tout court, et à acquérir une connaissance pratique des lois éternelles permettant d'acquérir la sérénité. Votre besoin d'être libre n'est pas forcément motivé par un besoin de sécurité, de sérénité et d'ordre. Certaines personnes sont trop prises par leurs projets ou leurs relations amicales pour prendre le temps de se consacrer à des moments de réflexion et d'introspection, de recherche, de développement personnel ou de construction.

Peut-être vous fuyez-vous dans vos rêves pour ne pas avoir à faire face à une certaine fragilité morale, à vos doutes, aux milles questions existentielles qui vous tourmentent, pour ne pas être seul, pour ne pas vous occuper de votre évolution intérieure ou pour ne pas faire face à vos obligations?

Vous pouvez néanmoins être insatisfait ou frustré dans votre vie parce que vous avez l'impression qu'il vous manque une sécurité, la possibilité de construire quelque chose à long terme (une œuvre, un couple, une famille ou autre), du temps, des bases solides, une structure organisée, une évolution positive, une compréhension profonde des événements, un réel contrôle de la situation ou un sentiment de sérénité, de tranquillité et de paix intérieure.

## Scénario 3 : Votre juge et votre besoin d'ordre et de structures sont en excès

L'influence excessive de Saturne peut se traduire par un manque de confiance en vous, par une tendance à vivre dans la peur du jugement, dans la peur de l'avenir, dans la peur de manquer, dans un état d'insécurité ou d'inquiétude, par une tendance à douter de votre autorité, à dresser ou à imaginer des murs et des obstacles qui vous freinent dans vos initiatives ou à être trop sur la défensive. Vous pouvez avoir tendance à entretenir une morale rigide, des angoisses inutiles, une mentalité fataliste, sectaire ou dogmatique, une philosophie archaïque, une étroitesse d'esprit, des préjugés et une inaccessibilité qui freine votre expansion et votre épanouissement. Une tendance à vouloir tout analyser, intellectualiser, théoriser, comprendre, expliquer, justifier, contrôler et maîtriser, à ruminer, à vous poser trop de questions avant d'agir, à être égoïste, à être trop sévère, dur, exigent envers vous-même ou envers autrui et à vous rendre la vie compliquée.

Vous avez peut-être tendance à croire dur comme fer, dans une attitude pessimiste et défaitiste, et donc d'échec, que vos rêves n'aboutiront pas. Peut-être êtes-vous tellement en train de construire, de chercher, de vous poser des questions existentielles, de vous découvrir et de prévoir l'avenir que vous vous empêcher d'être libre et heureux, de vivre vos rêves ou d'exprimer votre besoin de transcendance ?

## Scénario 4 : Neptune est dominante en excès.

L'influence excessive de Neptune peut se traduire par une tendance à démissionner, à vous désengager ou à fuir vos responsabilités et le face à face avec la réalité concrète. Vous vivez alors dans l'euphorie, dans des débordements émotionnels, déconnecté de la réalité ou dans une fuite de l'engagement, des responsabilités, et du moment présent.

Vous voulez toujours être ailleurs. Cette fuite peut prendre la forme d'une recherche de sensations enivrantes qui ravagent et dissolvent la conscience, à travers l'alcool, des pratiques occultes malsaines, les paradis artificiels (drogues, érotisme), les sectes, le tabac ou les médicaments.
Elle peut se traduire par une tendance à vivre dans le brouillard, sur un nuage, à coté de la réalité, dans un état de somnambulisme ou dans un monde à part, dans un monde imaginaire construit sur des illusions. Une tendance au défaitisme, une tendance à croire que la vie n'est que souffrance et une tendance à l'auto apitoiement et à vous plaindre sans arrêt peuvent engendrer des difficultés à vous organiser et à construire. Plus couramment, vous pouvez donner l'impression qu'il y a des moments où vous êtes ailleurs et distrait. Ces tendances peuvent parfois vous empêcher de vivre pleinement votre vie et de trouver la sérénité.

Cette hypersensibilité à ce qui se passe autour de vous, aux gens, aux vibrations ambiantes et aux événements peut être vécue comme perturbatrice et mal gérée, mal contrôlée. Vous captez tout tel un radar, vous imprégniez des énergies ambiantes comme une éponge et pouvez être facilement influençable par les désirs ou groupe ou par les autres au point parfois de perdre le nord.

Vous vous sentez parfois trop facilement concerné, affecté, impliqué, envahi voir débordé au moindre événement, et vous laissez parfois emporter par votre pôle irrationnel. Dans certains cas, cette difficulté à gérer ou à contrôler votre énergie et votre hypersensibilité associée à des excès peut se traduire par une confusion intérieure, par un manque de clarté, par des états de fatigue pouvant perturber votre expansion.

La façon dont sera vécue la relation Saturne-Neptune dépendra de la façon dont vous gérez votre hypersensibilité, votre idéalisme, vos élans de charité, vos mémoires ancestrales et votre besoin d'évasion.

Vous avez parfois tendance à construire et à vous organiser de façon désordonnée, incohérente, confuse, anarchique et compliquée, en cherchant à obtenir des résultats par des moyens détournés ou par la fraude, de façon secrète et subtile. Vous avez peut être trop tendance à laisser les choses se faire au hasard, en attendant que les événements arrivent tout seul, sans prendre les décisions et les initiatives qui seraient nécessaires. Certains peuvent être doués pour tromper leur monde en faisant croire ce qui les arrange, pour bluffer, pour se comporter en martyr, pour profiter d'autrui, pour abuser de la confiance d'autrui ou pour vivre dans la dépendance, l'assistanat ou le parasitisme.

D'autres sont doués pour provoquer chez autrui des émotions collectives de nature quasi religieuse, pour galvaniser et entraîner les foules, pour s'embourber dans des situations pas claires, pour s'enliser dans des sectes ou pour se comporter en illuminé sans que les résultats en termes d'évolution soient positifs par manque de jugement ou de réalisme.

L'influence excessive de Neptune peut parfois vous empêcher, par manque de sens pratique, de réalisme, et de dynamisme, ou parce que vous êtes submergé par vos émotions et votre sensibilité, de vous adapter aux réalités du monde qui vous entoure, de vous orienter dans la vie, de prendre votre vie en main ou d'assumer vos responsabilités. Cette influence peut vous exposer à tourner en rond dans la vie, à vagabonder, à errer, à vivre des périodes de galère et de non activité, d'égarement dans de mauvaises directions, de déceptions et de désillusions, de revers de situation et parfois de scandales. Vous avez tendance à accepter la fatalité sans réagir ou à accorder trop de pouvoir à la souffrance, à l'irrationnel et aux hasards.

## Expression positive consciente et naturelle : Lorsque vous apprenez à maîtriser cette partie de votre personnalité et à utiliser toute sa richesse et lorsque vous avez fait le chemin pour exprimer cette relation en pleine conscience et d'une manière positive.

Pour transformer la relation Saturne-Neptune dissociée en relation consciente et dynamique, il peut être utile d'effectuer un travail sur le rôle que doivent avoir dans votre vie et au sein de votre personnalité votre juge moral, le développement spirituel, les structures, l'effort, le silence, la sécurité, la gestion du temps et l'évolution, la valeur que vous avez et la paix intérieure, et aussi sur le rôle que doivent avoir au sein de votre personnalité et dans votre vie les mémoires ancestrales et les vies antérieures, la spiritualité, le développement personnel, la joie et la souffrance, l'évasion et la transcendance, le hasard, l'inconscient collectif et les facultés de voyance. Un travail sur l'arbre généalogique et les chants sacrés peuvent vous faire le plus grand bien.

Cette facette de votre personnalité peut être gérée et canalisée en oscillant entre les deux fonctions psychologiques qui sont vécues dans des états d'esprit très différents de façon telle que chaque fonction rectifie l'autre au moindre excès et sans que l'une des fonctions psychologiques gène l'expression de l'autre. Vous pouvez vivre des moments où vous savez-vous discipliner, réfléchir en profondeur, voir les choses à long terme, prendre du recul, prendre votre temps, vous consacrer à une forme de recherche, vous posez des questions existentielles, faire face aux problèmes, vous organiser et vous structurer.

Puis vous pouvez vivre, dans un autre état d'esprit, à d'autres moments, votre besoin de transcendance et d'évasion, vos convictions religieuses, vos aspirations secrètes et votre vie intérieure, des moments de détente ou vous pouvez laisser allez en fonction de vos humeurs, de vos aspirations secrètes, de l'air du temps et du hasard, même si cela n'est pas toujours rentable. Vos responsabilités ne vous empêchent alors pas de rêver et vos rêves ne vous empêchent pas d'être réaliste et d'assumer vos responsabilités professionnelles. Vous savez que la perfection n'existe pas mais vous savez utiliser vos insatisfactions pour évoluer.

Bien maîtrisée, la relation Saturne-Neptune peut vous conférer un ensemble d'aptitudes qui sont alors vécues d'une façon très consciente et dynamique. Cela peut par exemple se traduire, pour ce qui concerne pour ce qui concerne Saturne, par une exceptionnelle maîtrise de votre intuition et de votre foi, par un sang froid, une objectivité, une solidité, un sens de l'organisation et de la construction, par une puissance de travail, par une aptitude à assumer de grosses responsabilités, par une capacité à travailler sur votre personnalité afin de tendre vers la perfection, à appliquer les lois éternelles qui régissent l'univers et par la possibilité d'acquérir un éveil spirituel qui sont hors du commun.

 Pour ce qui concerne Neptune, cela peut se traduire par une foi, un amour inconditionnel, une capacité à soulager les souffrances et les misères du monde, une capacité à faire rêver autrui, par une clairvoyance et par un éveil spirituel qui sont très au-dessus de la moyenne. Vous pouvez alors être très doué pour gérer les émotions présentes dans toute situation, pour représenter des valeurs et des demandes collectives, pour saisir l'ordre universel sous jacent à toute vie extérieure et pour incarner dans votre vie les connaissances spirituelles que vous avez acquises. Il y a alors en vous une fée ou un magicien capable de faire des miracles grâce à la force de votre amour et de votre foi. .

Quand la relation Saturne-Neptune est vécue en conscience, vous êtes très capable de prendre du recul, d'élaborer une stratégie à long terme, de faire des recherches, de faire preuve de pragmatisme et de réalisme, de vous organiser, de vous discipliner et de travailler avec acharnement de vous fixer des objectifs à long terme, préparer longtemps à l'avance ce que vous voulez faire, définir des étapes, élaborer des plans d'action ou de formation et des méthodes d'exécution, d'agir de façon stratégique, méthodique, précise et en profondeur, de vous discipliner pour construire, de fournir des efforts prolongés, d'abattre une quantité parfois impressionnante de travail et de contrôler les situations auxquelles vous êtes confronté lorsqu'il s'agit de développer votre foi, lorsqu'il s'agit d'accéder à des niveaux de conscience plus élevés ou à des états mystiques, à des voyages astraux, à des vérités spirituelles, à des émotions quasi religieuses qui vous permettent de transcender lorsqu'il s'agit de soulager les souffrances et les misères du monde, lorsqu'il s'agit de faire preuve de compassion, de charité et d'amour inconditionnel, lorsqu'il s'agit de gérer vos mémoires généalogiques ou vos vies passées ou lorsqu'il s'agit de participer à une organisation collective.

De même, vous savez avoir la foi et vous laisser porter par votre intuition et vos inspirations lorsqu'il vous faut vous organiser et assumer vos responsabilités. Et parce que vous avez la foi, parce que vous connaissez la force de la foi, parce que vous croyez que tout est possible tout en étant réaliste et pragmatique, vous pouvez remuer des montagnes et obtenir des résultats surprenants, incroyables voire miraculeux, comme si les événements se produisaient d'eux même sans démarche consciente de votre part.

Vos puissantes inspirations vous permettent de faire ce qu'il faut, comme il faut ou et quand il faut. La foi soulève des montagnes et engendre des actes magiques quand on sait s'en servir. Il peut être bénéfique pour vous de travailler l'énergie de la foi. Vos capacités d'organisation tendent s'exprimer en fonction d'une logique qui vous est propre, d'une logique qui n'est pas facile à définir ni à communiquer parce qu'elle est irrationnelle et bien au-delà des mots et parce qu'elle fait intervenir d'autres dimensions.

 Ainsi, le fait que vous soyez motivé pour vous organiser dépendra de l'effet vibratoire de la situation ou de votre Etre, de l'énergie qui en émane, des émotions qu'elle suscite au plus profond de vous-même, de ce que vous ressentez à ce moment précis, du temps qu'il fait, ou d'autres raisons très personnelles et quelques fois inconscientes, par exemple parce que la situation évoque une impression de déjà vu, un souvenir d'un lointain passé ou d'une vie antérieure, ou parce qu'elle est en résonance avec une mémoire généalogique. Et vous pouvez être amené à revisiter des mémoires que vous avez déjà connues " dans d'autres vies ".

Tout ce qui concerne la vie intérieure est pour vous une question de feeling, de sensibilité et comme vous dites, cela ne s'explique pas. D'où votre coté irrationnel, insaisissable et parfois déroutant(e). Et vous êtes hyper sensible, captant tout ce qu'il y a dans l'air du temps, dans l'inconscient collectif et dans le cosmos. Vous avez facilement besoin que vos engagements, votre organisation, vos structures ou votre carrière correspondent à des aspirations spirituelles plus profondes ou qu'ils soient soutenus, confirmés, validés par une foi, par la volonté de vos ancêtres, par le hasard, par les Dieux ou par ce en quoi vous croyez.

Votre vie est en tout cas très liée à vos mémoires ancestrales. Il peut être très important pour vous de faire votre arbre généalogique afin de ne pas reproduire les schémas ou les structures de vos ancêtres et surtout afin de vivre votre vie à vous! Il est important pour vous de bien faire la différence entre les désirs du groupe et vos désirs personnels afin de surmonter une tendance à la dépersonnalisation. Votre capacité à ressentir les désirs du groupe peut cependant vous permettre de gérer un groupe ou d'une collectivité.

Vous êtes sensible en profondeur aux souffrances des autres et la part de bonté, de charité, de dévouement, de sensibilité, de douceur toute maternelle et de sincérité désintéressée qu'il y a dans votre cœur peut vous inciter à porter secours, à soigner ou assister des personnes qui sont souffrantes ou malades, physiquement ou moralement, ou à vous occuper d'œuvres sociales et philanthropiques.

Vous pouvez développer, surtout dans la deuxième partie de votre vie, des aptitudes pour explorer l'ailleurs, pour soulager et soigner les souffrances et misères du monde à travers une activité sociale, médicale ou paramédicale, pour utiliser votre foi et votre intuition, pour capter et ressentir ce qui se passe, pour inspirer et être inspiré(e), pour rêver et faire rêver, pour vous dévouer, pour utiliser un sens communautaire et humanitaire, pour relaxer et détendre, pour assister, pour explorer l'invisible et l'inconscient, pour sonder, pour participer à une entreprise collective, pour communier, pour faire de la magie à votre façon, pour vous évader et pour communiquer par l'image et les émotions.

Lorsque votre vie est orientée vers l'évolution intérieure, cet aspect, grâce au travail que vous pouvez faire pour évoluer et pour vous structurer, peut vous permettre d'acquérir une certaine sagesse, une vision profonde de la vie et une force morale ou spirituelle.

## ASPECT HARMONIQUE SATURNE-PLUTON

Il y a dans votre thème astral une relation permanente, continue et symbiotique entre Saturne et Pluton qui s'expriment en vous comme deux partenaires. Dans la mesure où vous êtes sensible aux effets positifs que chacune des fonctions à sur l'autre et où vous tendez à croire que lorsque vous vivez l'une des fonctions, alors l'autre viendra systématiquement la soutenir, vous tendez à récolter le meilleur de chacune de ces deux fonctions psychologiques et des expériences qui y sont associées.

Saturne et Pluton sont tous deux des spécialistes des systèmes de défenses et de sécurité. Ils ont en commun un besoin d'aller au fond de la vérité, leurs puissantes capacités de travail, leur acharnement, leur obstination, leur lucidité, leur tendance à prendre du recul face au monde extérieur et à être totalement détaché de tout, leur coté secret, leur grande sensibilité aux problèmes et à ce qui ne va pas, leur méfiance et leur scepticisme, leurs capacités à faire face aux difficultés et à vivre dans des conditions difficiles et parfois leur caractère de cochon.

Saturne peut vous aider à canaliser vos pulsions et vos instincts sexuel, à trouver une certaine paix intérieure et à orienter votre grande puissance de travail d'une façon constructive. La relation Saturne Pluton a un rôle initiatique dans le sens ou elle a pour but de vous faire prendre conscience que votre vie terrestre n'est qu'une toute petite partie de votre vie éternelle, de vous enseigner les secrets de la vie et de la mort, les sorties hors du corps et l'exploration de l'invisible, de vous apprendre à prendre conscience et à gérer ce que vous avez à travailler pour évoluer, c'est à dire le pouvoir que vous avez sur vous-même et sur autrui, l'énergie sexuelle, les vieux démons et les déchets psychologiques ou les mémoires ancestrales qu'il faut purifier en vous puis évacuer, les problèmes qu'il vous faut résoudre, les failles qu'il vous faut combler, le vide qu'il vous faut traverser ou remplir, les dettes karmiques qu'il vous faut payer et les pertes, sacrifices, dépossessions et transformations qui sont nécessaires à votre évolution.

Avec une relation Saturne-Pluton, vous allez trouver votre sécurité, vous construire, évoluer, grandir et trouver la paix intérieure à travers un combat et des crises pour vous transformer et transformer autrui, à travers un chemin initiatique vous permettant d'accéder à votre vérité profonde et aux vérités éternelles, en prenant conscience que la vie terrestre n'est qu'une toute petite partie de la vie éternelle, en apprenant à faire des sorties hors du corps et à explorer l'au-delà et en exerçant une forme de pouvoir mis au service de la vie. Vous pouvez aller au fond de vous-même grâce à votre capacité à être intensément dans l'instant présent, à être à l'écoute des vibrations et des mouvements d'énergie dans votre corps et à vous relier au centre de votre cœur. Votre capacité à résister à de fortes pressions et à vous régénérer rapidement après une expérience pénible ou des efforts épuisants vous confère une grande résistance dans les situations difficiles. Une volonté puissante, une ténacité dans vos décisions et un besoin compulsif et parfois obsessionnel d'être vainqueur vous permet de vous fixer des objectifs et de poursuivre votre voie sans défaillances, jusqu'aux résultats et à la victoire, quitte à écarter tout ce qui pourrait vous contrarier ou à éliminer la concurrence avant qu'elle ne devienne dangereuse. La fin pour vous justifie les moyens.

Vos réactions peuvent être dures envers vous-même comme envers autrui. Elles peuvent manquer de tendresse, de pitié, de diplomatie et de bonté au point d'être parfois sadiques et machiavéliques. Vous ne vous embarrassez guère des sentiments d'autrui et méprisez facilement la médiocrité. Vous avez tendance à vivre en temps de guerre et êtes plutôt taillé psychiquement pour la guerre, pour l'initiation, pour le Grand Combat que pour la paix et pour une vie tranquille. Vous avez parfois besoin, afin de vous sentir en sécurité, de vérité, de préserver votre authenticité, d'intensité, de tension, d'émotions fortes, de suspens, d'angoisse, de rapports de force, de mystères, de révélations et d'initiation, de difficultés, quelquefois de conflits, de crises et de problèmes.

Vous ne vous sentez parfois en sécurité que lorsque vous exercez un pouvoir sur autrui ou que vous êtes vous-même assujetti au pouvoir d'autrui, que lorsque vous influencez subtilement le cours des événements, que lorsque vous tirez les ficelles et que lorsque c'est la crise.

Vous êtes très capable de prendre du recul, d'élaborer une stratégie à long terme, de faire des recherches, de faire preuve de pragmatisme et de réalisme, de vous organiser, de vous discipliner et de travailler avec acharnement lorsque vous êtes face à une situation difficile, à des crises ou des obstacles, à des pressions occultes, à des manipulations insidieuses ou des magouilles, lorsque votre sécurité et votre survie sont en jeu, lorsque vous êtes en temps de guerre ou face à l'ennemi, lorsqu'il s'agit d'élucider un mystère, d'influencer le cours des événements ou de parcourir les différentes étapes de l'initiation. Votre juge moral tend à être viril, dur, combatif, exigeant, percutant et orienté vers la recherche de l'initiation aux vérités éternelles et sans doute devez vous apprendre à vous montrer un peu plus indulgent envers vous-même et à compenser votre tendance aux extrêmes et aux excès par une énergie de douceur, d'équilibre et d'harmonie.

Dès lors qu'il s'agit de vous organiser, de vous discipliner de construire et de structurer, d'assurer votre sécurité, de faire des recherches, de planifier à long terme ; alors vous êtes très capable de concentrer votre énergie, d'être à 100% présent, de vous battre, de déployer les grands moyens, d'être offensif et s'il le faut agressif.

Vous avez alors aussi des facilités pour pressentir les non dits, les émotions et les craintes non exprimées, pour flairer les rapports de forces, les dangers et les enjeux présent dans la situation, pour déceler les tentatives de manipulations et ceux qui tirent les ficelles, pour décoder les signes et les symboles, pour comprendre le langage de la nature ou la justice divine, pour capter les indices subtils, pour focaliser sur des détails que personne n'avait remarqués, pour capter l'envers du décor et pour tirer des conclusions à partir du moindre indice. Vous pouvez ainsi être très lucide, avoir un sens de la justice très développé et vivre une sorte d'échange médiumnique avec votre milieu.

Cette lucidité et cette ouverture sur l'invisible peuvent vous rendre apte à voir derrière les formes et les apparences, à saisir le sens caché ou les causes occultes des événements, à cerner ce qui se passe dans les coulisses ou dans les profondeurs de votre inconscient, à élucider les mystères, à percer les secrets de la vie ou de la mort, à faire face à l'inconnu et à utiliser vos instincts ou des forces occultes pour de franchir les différentes étapes de l'initiation.

Vous pouvez développer, surtout dans la deuxième partie de votre vie, des aptitudes pour diriger dans l'industrie, pour transformer les structures, pour régénérer, pour percer les secrets de la vie et de la mort, pour diagnostiquer, surveiller, garder, sécuriser et gérer les affaires de sécurité et d'assurance, pour utiliser des dons occultes ou des facultés psychiques, pour évacuer les déchets et toxines, pour gérer les crises et les conflits et pour vous occuper de difficultés ou de personnes en difficultés, pour les activités liées aux forges et métaux (mécanique), où nécessitant un maniement d'outils ou d'armes et pour tout ce qui concerne les machines, pour les disciplines de combats (police et justice), les professions libérales et les métiers où il y a de l'indépendance et parfois pour certaines activités médicales qui nécessitent l'utilisation d'objets en métal ou de machines.

## ASPECT DISSONANT/DYNAMIQUE SATURNE-PLUTON

Il y a dans votre thème astral une relation permanente, mais discontinue, dissociée, duelle, tendue et conflictuelle, entre Saturne (votre juge, votre relation aux structures) et Pluton (votre sexualité, votre besoin de transformation et d'initiation), car ces deux planètes vibrent en vous à deux fréquences totalement différentes.

Chaque planète veut s'exprimer, à sa façon, à travers vous et tend à considérer l'autre comme une rivale ou comme une perturbatrice. Vous avez alors tendance, soit à exprimer l'une puis l'autre des planètes d'une façon excessive, soit à vivre l'une des planètes et à rejeter l'autre parce que vous la considérez comme perturbatrice, parce que vous voyez son côté sombre plus que son côté lumineux. Tant que vous nourrissez ce conflit à l'intérieur de vous, vous récoltez le moins bon de chacune des deux fonctions psychologiques et des expériences qui y sont associées.

La solution, que vous verrez plus bas dans le texte, est de vivre chaque fonction en pleine conscience et de savoir alterner rapidement et consciemment, entre chacune des deux fonctions psychologiques représentées par la planète. Vous transformez ainsi une relation conflictuelle en une grande force et vous vivez cette relation de façon consciente et dynamique.

Cette facette de votre personnalité peut initialement engendrer, lorsqu'elle n'est pas maîtrisée, des difficultés dans la gestion de votre existence, des difficultés pour vous structurer, pour construire, pour être ordonné, respectueux et responsable, pour évoluer et pour trouver la paix intérieure mais aussi des difficultés pour vous transformer, pour accéder à votre vérité, pour évoluer spirituellement et pour être en paix avec vous-même de part un conflit ou une dissociation entre un besoin de sécurité et un besoin de transformation, entre un besoin de calme et un besoin de combat et de passion, entre un besoin de simplicité et un besoin de complexité, entre un besoin de sagesse et un besoin d'exprimer vos pulsions, entre vos principes moraux et votre vérité profonde. Vous avez alors tendance à incarner plusieurs scénarios, en alternant parfois de l'un à l'autre.

# Scénario 1 : Saturne domine (le juge, les structures) et Pluton est rejeté ou mal intégré à votre personnalité.

Si Saturne prédomine chez vous, vous avez besoin de sécurité et de concrétiser. Vous vous posez les questions essentielles. Vous prenez du recul pour réfléchir. Vous entreprenez une forme de recherche ou de quête de vérité. Vous avez besoin de vous construire un avenir, d'effectuer un travail sur vous pour évoluer, de vous consacrez à votre carrière ou à vos ambitions, d'expérimenter pour découvrir, de vous organiser avec rigueur et précision pour atteindre un certain idéal de perfection, d'assumer des responsabilités, de poursuivre vos objectifs à long terme avec acharnement ou d'acquérir une certaine sérénité intérieure à travers une activité spirituelle. Vous avez alors tendance, le plus souvent inconsciemment, à percevoir le coté négatif de ce que représente Pluton, sa face obscure et ses défauts. Vous pouvez ainsi être très sensible aux effets perturbateurs que peuvent causer une personne qui vous a mis sur le mauvais chemin, qui vous a dévalorisé, manipulé ou qui vous a fait menée une vie infernale, le décès d'une personne qui comptait pour vous, une expérience sexuelle malsaine, les effets pervers de la jalousie, de la haine, des conflits, des rapports de force, de la combine, de la guerre, de catastrophes naturelles ou de pratiques occultes malsaines, ou encore le néant, la fatalité et l'anarchie.

Cela peut se traduire par une peur que des influences mystérieuses, qu'une force occulte, que la fatalité, qu'une personne manipulatrice ou que vos propres démons viennent perturber ou démolir votre vie, votre calme et votre sécurité. Où peut-être avez-vous une peur bleue de la mort et des transformations? Vous avez alors tendance à nourrir vos propres angoisses et à rejeter tout où partie de ce que représente Pluton. Peut-être avez-vous peur de votre propre pouvoir occulte ? Ce rejet de Pluton peut engendrer des difficultés à être lucide, à voir derrière les formes et les apparences, à ressentir les non-dits, les craintes et les émotions non exprimées, à analyser les événements en profondeur, à comprendre le langage de la vie ou la justice divine, à préserver le secret de vos initiatives, à détecter les enjeux non exprimés, les tensions et les rapports de force sous-jacents, à deviner les besoins, les intentions et les motivations d'autrui dès lors que vous vous organisez ou construisez quelque chose.

Vous pouvez avoir du mal à voir les problèmes en face, à accepter les crises et les transformations nécessaires à l'évolution de toute vie, à gérer les crises et les conflits, à vous régénérer après des moments difficiles, à percer les mystères de l'existence et à vivre l'expérience initiatique, à réagir aux pressions et aux manipulations, à influencer discrètement le cours des événements, à exprimer votre vérité ou à tenir compte de vos exigences profondes. Si votre vie n'est pas tout à fait tel que vous le souhaiteriez, peut être en trouverez vous là la cause ? Peut-être refoulez-vous cette partie profonde de votre personnalité parce que vous avez peur d'être puni et d'avoir mal? Peut-être alors vous laisser-vous dominer, manipuler voire abuser par les événements, par la société ou par une personne plus subtile et plus sournoise présente dans votre situation? Peut-être avez-vous une impression (qui peut correspondre à la réalité ou n'être qu'imaginaire) que votre vie en général n'est pas authentique ou qu'elle ne correspond pas à votre réalité intérieure, à vos aspirations secrètes, à vos instincts primitifs, à vos pulsions inconscientes, à votre karma, à votre vérité et à vos besoins profonds?

 Peut-être avez-vous l'impression qu'il vous manque toujours quelque chose pour vous soyez satisfait et pour combler un vide angoissant? Cela peut déclencher de violentes réactions de compensation. A force de nier ou de refouler vos pulsions profondes ou ce qui se cache dans votre inconscient, votre authenticité, les vérités universelles qui sous tendent toute destinée individuelle, vous risquez alors d'accumuler des déchets psychologiques toxiques qui proviennent d'angoisses, de colères ou de pulsions non exprimées et des longues crises. Il peut donc être important pour vous d'apprendre à faire remonter à la surface puis à évacuer vos toxines intérieures, par exemple en faisant un travail sur le corps ou une analyse.

## Scénario 2 : Scénario 2 : Pluton domine et Saturne est rejetée ou mal intégrée.

Quand Pluton prédomine chez vous, vous avez besoin de vivre selon votre vérité, d'exercer un pouvoir, d'être détaché de tout en vivant les choses de très loin, d'être sexuellement épanoui, de développer votre instinct de survie et de résistance à de fortes pressions, d'être lucide, de vivre intensément et de suivre votre voie personnelle sans rien devoir à personne, d'initiation, de percer les secrets de la vie, d'expérimenter le développement personnel et d'effectuer une recherche spirituelle. Vous faites face à l'inconnu, au mystère, à des révélations, à la mort, à de fortes pressions, à des tentations, à des tentatives d'influence et de manipulation ou à des crises et problèmes. Vous expérimentez le changement et les transformations. Vous exorcisez vos impuretés ou celles des autres et vous influencez le cours des événements.

Vous pouvez alors être sensibilisé effets perturbateurs que peuvent avoir ou causer les obligations, les contraintes et les responsabilités professionnelles, les structures, l'ordre et la nécessité de se fixer des limites, les effets du temps et les traditions, un idéal de perfection, une morale ou des jugements moraux culpabilisants, la réflexion, l'isolement, la recherche ou un besoin d'introspection et de développement personnel. Vous pouvez être très sensible aux efforts à fournir et aux difficultés à vaincre pour vivre votre sexualité, pour exprimer vos pulsions, pour vous transformer, pour vivre votre vérité profonde ou pour effectuer une recherche spirituelle.

Vous pouvez ainsi avoir tendance à refouler tout où une partie de ce que représente Saturne parce que vous la voyez sous son aspect négatif. Ce refoulement peut se traduire par une difficulté à construire et à concrétiser, par une difficulté à analyser les événements d'une façon objective et réfléchie, à comprendre le sens et les causes profondes de vos difficultés, à prendre du recul, à faire preuve de discernement, à vous poser les vrais questions et à cherchez les réponses, à vous remettre en question, à prendre conscience de vos limites ou de vos lacunes, à acquérir des bases solides et à vivre selon des principes constructifs.

Vous pouvez aussi avoir du mal à être réaliste et pragmatique, à approfondir, à construire ou à faire des efforts, à voir les choses à long terme et à tenir compte du temps, à gérer constructivement, à assumer ou à accepter les responsabilités, à vous fixer des étapes, à développer une stratégie ou une méthode, à faire preuve de la persévérance nécessaire dans vos projets, à fournir de gros efforts, à vous discipliner et à vous organiser de façon logique, à tenir compte des difficultés ou à accepter et faire face aux obstacles, ou à faire preuve de simplicité, de maturité, de sérieux, d'honnêteté, d'intégrité, de sagesse ou de moralité. Vous pouvez avoir des difficultés à considérer la vie comme un cheminement ou comme une œuvre en construction, à évoluer intérieurement à travers un travail sur vous-même ou à évoluer tout court, et à acquérir une connaissance pratique des lois éternelles permettant d'acquérir la sérénité. Votre besoin d'exprimer vos pulsions et votre sexualité, où de vous transformer afin d'être libre n'est pas forcément motivé par un besoin de sécurité, de sérénité et d'ordre.

Certaines personnes sont trop prises par leurs combats ou leurs passions pour prendre le temps de se consacrer à des moments de réflexion et d'introspection, de recherche, de développement personnel ou de construction. Peut-être vous fuyez-vous dans vos passions, vos combats ou vos relations sexuelles pour ne pas avoir à faire face à une certaine fragilité morale, à vos doutes, aux milles questions existentielles qui vous tourmentent, pour ne pas être seul, par peur de vous ennuyer, pour ne pas vous occuper de votre évolution intérieure ou pour ne pas faire face à vos obligations? Vous pouvez néanmoins être insatisfait ou frustré dans votre vie parce que vous avez l'impression qu'il vous manque ce que vous refoulez.

Ce peut être la sécurité, la possibilité de construire quelque chose à long terme (une œuvre, un couple, une famille ou autre), du temps, des bases solides, une structure organisée, une évolution positive, une compréhension profonde des événements, un réel contrôle de la situation ou un sentiment de sérénité, de tranquillité et de paix intérieure. Vous êtes parfois trop sensible aux différences qu'il y a entre votre idéal de perfection et votre vérité profonde, votre sexualité, vos pulsions et vos passions.

## Scénario 3 : Votre juge et votre besoin d'ordre et de structures sont en excès

L'influence excessive de Saturne peut se traduire par un manque de confiance en vous, par une tendance à vivre dans la peur du jugement, dans la peur de l'avenir, dans la peur de manquer, dans un état d'insécurité ou d'inquiétude, par une tendance à douter de votre autorité, à dresser ou à imaginer des murs et des obstacles qui vous freinent dans vos initiatives ou à être trop sur la défensive. Vous pouvez avoir tendance à entretenir une morale rigide, des angoisses inutiles, une mentalité fataliste, sectaire ou dogmatique, une philosophie archaïque, une étroitesse d'esprit, des préjugés et une inaccessibilité qui freine votre expansion et votre épanouissement. Une tendance à vouloir tout analyser, intellectualiser, théoriser, comprendre, expliquer, justifier, contrôler et maîtriser, à ruminer, à vous poser trop de questions avant d'agir, à être égoïste, à être trop sévère, dur, exigent envers vous-même ou envers autrui et à vous rendre la vie compliquée.

Vous avez peut-être tendance à croire dur comme fer, dans une attitude pessimiste et défaitiste, et donc d'échec, que vos relations amicales ne dureront pas ou que vos projets n'aboutiront pas. Vous pouvez ainsi passer à coté d'opportunités d'aide parce que vous résistez aux événements et à la chance. Des attitudes moralisatrices, culpabilisantes et un besoin excessif de tout maîtriser peuvent étouffer toute relation amicale. Peut-être ne vous sentez-vous exister que dans des situations rigides où tout est prévu, géré, structuré, organisé et contrôlé ? Peut-être êtes-vous tellement en train de construire, de chercher, de vous poser des questions existentielles, de vous découvrir et de prévoir l'avenir que vous vous empêchez d'exprimer vos passions, vos pulsions, votre sexualité ou votre vérité profonde ?

# Scénario 4 : Pluton est dominant en excès.

Lorsque vous êtes identifié à Pluton, vous pouvez avoir tendance à l'être excessivement. Vous risquez alors de démonter ou d'anéantir votre organisation et votre sécurité par une tendance excessive à vouloir vivre votre part d'intensité, de combat, de suspens, à force de laisser libre cour à vos pulsions, à force de laisser d'autre prendre le pouvoir que vous ne voulez pas assumer ou à force de rejeter autrui en vrac, de piquer des crises et de tout détruire. L'influence excessive de Pluton peut se traduire par une tendance à vouloir systématiquement tirer les ficelles, à utiliser toutes sortes de combines, de machinations, de manœuvres ou de trafic d'influence pour parvenir à vos fins, à corrompre ou à être victime de corruption, à manipuler votre entourage ou à vous laisser manipulé, à influencer les événements, à dominer, à transformer et parfois à détruire tout ce qui vous tombe sous la main en imposant vos décisions de façon tyrannique et en laissant rarement le choix aux autres.

Certaines personnes peuvent ainsi contribuer à la désintégration, à la destruction et à l'anéantissement d'une organisation. D'autres auront tendance à faire monter la pression, la tension, le suspens et l'angoisse quand les événements leur paraissent trop calmes, à se laisser dominer par leurs pulsions ou à vouloir systématiquement fasciner, influencer, impressionner ou envoûter pour mieux dominer et exercer le pouvoir. Et lorsque votre autorité n'est pas reconnue ou obéie, c'est parfois l'ultimatum, le drame, le chantage, la crise, les explosions de colère, la négation et le rejet en bloc. Rien ne va plus ! Vous n'êtes alors pas très tolérant.

Peut-être faites-vous preuve d'une mentalité policière, culpabilisante et punitive dès qu'il y a chez vous ou chez autrui une manifestation spontanée de vie, d'ordre ou un sentiment de sérénité et de sécurité. Des crises dans la vie professionnelle peuvent provenir de votre caractère difficile, d'un tempérament volcanique, d'un sale caractère comme diraient certains, et d'une franchise trop brutale. Si votre sensibilité et votre très grande lucidité peut vous permettre de voir les failles, les imperfections, les défaillances de la société et de toute structure ou organisation, et de transpercer les masques et les cuirasses, elle peut aussi vous donner une tendance à être trop sensible à ce qui ne va pas, aux différences qu'il y a entre vous et les autres, aux mauvais cotés des choses, aux problèmes de l'existence et à vos propres problèmes, aux pertes et aux sacrifices plutôt qu'aux gains et aux bénéfices, à tous les défauts potentiels de la nature humaine, de la société ou du pouvoir, à l'aveuglement, à l'ignorance, à l'égoïsme et à la médiocrité des masses et aux manipulations, injustices, hypocrisies et lâchetés qui sévissent sur la planète Terre.

Cela peut vous donner tendance à condamner l'humanité et vous-même en tant que membre de l'humanité, à dramatiser, à voir tout en noir, à croire que le pire va toujours arriver, à entretenir des images négatives, à être assujetti par certaines croyances, à râler, à être tout le temps en train de critiquer, de vous plaindre, de gémir et de grogner, à être parfois dégoûté de la vie au point d'avoir du mal à vous engager dans quoi que ce soit, à vous enfermer dans un univers triste et sombre et à rejeter les autres en vrac. Cela peut vous causer des difficultés à créer des liens sociaux et peut vous faire vivre comme un vieux loup solitaire. Votre haine profonde peut parfois se traduire par des problèmes de santé. Une sensibilité excessive à l'envers du décor ou à des détails subtils qui passent inaperçu aux autres fait qu'un événement, qu'un conflit, qu'un problème ou qu'un incident mineur peut prendre des proportions démesurées. Cela peut vous rendre méfiant et vous donner tendance à vous compliquer la vie. Vous pouvez être tellement sensible aux questions d'insécurité ou de sécurité que vous vivez dans un état de guerre et de vigilance permanent qui peut vous empêcher de vivre libre et heureux.

Certains ne se sentent exister, satisfait ou épanoui que dans des situations infernales, que lorsqu'ils prennent des risques insensés, que lorsque qu'ils défient la mort ou la provoque, qu'en compagnie de gens pas clairs, que lorsqu'ils ont de gros problèmes, que dans des luttes perpétuelles pour le pouvoir ou dans des rapports de force, que dans un climat d'intensité extrême, de tourmente, de conflit, d'excès et de crise, que lorsqu'ils sont différents, exclus ou marginalisés, que lorsqu'ils prennent une certaine distance par rapport à la vie, aux événements et aux personnes qui les entourent, que dans le rejet, le silence ou l'indifférence.

Cette recherche d'initiation, d'intensité voire de violence se traduit parfois par un attrait pour la guerre, pour les stupéfiants, pour des expériences sexuelles occultes dangereuses et par une tendance à l'auto destruction, ou plus couramment par un besoin d'une très grande intensité dans votre carrière.

Une tendance excessive à prendre de la distance par rapport aux événements, à les comparer de façon très critique à l'éternité, à l'au-delà ou à l'ensemble de votre existence peut vous donner l'impression que toute forme de recherche, que toute démarche visant à construire et à évoluer n'est qu'illusoire, temporelle, accidentelle et dérisoire ; et que la vie terrestre est inutile ou absurde parce que vous n'avez pas su donner un sens à votre vie.

Cela peut provoquer une crise d'identité profonde, une difficulté à vous investir dans un projet quelconque, à coopérer, à participer à une action de groupe, un sentiment de vide et de néant, d'ennui et d'inutilité, un sentiment d'exclusion, une difficulté à d'adhérer à la vie, un état général d'indifférence, de rejet, mais aussi de peur, de vide et d'ennui. « On est peu de chose » dites-vous alors.

Mais peut être vous servez-vous mal de votre lucidité? Peut être qu'à force de ne rien faire parce ce que les autres ou les circonstances risquent d'anéantir vos efforts, vous n'obtenez naturellement pas les résultats voulus dans votre vie ?  Et vos attitudes de rejet, de détachement et de négation ne sont t'elles pas un prétexte pour ne pas affronter la vie, pour ne pas faire face à vos responsabilités ? Un sentiment d'indifférence vis à vis des conséquences de vos actes peut vous donner tendance à vous croire tout permis et à vivre n'importe quoi n'importe comment, en ne respectant ni les lois sociales, ni les droits de l'homme, ni les sentiments d'autrui, ni la morale. Le risque est de s'embourber dans une recherche malsaine de violences et de détruire votre vie, votre sérénité et votre sécurité.

## Expression positive consciente et naturelle : Lorsque vous apprenez à maîtriser cette partie de votre personnalité et à utiliser toute sa richesse et lorsque vous avez fait le chemin pour exprimer cette relation en pleine conscience et d'une manière positive. Pour transformer la relation Saturne-Pluton dissociée en relation consciente et dynamique, il peut être utile d'effectuer un travail sur le rôle que doivent avoir dans votre vie et au sein de votre personnalité votre juge moral, le développement spirituel, les structures, l'effort, le silence, la sécurité, la gestion du temps et l'évolution, la valeur que vous avez et la paix intérieure, mais aussi sur le rôle que doivent avoir dans votre vie et au sein de votre personnalité les

notions de purification et de transformation, les pulsions instinctives, la sexualité, l'au-delà et les voyages astraux (sorties hors de corps), les forces secrètes de la nature ainsi que l'initiation aux vérités spirituelles et à votre vérité profonde. Un travail sur la conscience corporelle (Tai-Chi, Tantrisme), la pratique de la méditation et un peu de sport peuvent vous faire le plus grand bien.

Cette facette de votre personnalité peut être gérée et canalisée en oscillant entre les deux fonctions psychologiques qui sont vécues dans des états d'esprit très différents de façon telle que chaque fonction rectifie l'autre au moindre excès et sans que l'une des fonctions psychologiques gène l'expression de l'autre. Vous pouvez vivre des moments où vous savez-vous discipliner, réfléchir en profondeur, voir les choses à long terme, prendre du recul, prendre votre temps, vous consacrer à une forme de recherche, vous posez des questions existentielles, faire face aux problèmes, vous organiser et vous structurer. Vous savez que la vie est le champ d'exercice nécessaire à l'âme pour évoluer, ce qui vous permet d'assumer vos responsabilités.

Puis, Sachant qu'il existe au-delà des réalités concrètes une partie de votre personnalité plus profonde, plus lucide, plus authentique et plus exigeante qui demande à s'exprimer à travers vous, vous pouvez vivre d'autres moments ou vous vous investissez dans une forme d'investigation ou de recherche spirituelle, où vous vous autorisez à vivre vos passions, à exprimer vos pulsions et votre vérité la plus profonde, en sachant éviter les excès dès que vous sentez votre sécurité et votre sérénité menacée. Vous pouvez maîtriser l'art de dédramatiser sans pour autant renier. Vous pouvez aussi être capable de tempérer votre violence intérieure et de la canaliser dans une activité constructive.   Bien maîtrisée, la relation Saturne-Pluton peut vous conférer un ensemble d'aptitudes qui sont alors vécues d'une façon très consciente et dynamique.

Cela peut par exemple se traduire, pour ce qui concerne Saturne, par une exceptionnelle maîtrise de votre énergie et de votre pouvoir, par un sang froid, une objectivité, une solidité, un sens de l'organisation et de la construction, par une puissance de travail, par une aptitude à assumer de grosses responsabilités, par une capacité à travailler sur votre personnalité afin de tendre vers la perfection, à appliquer les lois éternelles qui régissent l'univers et par la possibilité d'acquérir un éveil spirituel qui sont hors du commun.

Pour ce qui concerne Pluton, cela peut se traduire par une capacité à faire face aux crises et aux difficultés, à lutter contre la bêtise humaine, l'injustice, la corruption, la fatalité, les « magouilles », à affronter des situations complexes, à être initié les secrets de la vie et de la mort, à manier des énergies subtiles, à vous transformer et à infléchir le cours des événements qui est au-dessus de la moyenne. Tel l'aigle volant en hauteur, vous savez garder vos distances, observer avec lucidité, puis agir avec sagesse quand cela est nécessaire. Votre lucidité vous permet du lutter pour des causes justes et parce que vous savez que l'on récolte ce que l'on sème, vous employez votre agressivité et votre énergie constructivement. Vous êtes capable de vous opposer à ce qu'il y a de corrompu dans toute structure et pouvez devenir un agent de transformation au sein de la société pour la rendre meilleure.

Quand la relation Saturne-Pluton est vécue en conscience, le pouvoir, la combativité, la capacité à vous transformer et le sens de la survie sont des énergies qui vous sécurisent. Votre capacité à résister à de fortes pressions et à vous régénérer rapidement après une expérience pénible ou des efforts épuisants vous confère une grande résistance dans les situations difficiles. Une volonté puissante, une ténacité dans vos décisions et un besoin compulsif et parfois obsessionnel d'être vainqueur vous permet de vous fixer des objectifs et de poursuivre votre voie sans défaillances, jusqu'aux résultats et à la victoire, quitte à écarter tout ce qui pourrait vous contrarier ou à éliminer la concurrence avant qu'elle ne devienne dangereuse. La fin pour vous justifie les moyens. Vos réactions peuvent être dures envers vous-même comme envers autrui. Elles peuvent manquer de tendresse, de pitié, de diplomatie et de bonté au point d'être parfois sadiques et machiavéliques. Vous ne vous embarrassez guère des sentiments d'autrui et méprisez facilement la médiocrité.

Vous avez tendance à vivre en temps de guerre et êtes plutôt taillé psychiquement pour la guerre, pour l'initiation, pour le Grand Combat que pour la paix et pour une vie tranquille. Vous avez parfois besoin, afin de vous sentir en sécurité, de vérité, de préserver votre authenticité, d'intensité, de tension, d'émotions fortes, de suspens, d'angoisse, de rapports de force, de mystères, de révélations et d'initiation, de difficultés, quelquefois de conflits, de crises et de problèmes. Vous ne vous sentez parfois en sécurité que lorsque vous exercez un pouvoir sur autrui ou que lorsque vous influencez subtilement le cours des événements. Vous êtes très capable de prendre du recul, d'élaborer une stratégie à long terme, de faire des recherches, de faire preuve de pragmatisme et de réalisme, de vous organiser, de vous discipliner et de travailler avec acharnement lorsque vous êtes face à une situation difficile, à des crises ou des obstacles, à des pressions occultes, à des manipulations insidieuses ou des magouilles, lorsque votre sécurité et votre survie sont en jeu, lorsque vous êtes en temps de guerre ou face à l'ennemi, lorsqu'il s'agit d'élucider un mystère, d'influencer le cours des événements ou de parcourir les différentes étapes de l'initiation.

Votre juge moral tend à être viril, dur, combatif, exigeant, percutant et orienté vers la recherche de l'initiation aux vérités éternelles et sans doute devez vous apprendre à vous montrer un peu plus indulgent envers vous-même et à compenser votre tendance aux extrêmes et aux excès par une énergie de douceur, d'équilibre et d'harmonie. Dès lors qu'il s'agit de vous organiser, de vous discipliner de construire et de structurer, d'assurer votre sécurité, de faire des recherches, de planifier à long terme ; alors vous êtes très capable de concentrer votre énergie, d'être à 100% présent, de vous battre, de déployer les grands moyens, d'être offensif et s'il le faut agressif.

Vous avez alors aussi des facilités pour pressentir les non-dits, les émotions et les craintes non exprimées, pour flairer les rapports de forces, les dangers et les enjeux présent dans la situation, pour déceler les tentatives de manipulations et ceux qui tirent les ficelles, pour décoder les signes et les symboles, pour comprendre le langage de la nature ou la justice divine, pour capter les indices subtils, pour focaliser sur des détails que personne n'avait remarqués, pour capter l'envers du décor et pour tirer des conclusions à partir du moindre indice. Vous pouvez ainsi être très lucide, avoir un sens de la justice très développé et vivre une sorte d'échange médiumnique avec votre milieu.

Cette lucidité et cette ouverture sur l'invisible peuvent vous rendre apte à voir derrière les formes et les apparences, à saisir le sens caché ou les causes occultes des événements, à cerner ce qui se passe dans les coulisses ou dans les profondeurs de votre inconscient, à élucider les mystères, à percer les secrets de la vie ou de la mort, à faire face à l'inconnu et à utiliser vos instincts ou des forces occultes pour de franchir les différentes étapes de l'initiation. La relation Saturne-Pluton a un rôle initiatique dans le sens ou elle a pour but de vous faire prendre conscience que votre vie terrestre n'est qu'une toute petite partie de votre vie éternelle, de vous enseigner les secrets de la vie et de la mort, les sorties hors du corps et l'exploration de l'invisible, de vous apprendre à prendre conscience et à gérer ce que vous avez à travailler pour évoluer, c'est à dire le pouvoir que vous avez sur vous-même et sur autrui, l'énergie sexuelle, les vieux démons et les déchets psychologiques ou les mémoires ancestrales qu'il faut purifier en vous puis évacuer, les problèmes qu'il vous faut résoudre, les failles qu'il vous faut combler, le vide qu'il vous faut traverser ou remplir, les dettes karmiques qu'il vous faut payer et les pertes, sacrifices, dépossessions et transformations qui sont nécessaires à votre évolution.

Avec une relation Saturne-Pluton, vous allez trouver votre sécurité, vous construire, évoluer, grandir et trouver la paix intérieure à travers un combat et des crises pour vous transformer et transformer autrui, à travers un chemin initiatique vous permettant d'accéder à votre vérité profonde et aux vérités éternelles, en prenant conscience que la vie terrestre n'est qu'une toute petite partie de la vie éternelle, en apprenant à faire des sorties hors du corps et à explorer l'au-delà et en exerçant une forme de pouvoir mis au service de la vie.

Vous pouvez aller au fond de vous-même grâce à votre capacité à être intensément dans l'instant présent, à être à l'écoute des vibrations et des mouvements d'énergie dans votre corps et à vous relier au centre de votre cœur. Lorsque votre vie est orientée vers l'évolution intérieure, cet aspect, grâce au travail que vous pouvez faire pour évoluer et pour vous structurer, peut vous permettre d'acquérir une certaine sagesse, une vision profonde de la vie et une force morale ou spirituelle. Vous pouvez développer, surtout dans la deuxième partie de votre vie, des aptitudes pour diriger dans l'industrie, pour transformer les structures, pour régénérer, pour percer les secrets de la vie et de la mort, pour diagnostiquer, surveiller, garder, sécuriser et gérer les affaires de sécurité et d'assurance, pour utiliser des dons occultes ou des facultés psychiques, pour évacuer les déchets et toxines, pour gérer les crises et les conflits et pour vous occuper de difficultés ou de personnes en difficultés, pour les activités liées aux forges et métaux (mécanique), où nécessitant un maniement d'outils ou d'armes et pour tout ce qui concerne les machines, pour les disciplines de combats (police et justice), les professions libérales et les métiers où il y a de l'indépendance et parfois pour certaines activités médicales qui nécessitent l'utilisation d'objets en métal ou de machines.

# ASPECTS A URANUS

## ASPECT HARMONIQUE URANUS-NEPTUNE

Il y a dans votre thème astral une relation permanente, continue et symbiotique entre Uranus et Neptune qui s'expriment en vous comme deux partenaires. Cette relation s'exprime à une échelle collective et elle vous concernera que si vous la rendez accessible à votre conscience. Au niveau symbolique, elle relie en vous l'Ange et la Fée !

Vous avez besoin, pour vous sentir libre d'explorer l'ailleurs, de soulager et soigner les souffrances et les misères du monde à travers une activité sociale, médicale ou paramédicale, d'utiliser votre foi et votre intuition, de ressentir ce qui se passe, d'inspirer et être inspiré(e), de rêver et faire rêver, de vous dévouer, de vous relaxer et de vous détendre, d'assister autrui, d'explorer l'invisible et l'inconscient, de participer à une entreprise collective, de communier, de faire de la magie à votre façon, de vous évader et de communiquer par l'image et les émotions. Vous ne vous sentez parfois libre que lorsque vous êtes dans un état de transcendance. Votre idéologie et vos valeurs humaines tendent à être fondées sur la foi, sur la Force de vos ancêtres, sur vos aspirations spirituelles et peut parfois paraître difficilement accessible à autrui. Dès lors qu'il s'agit de vous organiser, de vous discipliner, de gérer un projet, de participer à une activité de groupe, d'aider autrui, d'utiliser les moyens modernes de communication, d'exprimer votre spécificité et vos convictions ; alors vous êtes très capable de faire appel à votre intuition, d'être inspiré(e), de tenir compte des besoins collectifs et de laisser intervenir le hasard. Vous pouvez ainsi avoir la capacité d'aller chercher des informations dans la mémoire du Monde, dans la grande bibliothèque universelle, de révéler ce qui était caché et d'apporter ainsi votre contribution pour faire progresser l'humanité.

Deux formes totalement différentes d'intelligence s'expriment ensemble en vous, l'une à travers une forme d'intelligence intuitive et l'autre à travers une intelligence psychologique et technologique. Cette association vous permet de ressentir les courants d'amour qui inondent l'univers, de vous libérer de vos mémoires généalogiques, d'entreprendre les actions qui vous amènent à expérimenter votre vérité profonde et à guérir les âmes, pour le plus grands bien de l'humanité. Vous savez ainsi allier la force de la foi et de la force de l'espoir associée à puissantes capacités d'organisation, une communication verbale et une communication émotionnelle, un besoin de liberté et un besoin de transcendance, une capacité de communion et une capacité de différentiation, une capacité d'affirmer votre spécificité et une capacité à vous fondre dans une collectivité, une capacité à vous mettre sous tension et une capacité à vous détendre, vos inspirations et vos certitudes ainsi que des valeurs humaines et l'amour inconditionnel.

Votre intelligence psychologique peut vous aider à canaliser votre clairvoyance, à trouver une certaine paix intérieure et à orienter votre grande puissance de travail pour soulager les souffrances et les misères du monde. Votre intelligence émotionnelle peut vous aider à sortir de votre tête, de votre mental et à vous centrer dans votre corps et dans votre cœur, à maîtriser les énergies subtiles et à explorer les mondes invisibles afin de retourner à la Source.

Vous êtes très capable de faire preuve d'intelligence et d'humanité, d'être optimiste et positif, de voir l'aspect prometteur et bénéfique d'une situation, de faire naître l'espoir autour de vous, d'utiliser les technologies modernes, de trouver des solutions qui servent l'intérêt général, d'affirmer votre spécificité et vos convictions, de vous organisez et de vous disciplinez, de gérer des projets, d'inventer, d'innover et de faire des découvertes, d'exprimez votre idéal, votre idéologie, vos valeurs humaines ou vos valeurs spirituelles lorsqu'il s'agit d'exprimer votre foi, lorsqu'il s'agit d'accéder à des niveaux de conscience plus élevés ou à des états mystiques, à des voyages astraux, à des vérités spirituelles, à des émotions quasi religieuses qui vous permettent de transcender, de dépasser mais parfois aussi de fuir les réalités quotidiennes, lorsqu'il s'agit de soulager les souffrances et les misères du monde, lorsqu'il s'agit de faire preuve de compassion, de charité et d'amour inconditionnel, lorsqu'il s'agit de gérer vos mémoires généalogiques ou vos vies passées ou lorsqu'il s'agit de participer à une organisation collective.

## ASPECT DISSONANT/DYNAMIQUE URANUS-NEPTUNE

Il y a dans votre thème astral une relation permanente, mais discontinue, dissociée, duelle, tendue et conflictuelle, entre Uranus (votre besoin de liberté, votre intelligence psychologique et technologique) et Neptune (votre foi, vos mémoires ancestrales et vos vies passées, votre besoin d'évasion et de transcendance), car ces deux planètes vibrent en vous à deux fréquences totalement différentes. Cette relation s'exprime à une échelle collective et elle vous concernera que si vous la rendez accessible à votre conscience. Au niveau symbolique, cette relation dissocie en vous l'Ange et la Fée et elle représente deux courants collectifs qui s'opposent et se combattent, un courant socialiste collectiviste et un courant libéral et moderniste.

Cette facette de votre personnalité peut engendrer, à une échelle individuelle, lorsqu'elle n'est pas maîtrisée, des difficultés dans le domaine du développement personnel, des difficultés à avoir la Foi, à exprimer l'amour inconditionnel et à retrouver votre vraie nature Divine de part un conflit ou une dissociation entre votre désir de liberté et vos mémoires généalogiques, la force de la foi et la force de l'espoir, entre la communication verbale et la communication émotionnelle, entre un besoin de liberté et un besoin de transcendance, entre une capacité de communion et une capacité de différentiation, entre une capacité d'affirmer votre spécificité et une capacité à vous fondre dans une collectivité, entre une capacité à vous mettre sous tension et une capacité à vous détendre, entre vos inspirations et vos certitudes et entre des valeurs humaines et l'amour inconditionnel. Vous avez alors tendance à incarner plusieurs scénarios, en alternant parfois de l'un à l'autre.

# Scénario 1 : Uranus domine et Neptune est rejetée ou mal intégrée à votre personnalité.

Quand vous vivez votre Uranus, vous avez besoin d'être libre et autonome, de vous affirmer dans le monde moderne, d'affirmer votre spécificité et vos convictions, d'utiliser les sciences, les techniques et les outils modernes de communication et d'être maître de la situation. Vous cherchez à évoluer psychologiquement, à aider autrui pour qu'ils évoluent psychologiquement en les libérant de leurs peurs et de leurs croyances.

 Vous participez à un mouvement idéologique, à un mouvement syndical ou à une action de groupe. Vous vivez en groupe ou vous partagez du temps avec vos amis. Vous vous disciplinez et vous  focalisez toutes vos énergies vers un but spécifique, vous faites des projets et vivez intensément.  Vous pouvez alors être facilement sensibilisé aux effets perturbateurs que peuvent causer votre hypersensibilité, le climat social ambiant, votre besoin de rêve et d'évasion, des expériences liées à la souffrance, le désordre et le chaos, un désir de religion et de transcendance, l'influence de l'invisible et de l'irrationnel, vos mémoires généalogiques ou les souvenirs d'une autre vie dès lors qu'il s'agit de vous organiser, de vous structurer, de vous sentir en sécurité et d'évoluer.

Cela peut se traduire par une tendance à rejeter, à ne pas écouter ou à ne pas comprendre vos aspirations secrètes ou celles du groupe, vos intuitions et votre hypersensibilité, toute valeur religieuse ou toute aspiration spirituelle, le hasard, l'ordre invisible sous jacent à la vie, le climat social qui imbibe la situation, tout moment de rêve et d'évasion ou tout ce qui n'est pas visible, concret, pratique, structuré et sécurisant. Vous pouvez alors avoir du mal à donner du sens, à vous laissez allez, à lâcher prise, à vous laisser porter par le hasard des événements, à percevoir l'envers du décor, à sentir le sens des événements, à avoir vraiment la foi en ce que vous faites, à compatir vis à vis d'autrui, à être solidaire de la souffrance des autres ou à tenir compte de l'intérêt général.

Peut-être que vos idéologies et vos valeurs humaines ne prennent pas assez en compte certaines lois spirituelles qui régissent l'univers, certains signes imperceptibles ou certaines coïncidences qui essayent de vous guider. Le hasard, l'ordre profond des choses ou votre côté irrationnel peuvent alors vous jouer des tours. Vous pouvez avoir une impression que l'ordre, la nouveauté, les technologies ou les relations amicales n'ont pas vraiment de sens, qu'ils ne correspondent pas à un certain idéal spirituel, à vos rêves ou à vos aspirations secrètes, que le hasard, la collectivité, les dieux, vos ancêtres ou ce en quoi vous croyez joue contre vous ou qu'il manque à votre vie une certaine dimension à laquelle vous aspirez.

Peut-être vivez-vous à tel point sous tension, dans la maîtrise de vos responsabilités et dans la modernité que cela vous empêche de vivre votre part de rêve et d'évasion, des moments de tranquillité, de relâchement et de laisser-aller ou d'élargir votre champs de conscience vers des horizons (spirituels) plus vastes ?  Votre organisation, votre technologie ou vos idéologies sont peut être un moyen pour vous de fuir, de façon inconsciente, cette part de folie ou de magie, ou les mémoires généalogiques qui frappent à votre porte et vous effraient. Peut-être trouvez-vous que vos rêves, vos moments d'évasion et vos aspirations profondes vous prive de votre liberté ?

## Scénario 2 : Neptune domine et Uranus est rejeté ou mal intégré.

Si au contraire Neptune domine chez vous, vous vivez selon vos inspirations profondes et vos valeurs spirituelles, selon votre sensibilité et votre foi, selon la volonté de vos ancêtres, dans des rêves ou dans un état parfois second, en vous laissant porter par le courant des événements et en laissant beaucoup de choses se faire au hasard.  Vous pouvez avoir besoin d'adhérer à un mouvement religieux ou de participer à une action collective, à une action de groupe. Vous recherchez la communion et l'amour inconditionnel. Vous avez alors tendance, le plus souvent inconsciemment, à percevoir le coté négatif de ce que représente Uranus, sa face obscure et ses défauts.

Vous pouvez ainsi être très sensible aux effets perturbateurs que peuvent causer toute idéologie, toute projection dans l'avenir, toute affirmation personnalisée de votre personnalité, toute relation amicale, toute recherche spirituelle, tout travail de développement personnel, toute obligation et responsabilité, le progrès, les technologies nouvelles et la société moderne, toute indépendance et autonomie, tout imprévu et tout événement indépendant de votre volonté dans votre vie. Cela peut vous inciter à rejeter et refouler tout ou une partie de ce que représente Uranus. Cela peut alors vous donner des difficultés à être en phase et en synchronicité, à utiliser vos antennes, à vous imposer, à focaliser toutes vos énergies vers un but spécifique, à faire preuve de logique, à vous spécialiser, à être réellement autonome, indépendant et maître de votre destinée, à vous organiser de façon logique, à structurer et à maîtriser, à discipliner et à encadrer votre vie professionnelle, vos voyages ou vos comportements de groupe.

Peut-être avez-vous l'impression de perdre votre identité personnelle, votre indépendance ou votre originalité lorsque vous vous intégrez dans un groupe? Ou peut-être avez-vous trop facilement l'impression de vous perdre lorsque vous affirmez vos convictions, votre spécificité et votre besoin de liberté ?

Vous pouvez avoir des difficultés à affirmer votre différence, à être sociable, humain et fraternel, à vous affranchir des conditionnements socioculturels, à évoluer psychologiquement en vous libérant de vos peurs et de vos croyances, à trouver des solutions aux difficultés éventuelles ou à redresser des situations en difficulté, à aider autrui à allez mieux ou à accepter l'aide d'autrui, à adhérer à un groupe, à un mouvement idéologique ou syndical, à faire des projets et à vous projeter dans l'avenir, à vous utiliser les technologies modernes, à vous adapter au monde moderne, à la nouveauté et à l'imprévu, à supporter la tension et à créer ou entretenir des relations amicales.

Vous pouvez également avoir des difficultés à ressentir le plan divin, les vérités cosmiques ou les lois éternelles, à trouver votre vocation, à être en harmonie avec les lois cosmiques et à percevoir les signes du ciel ou du hasard, à avoir de l'espoir et à être sensible à tout ce qui est synonyme d'espoir, à entrevoir un monde nouveau et meilleur, à être en avance sur votre époque par manque de sensibilité aux courants de progrès, à voir l'avenir, à ressentir les états psychologiques des personnes qui font partie de la situation. Vous êtes très sensible aux différences qu'il y a entre les lois cosmiques et les lois de la société. Vous pouvez avoir l'impression que votre vécu extérieur  ou votre vie professionnelle ne correspond pas à vos valeurs spirituelles, à vos principes, à votre idéologie, à ce que vous aviez prévu de vivre où à votre vocation.

## Scénario 3 : Uranus domine en excès

L'influence excessive d'Uranus peut se traduire par un besoin excessif de liberté et d'indépendance au point que vous supportez difficilement les contraintes d'une existence régulière, les pressions extérieures et les ordres et que vous avez tendance à vous révolter contre les courants collectifs qui portent votre société. Vous pouvez être victime du fantôme de la liberté qui vous incite à adopter une fausse image de la liberté. Peut être êtes vous tellement sur et convaincu de vos jugements, de votre légitimité et de vos opinions que vous n'en faites qu'à votre tête ?

Vous pouvez alors être complètement imperméable aux circonstances, faire preuve d'un individualisme exacerbé, avoir une tendance à vouloir systématiquement sortir des sentiers battus en ne faisant jamais comme les autres et à vivre en marge des autres, des normes et des conventions.
Vous pouvez avoir tendance à vous accrocher à vos idéologies, à vos convictions et à vos certitudes même si elles ne vous mènent nulle part ou une tendance à être complètement sourd aux dires et aux opinions d'autrui.

Votre originalité tourne parfois à l'excentricité. Une tendance à planer au-dessus des réalités concrètes, une tendance à être utopiste, un besoin excessif de tout intellectualiser, schématiser et conceptualiser ou une tendance à ne vivre que dans le projet ou dans le virtuel peut vous donner des difficultés d'adaptation pratique à la réalité. Vous pouvez avoir tendance à vouloir tout le temps passer à quelque chose de nouveau dès que vous avez une impression de déjà vu ou dès que vous avez une impression d'avoir fait le tour de la situation. Cela peut être synonyme d'instabilité.

La discipline et les exigences que vous vous imposez, les contraintes ou obligations auxquelles vous avez à faire face peuvent en retour vous empêcher d'exprimer votre foi et votre besoin de transcendance. Vous pouvez avoir tendance à tellement vouloir tout maîtriser dans votre vie que vous vous comportez comme un dictateur. Des idées fixes, un fanatisme idéologique, une mentalité sectaire, rigide et élitiste ou une tendance à être excessivement spécialisé peut gêner votre d'évolution. Vous pouvez parfois avoir tendance à être rigide quand il faudrait lâcher prise et à vous relâcher quand il faudrait être inflexible.

## Scénario 4 : Neptune est dominante en excès.

L'influence excessive de Neptune peut se traduire par une tendance à démissionner, à vous désengager ou à fuir vos responsabilités. Vous vivez alors dans l'euphorie, dans des débordements émotionnels, déconnecté de la réalité ou dans une fuite de l'engagement, et du moment présent. Vous voulez toujours être ailleurs. Cette fuite peut prendre la forme d'une recherche de sensations enivrantes qui ravagent et dissolvent la conscience, à travers l'alcool, des pratiques occultes malsaines, les paradis artificiels (drogues, érotisme), les sectes, le tabac ou les médicaments. Elle peut se traduire par une tendance à vivre dans le brouillard, sur un nuage, à coté de la réalité, dans un état de somnambulisme ou dans un monde à part, dans un monde imaginaire construit sur des illusions.

Une tendance au défaitisme, une tendance à croire que la vie n'est que souffrance et une tendance à l'auto apitoiement et à vous plaindre sans arrêt peuvent engendrer des difficultés à vous organiser et à construire.

Plus couramment, vous pouvez donner l'impression qu'il y a des moments où vous êtes ailleurs et distrait. Ces tendances peuvent parfois vous empêcher de vivre comme une personne libre et heureuse. Cette hypersensibilité à ce qui se passe autour de vous, aux gens, aux vibrations ambiantes et aux événements peut être vécue comme perturbatrice et mal gérée, mal contrôlée. Vous captez tout tel un radar, vous imprégniez des énergies ambiantes comme une éponge et pouvez être facilement influençable par les désirs ou groupe ou par les autres au point parfois de perdre le nord.

Vous vous sentez parfois trop facilement concerné, affecté, impliqué, envahi voir débordé au moindre événement, et vous laissez parfois emporter par votre pôle irrationnel. Dans certains cas, cette difficulté à gérer ou à contrôler votre énergie et votre hypersensibilité associée à des excès peut se traduire par une confusion intérieure, par un manque de clarté, par des états de fatigue pouvant perturber votre expansion. La façon dont sera vécue la relation Uranus-Neptune dépendra de la façon dont vous gérez votre hypersensibilité, votre idéalisme, vos élans de charité, vos mémoires ancestrales et votre besoin d'évasion. Vous avez parfois tendance à gérer vos projets de façon désordonnée, incohérente, confuse, anarchique et compliquée, en cherchant à obtenir des résultats par des moyens détournés ou par la fraude, de façon secrète et subtile. Vous avez peut être trop tendance à laisser les choses se faire au hasard, en attendant que les événements arrivent tout seul, sans prendre les décisions et les initiatives qui seraient nécessaires.

Certains peuvent être doués pour tromper leur monde en faisant croire ce qui les arrange, pour bluffer, pour se comporter en martyr, pour profiter d'autrui, pour abuser de la confiance d'autrui ou pour vivre dans la dépendance, l'assistanat ou le parasitisme. D'autres sont doués pour provoquer chez autrui des émotions collectives de nature quasi religieuse, pour galvaniser et entraîner les foules, pour s'embourber dans des situations pas claires, pour s'enliser dans des sectes ou pour se comporter en illuminé sans que les résultats en termes d'évolution soient positifs par manque de jugement ou de réalisme.

L'influence excessive de Neptune peut parfois vous empêcher, par manque de sens pratique, de réalisme, et de dynamisme, ou parce que vous êtes submergé par vos émotions et votre sensibilité, de vous adapter aux réalités du monde moderne qui vous entoure, de vous orienter dans la vie, de prendre votre vie en main ou d'assumer vos responsabilités.

Cette influence peut vous exposer à tourner en rond dans la vie, à vagabonder, à errer, à vivre des périodes de galère et de non activité, d'égarement dans de mauvaises directions, de déceptions et de désillusions, de revers de situation et parfois de scandales. Vous avez tendance à accepter la fatalité sans réagir ou à accorder trop de pouvoir à la souffrance, à l'irrationnel et aux hasards.

## Expression positive consciente et naturelle : Lorsque vous apprenez à maîtriser cette partie de votre personnalité et à utiliser toute sa richesse et lorsque vous avez fait le chemin pour exprimer cette relation en pleine conscience et d'une manière positive.

Pour transformer la relation Uranus-Neptune dissociée en relation consciente et dynamique, il peut être utile d'effectuer un travail sur le rôle que doivent avoir dans votre vie et au sein de votre personnalité la société moderne, la nouveauté, les projets, la virtualité et les ordinateurs, le groupe, les ami(e)s, l'autonomie, la liberté, la relation à l'univers, le progrès, l'aide reçue et donnée, sur ce qui fait votre originalité et votre spécificité et le développement personnel, et aussi sur le rôle que doivent avoir au sein de votre personnalité et dans votre vie les mémoires ancestrales et les vies antérieures, la spiritualité, le développement personnel, la joie et la souffrance, l'évasion et la transcendance, le hasard, l'inconscient collectif et les facultés de voyance. Un travail sur l'arbre généalogique et les chants sacrés peuvent vous faire le plus grand bien.

Cette facette de votre personnalité peut être gérée et canalisée en oscillant entre les deux fonctions psychologiques qui sont vécues dans des états d'esprit très différents de façon telle que chaque fonction rectifie l'autre au moindre excès et sans que l'une des fonctions psychologiques gène l'expression de l'autre.

Vous pouvez vivre des moments où vous savez-vous discipliner, vous organiser et vous structurer, où vous affirmez votre spécificité et votre différence, où vous faîtes ce qu'il faut pour vous adapter à la modernité, ou vous vivez librement en fonction de vos projets personnels, où vous vous consacrez à votre développement personnel, où vous faites preuve d'originalité et où vous vivez selon certains principes universels. Puis vous pouvez vivre, dans un autre état d'esprit, à d'autres moments, votre besoin de transcendance et d'évasion, vos convictions religieuses, vos aspirations secrètes et votre vie intérieure, des moments de détente ou vous pouvez laisser allez en fonction de vos humeurs, de vos aspirations secrètes, de l'air du temps et du hasard, même si cela n'est pas toujours rentable.

Vos responsabilités ne vous empêchent alors pas de rêver et vos rêves ne vous empêchent pas d'être réaliste et d'assumer vos responsabilités professionnelles. Vous savez que la perfection n'existe pas mais vous savez utiliser vos insatisfactions pour évoluer.

Bien maîtrisée, la relation Uranus-Neptune peut vous conférer un ensemble d'aptitudes qui sont alors vécues d'une façon très consciente et dynamique. Vous pouvez alors avoir une compréhension ultra rapide des mécanismes économiques, technologiques et psychologiques qui régissent l'univers visible et invisible et de ce qui se passe dans votre environnement, une intelligence exceptionnelle capable de révolutionner les modes de pensée, des dons d'inventeurs, une capacité à libérer autrui, un sens de l'adaptation et de la communication hors du commun, une maîtrise exceptionnelle de votre autorité ou de votre sens des affaires, un pouvoir personnel hors du commun vous permettant d'assumer de grosses responsabilités ainsi qu'une capacité à maîtriser les technologies modernes et à exploiter des systèmes d'informations très complexes. Vous pouvez aussi avoir une exceptionnelle maîtrise de votre intuition et de votre foi, une foi, un amour inconditionnel, une capacité à soulager les souffrances et les misères du monde, une capacité à faire rêver autrui, par une clairvoyance et par un éveil spirituel qui sont extraordinaire.

Vous pouvez aussi être très doué pour gérer les émotions présentes dans toute situation, pour représenter des valeurs et des demandes collectives, pour saisir l'ordre universel sous jacent à toute vie et pour incarner dans votre vie les connaissances spirituelles que vous avez acquises. Il y a alors en vous une fée ou un magicien capable de faire des miracles grâce à la force de votre amour et de votre foi. Quand la relation Uranus-Neptune est vécue en conscience, votre intelligence psychologique peut vous aider à canaliser votre clairvoyance, à trouver une certaine paix intérieure et à orienter votre grande puissance de travail pour soulager les souffrances et les misères du monde. Votre intelligence émotionnelle peut vous aider à sortir de votre tête, de votre mental et à vous centrer dans votre corps et dans votre cœur, à maîtriser les énergies subtiles et à explorer les mondes invisibles afin de retourner à la Source. Vous devenez alors une personne hors du commun.

## ASPECT HARMONIQUE URANUS-PLUTON

Il y a dans votre thème astral une relation permanente, continue et symbiotique entre Uranus et Pluton qui s'expriment en vous comme deux partenaires. Dans la mesure où vous êtes sensible aux effets positifs que chacune des fonctions à sur l'autre et où vous tendez à croire que lorsque vous vivez l'une des fonctions, alors l'autre viendra systématiquement la soutenir, vous tendez à récolter le meilleur de chacune de ces deux fonctions psychologiques et des expériences qui y sont associées.

Deux formes totalement différentes d'intelligence s'expriment ensemble en vous, l'une à travers une forme d'intelligence technique et intuitive et l'autre à travers une intelligence instinctive et émotionnelle.

Vous savez ainsi allier communication verbale et communication émotionnelle, exercice du pouvoir et sens démocratique, goût du secret et transparence, cérébralité et sexualité, flair et intuition, détermination et combativité, indifférence et engagement, capacité à détecter les failles et capacité à trouver des solutions. Votre intelligence psychologique peut vous aider à canaliser vos pulsions et vos instincts sexuels, à trouver une certaine paix intérieure et à orienter votre grande puissance de travail d'une façon constructive. Votre intelligence instinctive et émotionnelle peut vous aider à sortir de votre tête, à vous centrer dans votre corps et à maîtriser les énergies subtiles.

Ces deux formes d'intelligence peuvent faire de vous un spécialiste de la transformation et du développement personnel. Sans doute êtes-vous venu sur Terre pour une mission bien précise et pour aider l'humanité à se transformer en l'aidant à accéder à sa vérité profonde. Mises ensembles, elles forment une combinaison dynamique voire explosive. Elles ont toutes les deux le besoin de transformer, de réformer et bouleverser les équilibres en place, poussées par des forces qui dépassent l'échelle de l'individu, par des forces qui déterminent l'évolution de l'humanité. Elles manifestent toutes les deux un intérêt pour la science, la recherche, la nouveauté, l'expérimentation, l'exploration de l'inconnu, la psychologie et pour tout ce qui a une dimension collective.

Vos choix et vos décisions peuvent alors être impulsés par des nécessités collectives et par des enjeux qui concernent l'humanité toute entière. Votre défi est alors de canaliser cette partie de votre personnalité dans une activité constructive et d'avoir assez d'amour dans votre cœur pour accepter les gens tels qu'ils sont et l'humanité telle qu'elle est.

La relation Uranus-Pluton a un rôle initiatique dans le sens ou elle a pour but de vous faire prendre conscience que votre vie terrestre n'est qu'une toute petite partie de votre vie éternelle, de vous enseigner les secrets de la vie et de la mort, les sorties hors du corps et l'exploration de l'invisible, de vous apprendre à prendre conscience et à gérer ce que vous avez à travailler pour évoluer, c'est à dire le pouvoir que vous avez sur vous-même et sur autrui, l'énergie sexuelle, les vieux démons et les déchets psychologiques ou les mémoires ancestrales qu'il faut purifier en vous puis évacuer, les problèmes qu'il vous faut résoudre, les failles qu'il vous faut combler, le vide qu'il vous faut traverser, les dettes karmiques qu'il vous faut payer et les pertes, sacrifices, dépossessions et transformations qui sont nécessaires à votre évolution.

Votre capacité à intellectualiser vos instincts, vos pulsions, votre énergie sexuelle et votre vérité profonde, à comprendre leurs causes et leur sens, à saisir comment ce que chacun porte à l'intérieur de son être engendre les événements équivalents dans le monde extérieur ne vous font en général guère croire au hasard et vous permet d'être une personne d'une rare profondeur et d'avoir accès aux vérités suprêmes.

Avec une relation Uranus-Pluton, vous allez vous libérer à travers un combat et des crises pour vous transformer et transformer autrui, à travers un chemin initiatique vous permettant d'accéder à votre vérité profonde et aux vérités éternelles, en prenant conscience que la vie terrestre n'est qu'une toute petite partie de la vie éternelle, en apprenant à faire des sorties hors du corps et à explorer l'au-delà et en exerçant une forme de pouvoir mis au service de l'humanité.  Vous pouvez être capable d'aller au fond de vous-même grâce à votre capacité à être intensément dans l'instant présent, à être à l'écoute des vibrations cosmiques et des mouvements d'énergie dans votre corps et à vous relier au centre de votre cœur.

Vos réactions peuvent être dures envers vous-même comme envers autrui. Elles peuvent manquer de tendresse, de pitié, de diplomatie et de bonté au point d'être parfois sadiques et machiavéliques. Vous ne vous embarrassez guère des sentiments d'autrui et méprisez facilement la médiocrité.
Vous avez tendance à vivre en temps de guerre et êtes plutôt taillé psychiquement pour la guerre, pour l'initiation, pour le Grand Combat que pour la paix et pour une vie tranquille. Au pire, vous avez condamné l'humanité pour la stupidité dont elle a fait preuve et pour les crimes qu'elle a commise, vous condamnant  ainsi vous-même, vous empêchant ainsi d'accéder à votre vérité profonde et d'être une personne libre et heureuse.

Un changement de perspective et une vision plus profonde de l'humanité, de cette humanité qui existe depuis l'éternité et pour l'éternité, dans ses différents corps vibrant à différentes fréquences vibratoires, vous permettra de vous libérer. Vous avez besoin, pour vous sentir libre, de vivre votre vérité profonde, de préserver votre authenticité, d'intensité, de tension, d'émotions fortes, de suspens, d'angoisse, de rapports de force, de mystères, de révélations et d'initiation, de difficultés, quelquefois de conflits, de crises et de problèmes.  Vous ne vous sentez parfois libre que lorsque vous exercez un pouvoir sur autrui ou que vous êtes vous-même assujetti au pouvoir d'autrui, que lorsque vous influencez subtilement le cours des événements, que lorsque vous tirez les ficelles et que lorsque c'est la crise.

Vous êtes très capable d'utiliser les moyens modernes de communication, de faire preuve d'intelligence et d'humanité, d'être optimiste et positif, de voir l'aspect prometteur et bénéfique d'une situation, de faire naître l'espoir autour de vous, de trouver des solutions qui servent l'intérêt général, d'affirmer votre spécificité et vos convictions, de vous organisez et vous disciplinez pour vous maîtriser ou pour maîtriser la situation, de faire des projets ou de vous projeter dans l'avenir, d'inventer, d'innover et de faire des découvertes, d'exprimez votre idéal, votre idéologie, vos valeurs humaines ou spirituelles lorsque vous êtes face à une situation difficile, à des crises ou des obstacles, à des pressions occultes, à des manipulations insidieuses ou des magouilles, lorsque votre sécurité et votre survie sont en jeu, lorsque vous êtes en temps de guerre ou face à l'ennemi, lorsqu'il s'agit d'élucider un mystère, d'influencer le cours des événements ou de parcourir les différentes étapes de l'initiation.

Votre idéologie et vos valeurs humaines tendent à être viriles, dures, combatives, exigeantes, percutantes et orientées vers la recherche de l'initiation aux vérités éternelles et sans doute devez vous apprendre à vous montrer un peu plus indulgent envers vous-même et à compenser votre tendance aux extrêmes et aux excès par une énergie plus humaine, faîte d'équilibre et d'harmonie avec les lois cosmiques. Dès lors qu'il s'agit de vous organiser, de vous discipliner, de gérer un projet, de participer à une activité de groupe, d'aider autrui, d'utiliser les moyens modernes de communication, d'exprimer votre spécificité et vos convictions ; alors vous êtes très capable de concentrer votre énergie, d'être à 100% présent, de vous battre, de déployer les grands moyens, d'être offensif et s'il le faut agressif.

Vous avez alors aussi des facilités pour pressentir les non-dits, les émotions et les craintes non exprimées, pour flairer les rapports de forces, les dangers et les enjeux présent dans la situation, pour déceler les tentatives de manipulations et ceux qui tirent les ficelles, pour décoder les signes et les symboles, pour comprendre le langage de la nature ou la justice divine, pour capter les indices subtils, pour focaliser sur des détails que personne n'avait remarqués, pour capter l'envers du décor et pour tirer des conclusions à partir du moindre indice. Vous pouvez ainsi être très lucide, avoir un sens de la justice très développé et vivre une sorte d'échange médiumnique avec votre milieu.

Cette lucidité et cette ouverture sur l'invisible peuvent vous rendre apte à voir derrière les formes et les apparences, à saisir le sens caché ou les causes occultes des événements, à cerner ce qui se passe dans les coulisses ou dans les profondeurs de votre inconscient, à élucider les mystères de la vie et de la mort mais aussi de technologies inconnues jusqu'alors, à faire face à l'inconnu et à utiliser votre intelligence psychologique et vos intuitions pour de franchir les différentes étapes de l'initiation. Vos aptitudes vous permettent de transformer la relation amicale, la gestion de projet, les techniques de développement personnel, les technologies de la communication, les organisations internationales, la psychologie, les mondes virtuels et la société moderne.

## ASPECT DISSONANT/DYNAMIQUE URANUS-PLUTON

Il y a dans votre thème astral une relation permanente, mais discontinue, dissociée, duelle, tendue et conflictuelle, entre Uranus (votre besoin de liberté, votre intelligence psychologique et technologique) et Pluton (votre sexualité, votre besoin de transformation et d'initiation), car ces deux planètes vibrent en vous à deux fréquences totalement différentes. Cette relation s'exprime à une échelle collective et elle vous concernera que si vous la rendez accessible à votre conscience.

Cette facette de votre personnalité peut engendrer, à une échelle individuelle, lorsqu'elle n'est pas maîtrisée, des difficultés dans le domaine du développement personnel, des difficultés à vous affirmer dans la vie de façon autonome et indépendante, des difficultés à vivre libre et à vous adapter au monde moderne, mais aussi des difficultés à vous transformer, à accéder à votre vérité profonde, à évoluer spirituellement et à être en paix avec vous-même de part un conflit ou une dissociation entre vos idées et vos pulsions, entre un besoin de vivre dans un monde de concepts et un besoin d'exprimer votre sexualité, entre votre désir de liberté et votre besoin de dominer, entre un besoin de démocratie et un besoin de rapports de force, entre un besoin de nouveauté et un besoin de transformation, entre un besoin de sérénité et un besoin de passion, entre un besoin de trouver des solutions et un besoin de trouver les failles et de focaliser sur les problèmes, entre votre idéologie et votre vérité profonde.

Vous avez alors tendance à incarner plusieurs scénarios, en alternant parfois de l'un à l'autre.

# Scénario 1 : Uranus domine et Pluton est rejeté ou mal intégré à votre personnalité.

Quand vous vivez votre Uranus, vous avez besoin d'être libre et autonome, de vous affirmer dans le monde moderne, d'affirmer votre spécificité et vos convictions, d'utiliser les sciences, les techniques et les outils modernes de communication et d'être maître de la situation.

Vous cherchez à évoluer psychologiquement, à aider autrui pour qu'ils évoluent psychologiquement en les libérant de leurs peurs et de leurs croyances. Vous participez à un mouvement idéologique, à un mouvement syndical ou à une action de groupe. Vous vivez en groupe ou vous partagez du temps avec vos amis. Vous vous disciplinez et vous focalisez toutes vos énergies vers un but spécifique, vous faites des projets et vivez intensément. Vous avez alors tendance, le plus souvent inconsciemment, à percevoir le coté négatif de ce que représente Pluton, sa face obscure et ses défauts.

Vous pouvez ainsi être très sensible aux effets perturbateurs que peuvent causer une personne qui vous a mis sur le mauvais chemin, qui vous a dévalorisé, manipulé ou qui vous a fait menée une vie infernale, le décès d'une personne qui comptait pour vous, une expérience sexuelle malsaine, les effets pervers de la jalousie, de la haine, des conflits, des rapports de force, de la combine, de la guerre, de catastrophes naturelles ou de pratiques occultes malsaines, ou encore le néant, la fatalité et l'anarchie. Cela peut se traduire par une peur que des influences mystérieuses, qu'une force occulte, que la fatalité, qu'une personne manipulatrice ou que vos propres démons viennent perturber ou démolir votre liberté, votre spécificité et votre adaptation à la vie moderne.

Ou peut-être avez-vous une peur bleue de la mort et des transformations? Vous avez alors tendance à nourrir vos propres angoisses et à rejeter tout où partie de ce que représente Pluton. Peut-être avez-vous peur de votre propre pouvoir occulte ? Ce rejet de Pluton peut engendrer des difficultés à être lucide, à voir derrière les formes et les apparences, à ressentir les non-dits, les craintes et les émotions non exprimées, à analyser les événements en profondeur, à comprendre le langage de la vie ou la justice divine, à préserver le secret de vos initiatives, à détecter les enjeux non exprimés, les tensions et les rapports de force sous-jacents, à exprimer vos pulsions ou votre sexualité, à deviner les besoins, les intentions et les motivations d'autrui dès lors que vous vous organisez, que vous êtes en groupe ou avec des ami(e)s ou dès lors que vous chercher à progresser pour être libre.

Vous pouvez avoir du mal à voir les problèmes en face, à accepter les crises et les transformations nécessaires à l'évolution de toute vie, à gérer les crises et les conflits, à vous régénérer après des moments difficiles, à percer les mystères de l'existence et à vivre l'expérience initiatique, à réagir aux pressions et aux manipulations, à influencer discrètement le cours des événements, à exprimer votre vérité ou à tenir compte de vos exigences profondes. Si votre vie n'est pas tout à fait tel que vous le souhaiteriez, peut-être en trouverez vous là la cause?

Peut-être refoulez-vous cette partie profonde de votre personnalité parce que vous avez peur d'être puni et d'avoir mal? Peut-être alors vous laisser-vous dominer, manipuler voire abuser par les événements, par la société ou par une personne soit disant amie mais sournoise présente dans votre situation? Peut-être avez-vous une impression (qui peut correspondre à la réalité ou n'être qu'imaginaire) que votre liberté n'est pas authentique ou qu'elle ne correspond pas à votre réalité intérieure, à vos aspirations secrètes, à vos instincts primitifs, à vos pulsions inconscientes, à votre karma, à votre vérité et à vos besoins profonds?

Peut-être avez-vous l'impression qu'il vous manque toujours quelque chose pour vous soyez libre et pour combler un vide angoissant? Cela peut déclencher de violentes réactions de compensation. A force de nier ou de refouler vos pulsions profondes ou ce qui se cache dans votre inconscient, votre authenticité, les vérités universelles qui sous tendent toute destinée individuelle, vous risquez alors d'accumuler des déchets psychologiques toxiques qui proviennent d'angoisses, de colères ou de pulsions non exprimées et des longues crises. Il peut donc être important pour vous d'apprendre à faire remonter à la surface puis à évacuer vos toxines intérieures, par exemple en faisant un travail sur le corps ou une analyse.

## Scénario 2 : Pluton domine et Uranus est rejeté ou mal intégré.

Quand Pluton prédomine chez vous, vous avez besoin de vivre selon votre vérité, d'exercer un pouvoir, d'être détaché de tout en vivant les choses de très loin, d'être sexuellement épanoui, de développer votre instinct de survie et de résistance à de fortes pressions, d'être lucide, de vivre intensément et de suivre votre voie personnelle sans rien devoir à personne, d'initiation, de percer les secrets de la vie, d'expérimenter le développement personnel et d'effectuer une recherche spirituelle. Vous faites face à l'inconnu, au mystère, à des révélations, à la mort, à de fortes pressions, à des tentations, à des tentatives d'influence et de manipulation ou à des crises et problèmes. Vous expérimentez le changement et les transformations. Vous exorcisez vos impuretés ou celles des autres et vous influencez le cours des événements.

Vous avez alors tendance, le plus souvent inconsciemment, à percevoir le coté négatif de ce que représente Uranus, sa face obscure et ses défauts. Vous pouvez ainsi être très sensible aux effets perturbateurs que peuvent causer toute idéologie, toute projection dans l'avenir, toute affirmation personnalisée de votre personnalité, toute relation amicale, toute recherche spirituelle, tout travail de développement personnel, toute obligation et responsabilité, le progrès, les technologies nouvelles et la société moderne, toute indépendance et autonomie, tout imprévu et tout événement indépendant de votre volonté dans votre vie. Cela peut vous inciter à rejeter et refouler tout ou une partie de ce que représente Uranus. Cela peut alors vous donner des difficultés à être en phase et en synchronicité, à utiliser vos antennes, à vous imposer, à focaliser toutes vos énergies vers un but spécifique, à faire preuve de logique, à vous spécialiser, à être réellement autonome, indépendant et maître de votre destinée, à vous organiser de façon logique, à structurer et à maîtriser, à discipliner et à encadrer votre transformation, vos combats ou vos expériences initiatiques.

Peut-être avez-vous l'impression de perdre votre vérité profonde lorsque vous vous intégrez dans un groupe? Vous pouvez avoir des difficultés à affirmer votre différence, à être sociable, humain et fraternel, à vous affranchir des conditionnements socioculturels, à évoluer psychologiquement en vous libérant de vos peurs et de vos croyances, à trouver des solutions aux difficultés éventuelles ou à redresser des situations en difficulté, à aider autrui à allez mieux ou à accepter l'aide d'autrui, à adhérer à un groupe, à un mouvement idéologique ou syndical, à faire des projets et à vous projeter dans l'avenir, à vous utiliser les technologies modernes, à vous adapter au monde moderne, à la nouveauté et à l'imprévu, à supporter la tension et à créer ou entretenir des relations amicales.

Vous pouvez également avoir des difficultés à ressentir le plan divin, les vérités cosmiques ou les lois éternelles, à trouver votre vocation, à être en harmonie avec les lois cosmiques et à percevoir les signes du ciel ou du hasard, à avoir de l'espoir et à être sensible à tout ce qui est synonyme d'espoir, à entrevoir un monde nouveau et meilleur, à être en avance sur votre époque par manque de sensibilité aux courants de progrès, à voir l'avenir, à ressentir les états psychologiques des personnes qui font partie de la situation.

Vous êtes très sensible aux différences qu'il y a entre les lois cosmiques et les lois de la société. Vous pouvez avoir l'impression que votre sexualité, vos combats ou votre parcours initiatique ne corresponde pas à vos valeurs spirituelles, à vos principes, à votre idéologie, à ce que vous aviez prévu de vivre où à votre vocation.

# Scénario 3 : Uranus domine en excès

L'influence excessive d'Uranus peut se traduire par un besoin excessif de liberté et d'indépendance au point que vous supportez difficilement les contraintes d'une existence régulière, les pressions extérieures et les ordres et que vous avez tendance à vous révolter contre les courants collectifs qui portent votre société. Vous pouvez être victime du fantôme de la liberté qui vous incite à adopter une fausse image de la liberté. Peut être êtes vous tellement sur et convaincu de vos jugements, de votre légitimité et de vos opinions que vous n'en faites qu'à votre tête ?

Vous pouvez alors être complètement imperméable aux circonstances, faire preuve d'un individualisme exacerbé, avoir une tendance à vouloir systématiquement sortir des sentiers battus en ne faisant jamais comme les autres et à vivre en marge des autres, des normes et des conventions. Vous pouvez avoir tendance à vous accrocher à vos idéologies, à vos convictions et à vos certitudes même si elles ne vous mènent nulle part ou une tendance à être complètement sourd aux dires et aux opinions d'autrui.

Votre originalité tourne parfois à l'excentricité. Une tendance à planer au-dessus des réalités concrètes, une tendance à être utopiste, un besoin excessif de tout intellectualiser, schématiser et conceptualiser ou une tendance à ne vivre que dans le projet ou dans le virtuel peut vous donner des difficultés d'adaptation pratique à la réalité. Vous pouvez avoir tendance à vouloir tout le temps passer à quelque chose de nouveau dès que vous avez une impression de déjà vu ou dès que vous avez une impression d'avoir fait le tour de la situation. Cela peut être synonyme d'instabilité.

La discipline et les exigences que vous vous imposez, les contraintes ou obligations auxquelles vous avez à faire face peuvent en retour vous empêcher de vous transformer, d'exprimer vos pulsions et votre sexualité et d'accéder à votre vérité profonde. Vous pouvez avoir tendance à tellement vouloir tout maîtriser dans votre vie que vous vous comportez comme un dictateur. Des idées fixes, un fanatisme idéologique, une mentalité sectaire, rigide et élitiste ou une tendance à être excessivement spécialisé peut gêner votre évolution.

# Scénario 3 : Pluton domine en excès

Lorsque vous êtes identifié à Pluton, vous pouvez avoir tendance à l'être excessivement. Vous risquez alors de démonter ou d'anéantir votre liberté et votre progrès par une tendance excessive à vouloir vivre votre part d'intensité, de combat, de suspens, à force de laisser libre cour à vos pulsions, à force de laisser d'autre prendre le pouvoir que vous ne voulez pas assumer ou à force de rejeter autrui en vrac, de piquer des crises et de tout détruire.

L'influence excessive de Pluton peut se traduire par une tendance à vouloir systématiquement tirer les ficelles, à utiliser toutes sortes de combines, de machinations, de manœuvres ou de trafic d'influence pour parvenir à vos fins, à corrompre ou à être victime de corruption, à manipuler votre entourage ou à vous laisser manipulé, à influencer les événements, à dominer, à transformer et parfois à détruire tout ce qui vous tombe sous la main en imposant vos décisions de façon tyrannique et en laissant rarement le choix aux autres.

Certaines personnes peuvent ainsi contribuer à la désintégration, à la destruction et à l'anéantissement d'une organisation, d'un réseau ou de relations amicales qui pourraient aider. D'autres auront tendance à faire monter la pression, la tension, le suspens et l'angoisse quand les événements leur paraissent trop calmes, à se laisser dominer par leurs pulsions ou à vouloir systématiquement fasciner, influencer, impressionner ou envoûter pour mieux dominer et exercer le pouvoir. Et lorsque votre autorité n'est pas reconnue ou obéie, c'est parfois l'ultimatum, le drame, le chantage, la crise, les explosions de colère, la négation et le rejet en bloc. Rien ne va plus ! Vous n'êtes alors pas très tolérant. Peut-être faites-vous preuve d'une mentalité policière, culpabilisante et punitive dès qu'il y a chez vous ou chez autrui une manifestation spontanée d'amitié, de fraternité ou de démocratie. Des crises dans vos relations amicales peuvent provenir de votre caractère difficile, d'un tempérament volcanique, d'un sale caractère comme diraient certains, et d'une franchise trop brutale.

Si votre sensibilité et votre très grande lucidité peut vous permettre de voir les failles, les imperfections, les défaillances de la société et de toute structure ou organisation, et de transpercer les masques et les cuirasses, elle peut aussi vous donner une tendance à être trop sensible à ce qui ne va pas, aux différences qu'il y a entre vous et les autres, aux mauvais cotés des choses, aux problèmes de l'existence et à vos propres problèmes, aux pertes et aux sacrifices plutôt qu'aux gains et aux bénéfices, à tous les défauts potentiels de la nature humaine, de la société ou du pouvoir, à l'aveuglement, à l'ignorance, à l'égoïsme et à la médiocrité des masses et aux manipulations, injustices, hypocrisies et lâchetés qui sévissent sur la planète Terre. Cela peut vous donner tendance à condamner l'humanité et vous-même en tant que membre de l'humanité, à dramatiser, à voir tout en noir, à croire que le pire va toujours arriver, à entretenir des images négatives, à être assujetti par certaines croyances, à râler, à être tout le temps en train de critiquer, de vous plaindre, de gémir et de grogner, à être parfois dégoûté de la vie au point d'avoir du mal à vous engager dans quoi que ce soit, à vous enfermer dans un univers triste et sombre et à rejeter les autres en vrac.

Cela peut vous causer des difficultés à créer des liens sociaux et peut vous faire vivre comme un vieux loup solitaire. Votre haine profonde peut parfois se traduire par des problèmes de santé. Une sensibilité excessive à l'envers du décor ou à des détails subtils qui passent inaperçu aux autres fait qu'un événement, qu'un conflit, qu'un problème ou qu'un incident mineur peut prendre des proportions démesurées. Cela peut vous rendre méfiant et vous donner tendance à vous compliquer la vie. Vous pouvez être tellement sensible aux questions d'insécurité ou de sécurité que vous vivez dans un état de guerre et de vigilance permanent qui peut vous empêcher de vivre libre et heureux.

Certains ne se sentent exister, satisfait ou épanoui que dans des situations infernales, que lorsqu'ils prennent des risques insensés, que lorsque qu'ils défient la mort ou la provoque, qu'en compagnie de gens pas clairs, que lorsqu'ils ont de gros problèmes, que dans des luttes perpétuelles pour le pouvoir ou dans des rapports de force, que dans un climat d'intensité extrême, de tourmente, de conflit, d'excès et de crise, que lorsqu'ils sont différents, exclus ou marginalisés, que lorsqu'ils prennent une certaine distance par rapport à la vie, aux événements et aux personnes qui les entourent, que dans le rejet, le silence ou l'indifférence.

Cette recherche d'initiation, d'intensité voire de violence se traduit parfois par un attrait pour la guerre, pour les stupéfiants, pour des expériences sexuelles occultes dangereuses et par une tendance à l'auto destruction, ou plus couramment par un besoin d'une très grande intensité dans votre carrière. Une tendance excessive à prendre de la distance par rapport aux événements, à les comparer de façon très critique à l'éternité, à l'au-delà ou à l'ensemble de votre existence peut vous donner l'impression que toute forme de recherche, que toute démarche visant à construire et à évoluer n'est qu'illusoire, temporelle, accidentelle et dérisoire ; et que la vie terrestre est inutile ou absurde parce que vous n'avez pas su donner un sens à votre vie.

Cela peut provoquer une crise d'identité profonde, une difficulté à vous investir dans un projet quelconque, à coopérer, à participer à une action de groupe, un sentiment de vide et de néant, d'ennui et d'inutilité, un sentiment d'exclusion, une difficulté à d'adhérer à la vie, un état général d'indifférence, de rejet, mais aussi de peur, de vide et d'ennui. « On est peu de chose » dites-vous alors.

Mais peut être vous servez-vous mal de votre lucidité? Peut être qu'à force de ne rien faire parce ce que les autres ou les circonstances risquent d'anéantir vos efforts, vous n'obtenez naturellement pas les résultats voulus dans votre vie ? Et vos attitudes de rejet, de détachement et de négation ne sont t'elles pas un prétexte pour ne pas affronter la vie, pour ne pas faire face à vos responsabilités ? Un sentiment d'indifférence vis à vis des conséquences de vos actes peut vous donner tendance à vous croire tout permis et à vivre n'importe quoi n'importe comment, en ne respectant ni les lois sociales, ni les droits de l'homme, ni les sentiments d'autrui, ni la morale. Le risque est de s'embourber dans une recherche malsaine de violences et de détruire votre vie et votre liberté.

## Expression positive consciente et naturelle : Lorsque vous apprenez à maîtriser cette partie de votre personnalité et à utiliser toute sa richesse et lorsque vous avez fait le chemin pour exprimer cette relation en pleine conscience et d'une manière positive.  Pour transformer la relation Uranus-Pluton dissociée en relation consciente et dynamique, il peut être utile d'effectuer un travail sur le rôle que doivent avoir dans votre vie et au sein de votre personnalité la société moderne, la nouveauté, les projets, la virtualité et les ordinateurs, le groupe, les ami(e)s, l'autonomie, la liberté, la relation à l'univers, le progrès, l'aide reçue et donnée, sur ce qui fait votre originalité et votre spécificité et le développement personnel, et aussi sur le rôle que doivent avoir au sein de votre personnalité et dans votre vie les notions de purification et de transformation, les pulsions instinctives, la sexualité, l'au-delà et les voyages astraux (sorties hors de corps), les forces secrètes de la nature ainsi que l'initiation aux vérités spirituelles et à votre vérité profonde. Un travail sur la conscience corporelle (Tai-Chi, Tantrisme), la pratique de la méditation et un peu de sport peuvent vous faire le plus grand bien.

Cette facette de votre personnalité peut être gérée et canalisée en oscillant entre les deux fonctions psychologiques qui sont vécues dans des états d'esprit très différents de façon telle que chaque fonction rectifie l'autre au moindre excès et sans que l'une des fonctions psychologiques gène l'expression de l'autre. Vous pouvez vivre des moments où vous savez-vous discipliner, vous organiser et vous structurer, où vous affirmez votre spécificité et votre différence, où vous faîtes ce qu'il faut pour vous adapter à la modernité, ou vous vivez librement en fonction de vos projets personnels, où vous vous consacrez à votre développement personnel, où vous faites preuve d'originalité et où vous vivez selon certains principes universels.

Puis, Sachant qu'il existe une partie de votre personnalité plus profonde, plus lucide, plus authentique et plus exigeante qui demande à s'exprimer à travers vous, vous pouvez vivre d'autres moments ou vous vous investissez dans une forme d'investigation ou de recherche spirituelle, où vous vous autorisez à vivre vos passions, à exprimer vos pulsions et votre vérité la plus profonde, en sachant éviter les excès dès que vous sentez votre liberté menacée. Vous pouvez maîtriser l'art de voir clairement les problèmes en face puis de trouver des solutions efficaces. Vous pouvez aussi être capable de tempérer votre violence intérieure et de la canaliser dans une activité constructive. Bien maîtrisée, la relation Uranus-Pluton peut vous conférer un ensemble d'aptitudes qui sont alors vécues d'une façon très consciente et dynamique.

 Vous pouvez alors avoir une compréhension profonde des mécanismes économiques, technologiques et psychologiques qui régissent l'univers visible et invisible et de ce qui se passe dans votre environnement, une intelligence exceptionnelle capable de révolutionner les modes de pensée, des dons d'inventeurs, une capacité à libérer autrui, un sens de l'adaptation et de la communication hors du commun, une maîtrise exceptionnelle de votre flair, un pouvoir personnel hors du commun vous permettant d'assumer de grosses responsabilités ainsi qu'une capacité à maîtriser les technologies modernes et à exploiter des systèmes d'informations très complexes.

Vous pouvez aussi avoir une capacité à faire face aux crises et aux difficultés, à lutter contre la bêtise humaine, contre l'injustice, la corruption, la fatalité, les « magouilles », à affronter des situations complexes, à être initié les secrets de la vie et de la mort, à manier des énergies subtiles, à vous transformer et à infléchir le cours des événements qui est au-dessus de la moyenne. Tel l'aigle volant en hauteur, vous savez garder vos distances, observer avec lucidité, puis agir instinctivement avec votre intelligence psychologique et technologique. Votre lucidité vous permet du lutter pour des causes justes et parce que vous savez que l'on récolte ce que l'on sème, vous employez votre agressivité et votre énergie constructivement. Vous êtes capable de vous opposer à ce qu'il y a de corrompu dans tout réseau et vous pouvez devenir un agent de transformation au sein de la société pour la rendre meilleure.

Vous devenez alors une personne hors du commun.

# ASPECT HARMONIQUE NEPTUNE-PLUTON

Il y a dans votre thème astral une relation permanente, continue et symbiotique entre Neptune et Pluton qui s'expriment en vous comme deux partenaires. Cette relation s'exprime à une échelle collective et elle vous concernera uniquement si vous la rendez accessible à votre conscience. Cette relation a un rôle initiatique dans le sens où elle a pour but de vous faire prendre conscience que votre vie terrestre n'est qu'une toute petite partie de votre vie éternelle. Elle a pour but de vous enseigner les secrets de la vie et de la mort, les sorties hors du corps et l'exploration de l'invisible, de vous apprendre à prendre conscience et à gérer ce que vous avez à travailler pour évoluer, c'est à dire le pouvoir que vous avez sur vous-même et sur autrui, l'énergie sexuelle, les vieux démons et les déchets psychologiques ou les mémoires ancestrales qu'il faut purifier en vous puis évacuer, les problèmes qu'il vous faut résoudre, les failles qu'il vous faut combler, le vide qu'il vous faut traverser ou remplir, les dettes karmiques qu'il vous faut payer et les pertes, les sacrifices, les dépossessions et les transformations qui sont nécessaires à votre évolution, la vérité profonde qu'il vous faut découvrir, celle qui vous fait prendre conscience que vous êtes un Etre d'Amour Inconditionnel issu de la Source.

Deux formes d'intelligence similaires s'expriment ensemble en vous, alliant intuition, clairvoyance, instinct, flair, émotion, expérience des origines et des profondeurs de la vie, conscience des énergies subtiles et goût du secret. Cette association vous permet de ressentir les courants d'amour qui inondent l'univers tout comme les forces du Chaos à l'œuvre dans la matière. Elle vous permet d'être un devin relié à l'invisible et aux forces sous-jacentes qui font avancer la Vie. Elle vous permet de transformer puis d'évacuer vos mémoires généalogiques, d'entreprendre des actions qui vous amènent à expérimenter votre vérité profonde et à guérir les âmes, pour le plus grands bien de l'humanité. Vous savez ainsi allier la force de la foi et de la force du Guerrier associée à de puissantes capacités de transformation. Plus concrètement l'association entre Neptune et Pluton favorise les activités en lien avec la chimie, l'espionnage, les organisations secrètes, les services secrets, le pétrole, la médecine, l'exploration, la recherche, la voyance, l'astrologie, la psychothérapie et la guérison de l'âme.

Lorsque vous utilisez ces énergies planétaires, vous êtes très capable de faire preuve d'authenticité, d'exprimer votre pouvoir personnel, de concentrer votre énergie, d'être à 100% présent, d'être offensif, de pressentir les non-dits, les émotions et les craintes non exprimées, de flairer les rapports de forces, les dangers et les enjeux cachés présent dans la situation, de déceler les tentatives de manipulations et ceux qui tirent les ficelles, de décoder les signes et les symboles, de focaliser sur des détails que personne n'avait remarqué, de deviner l'envers du décor, de tirer des conclusions à partir du moindre indice, d'être lucide, de vivre une sorte d'échange médiumnique avec votre milieu, de cerner ce qui se passe dans les coulisses ou dans les profondeurs de votre inconscient, d'élucider les mystères, de faire face à l'inconnu, de résister à de très fortes pressions, de vous régénérer tel le phœnix qui renaît de ces cendres, d'utiliser vos instincts ou des forces occultes pour franchir les différentes étapes de l'initiation, de gérer les crises et de procéder à des transformations dès lors qu'il s'agit d'exprimer votre foi, d'accéder à des niveaux de conscience plus élevés ou à des états mystiques, d'effectuer des voyages astraux, de faire l'expérience des vérités spirituelles, de vivre des émotions quasi religieuses qui vous permettent de transcender, de dépasser mais parfois aussi de fuir les réalités quotidiennes ; lorsqu'il s'agit de soulager les souffrances et les misères du monde, lorsqu'il s'agit de faire preuve de compassion, de charité et d'amour inconditionnel, lorsqu'il s'agit de gérer vos mémoires généalogiques ou vos vies passées ou lorsqu'il s'agit de participer à une organisation collective.

Vous êtes aussi très capable de lâcher prise, de vous déconditionner des idées, des certitudes et des cultures précédemment apprises, de vous évader par la rêverie et l'imagination, d'avoir la foi en la vie, en Dieu ou en l'univers, en la Source créatrice de tout, de vous connecter à vos mémoires généalogiques et à vos vies passées, de faire appel à vos ancêtres où à vos croyances spirituelles, d'être inspiré, de faire appel à votre sens du sacré, d'utiliser votre capacité à communier, à brancher vos antennes sur l'inconscient collectif, de répondre aux besoins collectifs et de puiser des informations dans l'inconscient collectif, de vivre en fusion émotionnelle avec la situation et les personnes qui la compose, d'utiliser votre sixième sens et votre intuition, mais aussi de faire preuve d'amour inconditionnel, de dévouement, de pardon, de compassion et de charité, de soulager les souffrances et les misères du mondes et de participer à une structure collective ; notamment quand des crises, des transformations ou des difficultés sont en jeu.

# ASPECT DISSONANT NEPTUNE-PLUTON

Il y a dans votre thème astral une relation permanente, mais discontinue, dissociée, duelle, tendue et conflictuelle, entre Neptune (votre foi, vos mémoires ancestrales et vos vies passées, votre besoin d'évasion et de transcendance) et Pluton (votre sexualité, votre besoin de transformation et d'initiation), car ces deux planètes vibrent en vous à deux fréquences totalement différentes. Cette relation s'exprime à une échelle collective et elle vous concernera que si vous la rendez accessible à votre conscience. Elle permet d'avoir accès à des contenus de l'inconscient collectif et nécessite, pour être bien vécue, de différentier clairement les ressentis qui concernent l'individu et ceux qui concernent le collectif.

Cette relation a un rôle initiatique dans le sens où elle a pour but de vous faire prendre conscience que votre vie terrestre n'est qu'une toute petite partie de votre vie éternelle. Elle a pour but de vous enseigner les secrets de la vie et de la mort, les sorties hors du corps et l'exploration de l'invisible, de vous apprendre à prendre conscience et à gérer ce que vous avez à travailler pour évoluer, c'est à dire le pouvoir que vous avez sur vous-même et sur autrui, l'énergie sexuelle, les vieux démons et les déchets psychologiques ou les mémoires ancestrales qu'il faut purifier en vous puis évacuer, les problèmes qu'il vous faut résoudre, les failles qu'il vous faut combler, le vide qu'il vous faut traverser ou remplir, les dettes karmiques qu'il vous faut payer et les pertes, les sacrifices, les dépossessions et les transformations qui sont nécessaires à votre évolution, la vérité profonde qu'il vous faut découvrir, celle qui vous fait prendre conscience que vous êtes un Etre d'Amour Inconditionnel issu de la Source.

Cette facette de votre personnalité peut engendrer, à une échelle individuelle, lorsqu'elle n'est pas maîtrisée, des difficultés dans le domaine du développement personnel, des difficultés à avoir la Foi, à exprimer l'amour inconditionnel et à retrouver votre vraie nature Divine, mais aussi des difficultés à vous transformer, à accéder à votre vérité profonde, à évoluer spirituellement et à être en paix avec vous-même de part un conflit ou une dissociation entre vos intuitions et vos pulsions instinctives, entre un besoin de vivre dans un état de transcendance et un besoin d'exprimer votre sexualité, entre votre désir de laisser les choses se faire au hasard et votre besoin de dominer, entre vos mémoires généalogiques et votre besoin de transformation, entre un besoin de sérénité et un besoin de passion, entre votre foi et votre vérité profonde.

Vous avez alors tendance à incarner plusieurs scénarios, en alternant parfois de l'un à l'autre.

## Scénario 1 : Neptune domine et Pluton est rejetée ou mal intégrée à votre personnalité.

Si Neptune domine chez vous, vous vivez selon vos inspirations profondes et selon vos valeurs spirituelles, selon votre sensibilité et votre foi, selon la volonté de vos ancêtres, dans des rêves ou dans un état parfois second, en vous laissant porter par le courant des événements et en laissant beaucoup de choses se faire au hasard. Vous pouvez avoir besoin d'adhérer à un mouvement religieux ou de participer à une action collective, à une action de groupe. Vous recherchez la communion et l'amour inconditionnel. Vous pouvez alors être très sensible aux effets perturbateurs que peuvent causer vos pulsions inconscientes, votre combativité, votre lucidité, une personne qui vous a mis sur le mauvais chemin, qui vous a dévalorisé, manipulé ou qui vous a fait menée une vie infernale, le décès d'une personne qui comptait pour vous, une expérience sexuelle malsaine, les effets pervers de la jalousie, de la haine, des conflits, des rapports de force, de la combine, de la guerre, de catastrophes naturelles ou de pratiques occultes malsaines, ou encore le néant, la fatalité et l'anarchie.

Cela peut se traduire par une peur que des influences mystérieuses, qu'une force occulte, que la fatalité, qu'une personne manipulatrice ou que vos propres démons viennent perturber ou démolir votre liberté, votre spécificité et votre adaptation à la vie moderne. Ou-peut-être avez-vous une peur bleue de la mort et des transformations? Vous avez alors tendance à nourrir vos propres angoisses et à rejeter tout où partie de ce que représente Pluton. Peut-être avez-vous peur de votre propre pouvoir occulte? Ce rejet de Pluton peut engendrer des difficultés à être lucide, à voir derrière les formes et les apparences, à ressentir les non-dits, les craintes et les émotions non exprimées, à analyser les événements en profondeur, à comprendre le langage de la vie ou la justice divine, à préserver le secret de vos initiatives, à détecter les enjeux non exprimés, les tensions et les rapports de force sous-jacents, à exprimer vos pulsions ou votre sexualité, à deviner les besoins, les intentions et les motivations d'autrui dès lors que vous vous organisez, que vous êtes en groupe ou avec des ami(e)s ou dès lors que vous chercher à vivre selon votre foi et vos inspirations profondes, dès lors que vous cherchez à soulager les souffrances et les misères du monde où dès lors que s'expriment vos mémoires généalogiques.

Vous pouvez avoir du mal à voir les problèmes en face, à accepter les crises et les transformations nécessaires à l'évolution de toute vie, à gérer les crises et les conflits, à vous régénérer après des moments difficiles, à percer les mystères de l'existence et à vivre l'expérience initiatique, à réagir aux pressions et aux manipulations, à influencer discrètement le cours des événements, à exprimer votre vérité ou à tenir compte de vos exigences profondes. Si votre vie n'est pas tout à fait tel que vous le souhaiteriez, peut être en trouverez vous là la cause? Peut-être refoulez-vous cette partie profonde de votre personnalité parce que vous avez peur d'être puni et d'avoir mal? Peut-être alors vous laisser-vous dominer, manipuler voire abuser par les événements, par la société ou par une personne sournoise présente dans votre situation?

Peut-être avez-vous une impression (qui peut correspondre à la réalité ou n'être qu'imaginaire) que votre foi n'est pas authentique ou qu'elle ne correspond pas à votre réalité intérieure, à vos aspirations secrètes, à vos instincts primitifs, à vos pulsions inconscientes, à votre karma, à votre vérité et à vos besoins profonds? Peut-être avez-vous l'impression qu'il vous manque toujours quelque chose pour que vous soyez dans un état de communion et de transcendance et pour combler un vide angoissant? Cela peut déclencher de violentes réactions de compensation. A force de nier ou de refouler vos pulsions profondes ou ce qui se cache dans votre inconscient, votre authenticité, les vérités universelles qui sous tendent toute destinée individuelle, vous risquez alors d'accumuler des déchets psychologiques toxiques qui proviennent d'angoisses, de colères ou de pulsions non exprimées et des longues crises. Il peut donc être important pour vous d'apprendre à faire remonter à la surface puis à évacuer vos toxines intérieures, vos mémoires généalogiques toxiques, par exemple en faisant un travail sur le corps ou une analyse.

## Scénario 2 : Pluton domine et Neptune est rejeté ou mal intégré.

Quand Pluton prédomine chez vous, vous avez besoin de vivre selon votre vérité, d'exercer un pouvoir, d'être détaché de tout en vivant les choses de très loin, d'être sexuellement épanoui, de développer votre instinct de survie et de résistance à de fortes pressions, d'être lucide, de vivre intensément et de suivre votre voie personnelle sans rien devoir à personne, d'initiation, de percer les secrets de la vie, d'expérimenter le développement personnel et d'effectuer une recherche spirituelle. Vous faites face à l'inconnu, au mystère, à des révélations, à la mort, à de fortes pressions, à des tentations, à des tentatives d'influence et de manipulation ou à des crises et problèmes. Vous expérimentez le changement et les transformations. Vous exorcisez vos impuretés ou celles des autres et vous influencez le cours des événements. Vous avez alors tendance, le plus souvent inconsciemment, à percevoir le coté négatif de ce que représente Neptune, sa face obscure et ses défauts.

Vous pouvez alors être facilement sensibilisé aux effets perturbateurs que peuvent causer votre hypersensibilité, le climat social ambiant, votre besoin de rêve et d'évasion, des expériences liées à la souffrance, le désordre et le chaos, un désir de religion et de transcendance, l'influence de l'invisible et de l'irrationnel, vos mémoires généalogiques ou les souvenirs d'une autre vie dès lors qu'il s'agit de vous organiser, de vous structurer, de vous sentir en sécurité et d'évoluer. Cela peut vous inciter à rejeter et refouler tout ou une partie de ce que représente Neptune.

Cela peut se traduire par une tendance à rejeter, à ne pas écouter ou à ne pas comprendre vos aspirations secrètes ou celles du groupe, vos intuitions et votre hypersensibilité, toute valeur religieuse ou toute aspiration spirituelle, le hasard, l'ordre invisible sous jacent à la vie, le climat social qui imbibe la situation, tout moment de rêve et d'évasion ou tout ce qui n'est pas visible, concret, pratique, structuré et sécurisant. Vous pouvez alors avoir du mal à donner du sens, à vous laissez allez, à lâcher prise, à vous laisser porter par le hasard des événements, à percevoir l'envers du décor, à sentir le sens des événements, à avoir vraiment la foi en ce que vous faites, à compatir vis à vis d'autrui, à être solidaire de la souffrance des autres ou à tenir compte de l'intérêt général. Peut-être que vos combats et votre vérité profonde ne prennent pas assez en compte certaines lois spirituelles qui régissent l'univers, certains signes imperceptibles ou certaines coïncidences qui essayent de vous guider. Le hasard, l'ordre profond des choses ou votre côté irrationnel peuvent alors vous jouer des tours. Vous pouvez avoir une impression que vos combats, vos pulsions inconscientes, vos désirs de transformations n'ont pas vraiment de sens, qu'ils ne correspondent pas à un certain idéal spirituel, à vos rêves ou à vos aspirations secrètes, que le hasard, la collectivité, les dieux, vos ancêtres ou ce en quoi vous croyez joue contre vous ou qu'il manque à votre vie une certaine dimension à laquelle vous aspirez.

## Scénario 4 : Neptune est dominante en excès.

L'influence excessive de Neptune peut se traduire par une tendance à démissionner, à vous désengager ou à fuir tout combat, toute difficulté et toute transformation. Vous vivez alors dans l'euphorie, dans des débordements émotionnels, déconnecté de la réalité ou dans une fuite de l'engagement et du moment présent. Vous voulez toujours être ailleurs. Cette fuite peut prendre la forme d'une recherche de sensations enivrantes qui ravagent et dissolvent la conscience, à travers l'alcool, des pratiques occultes malsaines, les paradis artificiels (drogues, érotisme), les sectes, le tabac ou les médicaments. Elle peut se traduire par une tendance à vivre dans le brouillard, sur un nuage, à coté de la réalité, dans un état de somnambulisme ou dans un monde à part, dans un monde imaginaire construit sur des illusions. Une tendance au défaitisme, une tendance à croire que la vie n'est que souffrance et une tendance à l'auto apitoiement et à vous plaindre sans arrêt peuvent engendrer des difficultés à vous organiser et à construire. Plus couramment, vous pouvez donner l'impression qu'il y a des moments où vous êtes ailleurs et distrait. Ces tendances peuvent parfois vous empêcher de vous transformer pour vivre comme une personne libre et heureuse.

Cette hypersensibilité à ce qui se passe autour de vous, aux gens, aux vibrations ambiantes et aux événements peut être vécue comme perturbatrice et mal gérée, mal contrôlée. Vous captez tout tel un radar, vous imprégniez des énergies ambiantes comme une éponge et pouvez être facilement influençable par les désirs ou groupe ou par les autres au point parfois de perdre le nord. Vous vous sentez parfois trop facilement concerné, affecté, impliqué, envahi voir débordé au moindre événement, et vous laissez parfois emporter par votre pôle irrationnel. Dans certains cas, cette difficulté à gérer ou à contrôler votre énergie et votre hypersensibilité associée à des excès peut se traduire par une confusion intérieure, par un manque de clarté, par des états de fatigue pouvant perturber votre expansion. La façon dont sera vécue la relation Neptune-Pluton dépendra de la façon dont vous gérez votre hypersensibilité, votre idéalisme, vos élans de charité, vos mémoires ancestrales et votre besoin d'évasion.

L'influence excessive de Neptune peut parfois vous empêcher, par manque de sens pratique, de réalisme, et de dynamisme, ou parce que vous êtes submergé par vos émotions et votre sensibilité, de vous adapter aux réalités du monde moderne qui vous entoure, de vous orienter dans la vie, de prendre votre vie en main ou d'assumer vos responsabilités. Cette influence peut vous exposer à tourner en rond dans la vie, à vagabonder, à errer, à vivre des périodes de galère et de non-activité, d'égarement dans de mauvaises directions, de déceptions et de désillusions, de revers de situation et parfois de scandales. Vous avez tendance à accepter la fatalité sans réagir ou à accorder trop de pouvoir à la souffrance, à l'irrationnel et aux hasards.

## Scénario 3 : Pluton domine en excès

Lorsque vous êtes identifié à Pluton, vous pouvez avoir tendance à l'être excessivement. Vous risquez alors de démonter ou d'anéantir vos aspirations spirituelles par une tendance excessive à vouloir vivre votre part d'intensité, de combat, de suspens, à force de laisser libre cour à vos pulsions, à force de laisser d'autre prendre le pouvoir que vous ne voulez pas assumer ou à force de rejeter autrui en vrac, de piquer des crises et de tout détruire. L'influence excessive de Pluton peut se traduire par une tendance à vouloir systématiquement tirer les ficelles, à utiliser toutes sortes de combines, de machinations, de manœuvres ou de trafic d'influence pour parvenir à vos fins, à corrompre ou à être victime de corruption, à manipuler votre entourage ou à vous laisser manipulé, à influencer les événements, à dominer, à transformer et parfois à détruire tout ce qui vous tombe sous la main en imposant vos décisions de façon tyrannique et en laissant rarement le choix aux autres.

Certaines personnes peuvent ainsi contribuer à la désintégration, à la destruction et à l'anéantissement d'une collectivité. D'autres auront tendance à faire monter la pression, la tension, le suspens et l'angoisse quand les événements leur paraissent trop calmes, à se laisser dominer par leurs pulsions ou à vouloir systématiquement fasciner, influencer, impressionner ou envoûter pour mieux dominer et exercer le pouvoir. Et lorsque votre autorité n'est pas reconnue ou obéie, c'est parfois l'ultimatum, le drame, le chantage, la crise, les explosions de colère, la négation et le rejet en bloc. Rien ne va plus ! Vous n'êtes alors pas très tolérant. Peut-être faites-vous preuve d'une mentalité policière, culpabilisante et punitive dès qu'il y a chez vous ou chez autrui une manifestation spontanée d'amitié, de fraternité ou de démocratie. Des crises dans vos relations amicales peuvent provenir de votre caractère difficile, d'un tempérament volcanique, d'un sale caractère comme diraient certains, et d'une franchise trop brutale.

Une sensibilité excessive à l'envers du décor ou à des détails subtils qui passent inaperçu aux autres fait qu'un événement, qu'un conflit, qu'un problème ou qu'un incident mineur peut prendre des proportions démesurées. Cela peut vous rendre méfiant et vous donner tendance à vous compliquer la vie. Vous pouvez être tellement sensible aux questions d'insécurité ou de sécurité que vous vivez dans un état de guerre et de vigilance permanent qui peut vous empêcher de vivre libre et heureux. Certains ne se sentent exister, satisfait ou épanoui que dans des situations infernales, que lorsqu'ils prennent des risques insensés, que lorsque qu'ils défient la mort ou la provoque, qu'en compagnie de gens pas clairs, que lorsqu'ils ont de gros problèmes, que dans des luttes perpétuelles pour le pouvoir ou dans des rapports de force, que dans un climat d'intensité extrême, de tourmente, de conflit, d'excès et de crise, que lorsqu'ils sont différents, exclus ou marginalisés, que lorsqu'ils prennent une certaine distance par rapport à la vie, aux événements et aux personnes qui les entourent, que dans le rejet, le silence ou l'indifférence. Cette recherche d'initiation, d'intensité voire de violence se traduit parfois par un attrait pour la guerre, pour les stupéfiants, pour des expériences sexuelles occultes dangereuses et par une tendance à l'auto destruction, ou plus couramment par un besoin d'une très grande intensité dans votre carrière.

Une tendance excessive à prendre de la distance par rapport aux événements, à les comparer de façon très critique à l'éternité, à l'au-delà ou à l'ensemble de votre existence peut vous donner l'impression que toute forme de recherche, que toute démarche visant à construire et à évoluer n'est qu'illusoire, temporelle, accidentelle et dérisoire ; et que la vie terrestre est inutile ou absurde parce que vous n'avez pas su donner un sens à votre vie. Cela peut provoquer une crise d'identité profonde, une difficulté à vous investir dans un projet quelconque, à coopérer, à participer à une action de groupe, un sentiment de vide et de néant, d'ennui et d'inutilité, un sentiment d'exclusion, une difficulté à d'adhérer à la vie, un état général d'indifférence, de rejet, mais aussi de peur, de vide et d'ennui. « On est peu de chose » dites-vous alors.

**Expression positive consciente et naturelle :** Lorsque vous apprenez à maîtriser cette partie de votre personnalité et à utiliser toute sa richesse et lorsque vous avez fait le chemin pour exprimer cette relation en pleine conscience et d'une manière positive. Pour transformer la relation Neptune-Pluton dissociée en relation consciente et dynamique, il peut être utile d'effectuer un travail sur le rôle que doivent avoir dans votre vie et au sein de votre personnalité les mémoires ancestrales et les vies antérieures, la spiritualité, le développement personnel, la joie et la souffrance, l'évasion et la transcendance, le hasard, l'inconscient collectif et les facultés de voyance et aussi sur le rôle que doivent avoir au sein de votre personnalité et dans votre vie les notions de purification et de transformation, les pulsions instinctives, la sexualité, l'au-delà et les voyages astraux (sorties hors de corps), les forces secrètes de la nature ainsi que l'initiation aux vérités spirituelles et à votre vérité profonde. Un travail sur la conscience corporelle (Tai-Chi, Yoga, Tantrisme), la pratique de la méditation et un peu de sport peuvent vous faire le plus grand bien.

Cette facette de votre personnalité peut être gérée et canalisée en oscillant entre les deux fonctions psychologiques qui sont vécues dans des états d'esprit très différents de façon telle que chaque fonction rectifie l'autre au moindre excès et sans que l'une des fonctions psychologiques gène l'expression de l'autre. Vous pouvez vivre des moments où vous exprimez votre besoin de transcendance et d'évasion, votre compassion et votre amour inconditionnel, vos convictions religieuses et votre foi, des moments de détente ou vous pouvez laisser allez en fonction de vos humeurs, de vos aspirations secrètes, de l'air du temps et du hasard.

Puis, Sachant qu'il existe une partie de votre personnalité plus combative, plus lucide, plus authentique et plus exigeante qui demande à s'exprimer à travers vous, vous pouvez vivre d'autres moments ou vous vous investissez dans un combat ou dans des recherches spirituelles plus profondes, où vous vous autorisez à vivre vos passions, à exprimer vos pulsions et votre vérité la plus profonde, en sachant éviter les excès dès que vous sentez votre sentiment de communion menacé. Vous pouvez maîtriser l'art de voir clairement les différents courants collectifs qui naissent, s'expriment et se transforment. Vous pouvez aussi être capable de tempérer votre violence intérieure et de la canaliser dans une activité constructive grâce à la force de votre foi et de votre amour inconditionnel. Vos responsabilités, vos difficultés et vos combats ne vous empêchent alors pas de rêver et vos rêves ne vous empêchent pas d'être réaliste et de faire face.

Bien maîtrisée, la relation Neptune-Pluton peut vous conférer un ensemble d'aptitudes qui sont alors vécues d'une façon très consciente et dynamique.

Vous pouvez aussi avoir une exceptionnelle maîtrise de votre intuition et de votre foi, une foi, un amour inconditionnel, une capacité à soulager les souffrances et les misères du monde, une capacité à faire rêver autrui, par une clairvoyance et par un éveil spirituel qui sont extraordinaire. Vous pouvez aussi être très doué pour gérer les émotions présentes dans toute situation, pour représenter des valeurs et des demandes collectives, pour saisir l'ordre universel sous jacent à toute vie et pour incarner dans votre vie les connaissances spirituelles que vous avez acquises. Il y a alors en vous une fée ou un magicien capable de faire des miracles grâce à la force de votre amour et de votre foi.

Vous pouvez aussi avoir une capacité à faire face aux crises et aux difficultés, à lutter contre la bêtise humaine, contre l'injustice, la corruption, la fatalité, les « magouilles », à affronter des situations complexes, à être initié les secrets de la vie et de la mort, à manier des énergies subtiles, à vous transformer et à infléchir le cours des événements qui est au-dessus de la moyenne.

Tel l'aigle volant en hauteur, vous savez garder vos distances, observer avec lucidité, puis agir instinctivement avec toute la puissance de votre foi et de votre amour inconditionnel. Votre lucidité vous permet du lutter pour des causes justes et parce que vous savez que l'on récolte ce que l'on sème, vous employez votre agressivité et votre énergie constructivement, pour soulager les souffrances et les misères du monde. Vous êtes capable de vous opposer à ce qu'il y a de corrompu dans toute collectivité et vous pouvez devenir un agent de transformation au sein de la société. Vous devenez alors une personne hors du commun.

# Services proposés en Développement Personnel



## Votre Diamant de Naissance

En tant qu'être humain créé par la Source, vous êtes un Diamant qui ne demande qu'à briller ! Pour faire briller le Diamant que vous êtes, il est nécessaire de polir, c'est à dire de prendre conscience, puis d'exprimer, chacune de ces facettes ! Véritable outil de connaissance de soi, ce « Thème Numérologique », basé sur votre nom+prénom+date de naissance, vous révèle dans toutes vos dimensions…et surtout dans celles qui vous sont inconnues, à travers les 22+1 facettes de votre être. Environs 80 pages.

## Votre Thème Astral Approfondi

Votre thème de naissance représente la structure et le cheminement de votre âme, mais aussi ce qu'elle a choisi de rencontrer comme expériences. Axé sur la dimension psychologique et karmique, ce thème astral révèle votre structure, vos fonctionnements, vos atouts, vos contradictions et vos possibilités d'expression. Il vous aide à comprendre certaines difficultés et schémas de vie répétitifs, afin de les résoudre. 120 pages.

## Votre Thème annuel

Chaque année (à la date de votre anniversaire), un nouveau thème se dessine pour vous…c'est votre Révolution solaire (nouvel ascendant, nouvelles configurations planétaires). Elle est le paysage de votre année, avec ses propositions, ses potentialités à exprimer, ses difficultés à transcender. Cette étude offre un éclairage sur votre année. Elle vous aide à l'optimiser et à lui donner du sens. Environs 15 pages.

Plus d'infos sur http://www.coaching-evolution.net

Sur demande par mail à : jacksoneric@neuf.fr ou 06 62 51 32 26